轴心的力量

9 月 28 日。

公元前 551 年 9 月 28 日，鲁国，今山东曲阜，孔子诞生。

那个时代，被 1900 年后的雅斯贝尔斯称为人类的“轴心时代”，在中国，有孔子；在古希腊，有苏格拉底；在以色列，有犹太教先知；在古波斯，有琐罗亚斯德；在印度，有释迦牟尼……

在中国，是因为孔子开启了一个时代，还是因为那个时代塑造了孔子？

雅斯贝尔斯是这样说的：“人类一直靠轴心时代所产生、思考和创造的一切而生存，每一次新的飞跃都回顾这一时期，并被它重新燃起火焰。自那以后，情况就是这样。轴心期潜力的苏醒和对轴心期潜力的回忆，或曰复兴，总是提供了精神力量。”①

这是一种力量。

马克思是这样说的：“个人怎样表现自己的生命，他们自己就怎样。因此，他们是什么样的，这同他们的生产是一致的　　既和他们生产什么一致，又和他们怎样生产一致。”② 他批评“人是环境和教育的产物，因而认为改变了的人是另一种环境和改变了的教育的产物”这种学说忘记了“环境正是由人来改变的，而教育者本人一定是受教育的”③。

这是一种同一。

再论孔子，我们相信他能够给中华民族带来新的力量；再论孔子，我们相信人始终创造这个世界并与这个世界相一致。

（一）

有学者将中国大师（包括教育家）涌现的时代划分为三个阶段：春秋战

① 雅斯贝尔斯．历史的起源与目标［M］．魏楚雄、俞新天译．北京：华夏出版社，1989.
② 韦建桦．马克思恩格斯选集（第一卷）［M］．北京：人民出版社，2012.
③ 韦建桦．马克思恩格斯选集（第一卷）［M］．北京：人民出版社，2012.

国时期、宋明时期、民国时期，我们也可以循着这样的脉络追寻山东大地上的教育家，探访山东大地上的教育。

孔子是一位教育家，在文化思想领域给予他再高的地位和赞誉都不为过。然而，他并不是高高在上，而是在我们身边。他继承“三代”，积极“入世”，终生“为师”，儒泽“千载”。精神力量与实践基础相结合，延伸到文化与教育的血脉中。

探讨教育绕不过孔子，探讨山东教育要回到孔子。我们还是更关注作为教师的孔子：

子曰：“温故而知新，可以为师矣。”

子曰：“知之者不如好之者，好之者不如乐之者。”

子曰：“不愤不启，不悱不发，举一隅不以三隅反，则不复也。”

子曰：“有教无类。”

……

这不仅是教育的财富，更重要的是，孔子是一位教育实践者。他以育人为本：志于道，据于德，依于仁，游于艺。他编订教材：《礼》《乐》《诗》《书》《易》《春秋》。他寻觅教学方法：因材施教、循循善诱。他留给学生精神财富：仰之弥高，钻之弥坚，瞻之在前，忽焉在后。

孔子之后，在那个时代，山东大地上能够被历史作为教育家所记载的当属“亚圣”孟子和“劝学”的荀子。

孟子于孔子后百年出生，是战国时期伟大的教育家、思想家，儒家的主要代表之一，他与梁惠王、齐宣王两位大国君主的对话可以看作是他的教育实践，“仁者无敌”的思想展示无余，“经济政策”“仁政治国”“克制欲望”“人心四端”都是他所关注的：

——“恻隐之心，人皆有之；羞恶之心，人皆有之；恭敬之心，人皆有之；是非之心，人皆有之。恻隐之心，仁也；羞恶之心，义也；恭敬之心，礼也；是非之心，智也。仁、义、礼、智，非由外铄我也，我固有之也。”《孟子·告子上》

——“人之所不学而能者，其良能也；所不虑而知者，其良知也。”《孟子·尽心上》

……

战国时期山东大地上的另一位教育家荀子，他五十始来齐游学，长期在著名的稷下学宫任祭酒，留下了关于学习、修身的不朽篇章：

学不可以已。青，取之于蓝，而青于蓝；冰，水为之，而寒于水。木直中绳，輮以为轮，其曲中规，虽有槁暴，不复挺者，輮使之然也。故木受绳则直，金就砺则利，君子博学而日参省乎己，则知明而行无过矣。

故不登高山，不知天之高也；不临深溪，不知地之厚也；不闻先王之遗言，不知学问之大也。干越、夷貉之子，生而同声，长而异俗，教使之然也。《诗》曰："嗟尔君子，无恒安息。靖共尔位，好是正直。神之听之，介尔景福。"神莫大于化道，福莫长于无祸。

……

不仅仅是荀子，还有更多的大师曾在那个时代云集稷下学宫。稷下学宫，又称稷下之学，是战国时期田齐的官办高等学府，稷下位于今山东省淄博市稷门附近。齐宣王之时，在稷下扩置学宫，招揽天下名士：儒家、道家、法家、名家、兵家、农家、阴阳家等百家之学，会集于此，自由讲学、著书论辩，成为百家争鸣的时代标签。

在汉唐盛世，中国的政治体制、文化积淀都达到了时代顶峰，教育的发展随之呈现出蓬勃壮大的态势。在山东，叔孙通、匡衡创立了不可磨灭的教育功业，兰陵人王良曾"教授诸生千余人"；高密人郑玄"学徒常数百千人"，虽遭遇党祸被禁锢，仍设帐讲学达二十余年；而颜之推的家庭教育经典著述《颜氏家训》则更是被称为"古今家训以此为祖"。

宋代以来，封建制度面临着诸多新的问题，恰恰是这个时代，成为教育家涌现、教育创新探索的重要时期。北宋初年，山东出现了中国书院发展史上占有重要地位的泰山书院（有宋代"四大书院"之一之称）。

而泰山学派、泰山学院的代表性人物"宋初三先生"——"泰山先生"孙复、"徂徕先生"石介（泰安人）、"安定先生"胡瑗更是名冠一时的教育家。

其中，石介出生于一个"世为农家""豪于乡里"的聚族而居的大家庭，他"貌厚而气完，学笃而志大"，范仲淹也评价说"介刚正，为天下所闻"。后石介因丁忧回山东，躬耕于徂徕山下，以《易》教授弟子，从者甚多。鲁人敬重其学识风范，故因其所居之山，尊称他为徂徕先生。

石介有感于儒学的衰落，守制期间“以《易》教授于家”，名闻山东。景佑二年（1035 年）开始，石介在泰山聚徒讲学，并邀请学者孙复到泰山主持日常教学工作。孙复曾于景佑元年（1034 年）拜访过时任南京推官的石介，两人一见如故，互引为知己。接到石介邀请时，正是孙复人生最潦倒失意的时候：科举再次落榜，家贫以致无法安葬去世的父母。而到泰山教学，既能解决生活困难，又能实现自己振兴儒学、维护圣人道统的理想，于是就欣然接受了石介的邀请，由一落魄书生一跃而为书院主讲，开始了近十年的泰山讲学。景佑四年（1037 年），孙复、石介两人在泰山之阳建学舍，孙复名之曰信道堂，并作《信道堂记》：“予丁丑岁秋九月做堂于泰山之阳，明年春，堂既成，以是道处是堂，故名信道堂”，称其志在发扬尧、舜、禹、汤、文、武、周公、孔子之道。不久信道堂因故迁到泰山栖真观，规模扩大，建制逐步完善。康定元年（1040 年），石介作《泰山书院记》始称为泰山书院，说他“于泰山之阳起学舍构堂，聚圣人之书满屋，与群弟子而居之”并认为，孙复“上宗周、孔，下拟韩、孟”，尊其为泰山先生。[①]

“宋初三先生”开理学之先，具有极高的学界地位与教育意义，至今仍值得我们研究。

民国时期，大师辈出，从山东聊城走出去的教育家傅斯年就是其中最为杰出的代表。

在台湾大学，有一个傅园，是为纪念傅斯年而建。傅斯年不仅是历史学家、教育家，而且是五四运动的北大学生领袖、历史语言研究所创始人、北京大学代理校长、台湾大学校长，一生富有传奇色彩。

作为教育家的傅斯年，发表了《教育崩溃之原因》《教育改革中几个具体事件》《改革高等教育中几个问题》等若干文章，其思想择其要者，有以下几点：

考查一所学校成功与否，一要看学生是否有使用课本知识的能力，二要看能否把日常生活与课本知识联系起来。

教育不能独立，学校就不可能办好。政府的责任，一要确保教育经费的独立，二要保障校长和教师的地位，三要在教育管理上采用文官制。

---

① 吕建强．石介与泰山书院［J］．煤炭高等教育，2009，（6）．

教育之整顿，学风之改善，其关键皆自上而下，都不是自下而上。

学生大多数都是好的，政府只有“把教育部建设成一个有技术能力的官厅”，并选择有人品、有见识、有资望的人去当大学校长、教育厅长和教育局长，才能把学校办好。

傅斯年在代理北京大学校长期间，坚决拒绝“伪北大”教员继续留任，坚持“民族气节”“正是非，辨忠奸”，将汪精卫时期北京大学的教职员全部开除，学生学籍和学历都不承认，要先补习才能参加学历甄审入新北大。

1950 年 12 月 20 日，积劳成疾的傅斯年突发脑溢血逝世。台湾大学为纪念傅斯年奠定台大发展基石，特地在实验植物园建造一座罗马式纪念亭，亭中砌长方形墓一座，墓前立有无字碑，修有喷水池。园中有兵工署捐赠的一口纪念钟，上面铸着“敦品、力学、爱国、爱人”8 字校训。人们把台湾大学校园内的这个地方叫作“傅园”，把纪念钟称为“傅钟”。值得注意的是，这口“傅钟”每节上下课都会响 21 声，原来傅斯年有句名言“一天只有 21 小时，剩下 3 小时是用来沉思的”。

而今天，在山东大地上，教育事业正在以伟大的复兴之势在发展，素质教育的改革创新之路开始引领全国的教育改革路向，一大批名校、名师也在挥洒着自己的智慧和激情，承续历史、开创历史。

（二）

古往今来的山东教育都是以其文化内涵、大气磅礴而影响着时代的发展，透视历史，观照今天，我们能够找到山东教育可以提供的成功密码，提取出足以供我们思考、批判的价值力。

1. 本体是人：守望道德的高地

教育是人创造的。

“有两样东西，人们越是经常持久地对之凝神思索，它们就越是使内心充满常新而日增的惊奇和敬畏：我头上的星空和我心中的道德律。”这是康德《实践理性批判》中的一句话，也是康德的墓志铭。

在山东教育史上，从孔子的“克己复礼”、曾子的“三省吾身”，到孟子的“舍生取义”，他们当中的每一个人终其一生，无不在追寻心中的道德大义和民族未来。尽管说法不同，其中所蕴含的核心价值却都集中在对国家、对民族、对人类命运与前途的关注与担当上。

“会当凌绝顶，一览众山小。”当一个人占领了道德的制高点后，他眼前所呈现的不再是难以逾越的重重困难，而是一幅幅美好的画卷。此时，人的发展往往会创造出一个又一个的奇迹，伟人如此，常人亦然。让人参与，学生和教师成为行为主体，这是先验性的要义。

在马克思恩格斯的理论中，我们不仅到处可以看到人，而且可以看到的是人的发展，哲学理论和教育理论的前提是对人的回答。在这里，人是实践中的人，是在实践中获得发展的人，离开了实践，只限于精神层面是不能够获得真实的发展的，而且，即便是精神层面的发展也是与实践过程紧密相连的。不仅如此，人类的知识、智慧都是由人所创造的，在传递、继承人所创造的知识与智慧的过程中，人必然会与其具有“此岸性”，会与这些知识和智慧处于“一致”的状态，学习是内化的，不是外铄的。

从教育的价值和意义来看，教育也是一种经历，没有生命的经历和历练就没有教育发生，这就是教育的过程本质。现实的经历是教育的一部分，而作为人类创造的文明成果，往往存在于精神和历史的层面上，很多时候和学生的人生体验不一致，教育的作用就在于创造这种一致性，让人的发展与人类的成果形成一致。

2. 先知先行：实现于自我超越

先知先行者，从古至今。

今天，在教育改革的道路上，山东省的许多地区、学校、教师走在了全国的前列，已经进入了一个比较高的境界，在长期的探索和实践中积累了许多富有启发意义的宝贵经验。区域如潍坊，用教育部基础教育二司司长郑富芝的话来说，叫作“山东经验，潍坊模式”；学校如青岛二中的自主发展，青岛三十九中的特色发展，临朐海尔希望小学的课程建设，利津北宋一中零作业背景下的改革；教师如王岱、刘建宇、张利平、王冬梅……

教育发展，教师是关键。作为教育管理者，应从不断提高教师的幸福指数和职业认同感入手，让每一位教师在快乐中工作，最大限度地激发教师的工作积极性和主动性，最大限度地发挥出每一位教师的智慧和潜能。

根据美国著名心理学家马斯洛的需求层次理论，让人感到受尊重和能够自我实现，才能从内部激发发展的欲望。作为教师，教学在其人生中占有相当大的比重。要让教师生命更有意义、更快乐、更幸福，在各个阶段始终保持生命的激情和活力，就必须把教师引领到研究的路上，让教师成为思想独立的研究者。

教育管理部门、学校校长只有创造机会让每一位教师都成为好教师、名教师，并给这些好教师、名教师不断创造更大的舞台，教师们才能真正体验到自我价值的实现，才会不断寻找更高的发展定位，由此带来的是一个区域、一个学校会充满朝气蓬勃的发展活力。简单地说，一定要让好教师、名教师有出路！

3. 敬畏规律：教育与人的双重肯定

今天，更多的学校、教师走在教育探索的路上。

“蓬生于麻，不扶而直。”在适合自己的教育里，学生才能够快乐地茁壮成长，才能够成为一个具有良好的身心素质、科学头脑、广泛兴趣、创新能力以及笃实、守信、和善、包容的人。这样的人才培养方式最根本的一点是敬畏教育规律。

规律在哪里？当然不是寻找真理式的论断来供奉，不是停留于表面上，而是在于将自己认可的有益于教育发展、有益于学生的事情做出来。规律不仅仅是大道理，是哲学思维，是心理学前沿理论，而是关注学生的阅读，丰厚学生的人生底蕴；关注学生的视野，联通整个信息世界的力量让学生面向整个世界；关注学生的能力，让学生在操作中获得一生必备的创造力。

校长有教育家的情怀，教师有教育家的智慧，每一位创立自己教育业绩的实践者理应都是具有哲学思考力的，是敬畏天地、敬畏人道而敬畏规律的。

《中庸》中说：“故君子不可以不修身。思修身，不可以不事亲；思事亲，不可以不知人；思知人，不可以不知天。”“修身”一事，是从“天道”“人道”“亲缘”“孝道”化解而来，因为没有更高远的境界，单纯的行动是没有好的结果的。

这就是人本思想，“人本”是思想，也是规律吗？为什么不是呢？

孔子从没有把人失落了，于是他不在意争执，而在意作为。在他的教育价值取向中，学科是人的学科，教学是人的教学，社会、政治、经济也是人的社会、政治与经济，这才是规律。

历数千年的教育传统，最值得称道的还是对学生的关注，无论是宏观教育体系的发展、学校教育价值的延伸，还是学校内部课程建设、教学实践、学生指导，山东教育以学生的自主、主动、超越自我的学习为核心，这也是他们无限切近于规律的必然取向。

今天，在齐鲁大地上，一批名校长、名师正走在教育改革与发展的实践探索之路上，与时代一起成长。他们的执着，他们的成功经验值得敬畏，留取下来构成我们对教育新的探索与尝试，这就是这套书系的初衷。

我们愿意与老师们一起切地行走，在教育的芳草地上寻找面向未来的种子。

齐　健

前 言

行成于思，反思是教师发展得以成功的要素之一。要提高反思的效益，必须在运作过程中把反思落实到细节，形成科学化、精细化的可操作的程序。

第一，行思相随，反思应该贯穿于教师职业的全程，并覆盖其工作的全部；第二，反思伴随着教师的行为而随时存在，所以需要把反思随时记录下来，形成“一得”这种文体；第三，反思集中体现在成果之中，既呈现出成果，又促进成果的优化；第四，反思的质量要依靠持续的学习来提升。这四个方面构成一个系统工程，缺一不可。

教师发展中，最常用、最有效的四个方面——反思、“一得”、成果、学习，密不可分。反思在大脑中进行，是内隐的，一闪即逝，只有通过“一得”这种文体，用文字把隐于脑中的思考记下来，让反思外显，形成一种具体可见的标志，才更有价值，才能作为进一步反思的可靠依据。但由于“一得”只是记录了瞬间的思考，只能算作教师发展的原始标志，具有相对简单、片面、肤浅等特点。所以，在实践中，教师把若干“一得”持续地进行整理归类，把相关联的“一得”联系起来，深入研究，形成各种更具有价值的初步成果，才是教师发展的重要标志。教师随着教学经验的逐渐丰富，不断加强自身学习，促进反思深化，自会提升撰写“一得”的水平，也促进了成果更有效地优化。持续反思、写作“一得”、优化成果其实都可以作为学习的具体方法，贯穿于学习过程之中。因此，在教师发展的日常实践中，反思、“一得”、成果、学习是互为因果、密不可分、相辅相成的。

目　录

第一章

反思，要贯穿全程、覆盖全面

反思，是教师专业发展的要素之一。反思做得好，可以持续地推动教师专业水平不断提高。

反思，在长期运用中应该达到一种境界：形成强烈的反思意识，渐渐地提升反思的能力，并在不断的反思中把反思固化成一种职业习惯。于是，不需要督促，我们自会主动地、自觉地、随时随地地启动反思，谨慎而深入地审视我们刚刚做过的一切，并且形成高质量的心得体会。

反思，几乎人人在做，"我思故我在"。反思的效益取决于技术、方法，而这种技术、方法必须在不断运用中精心体会，方可自如。

第一节　对反思的认识与方法简介

一、教育教学反思的有效运作

很多人认为，教育教学反思只是在事后进行的。其实不然，教育教学反思在教育教学之前、之中、之后都有，只是反思的内容和方法不同而已。教育教学反思贯穿于整个教学过程，甚至教师职业的全程。

为了有效地进行教育教学反思，在反思中应该有足够的比照或根据。第一，应该把自己的现在和过去进行比照；第二，不局限于自我比照的范围，与同行的经验或实践比照；第三，以教育教学的科学理论审视自己的实践。

进行教育教学反思，应该形成文字，最好在适当时机整理成为具体的成果形式，再不断地对已有成果进行审视式反思，开拓反思范围，挖掘反思深度，将反思不断推向深入和科学。

二、写教案前的教学反思

我们把反思放在写教案之前，是有实践依据的。严谨的教师，尤其是有丰富教学经验的教师，在写教案时，绝不会提笔就写，而往往会先进行反思。这时的反思是对以往经验的反思，是结合这次课堂教学对以往经验的梳理，是对经验再次运用之前的考量。这里提到的经验，包括实践经验和理论（学习）经验两种。

1. 对以往实践经验的反思

首先，是对自身实践经验的反思。即把过去经历的实践与将要进行的教学联系起来，进行比照式思考、梳理，移植成功的经验，避免不成功的教训。有丰富执教经验的教师能够结合新的学生状况以及对教材新的理解，把过去的成功经验进行反思后再应用，而不是简单地拿来就用。

其次，是对别人经验的反思。教师应该认真、广泛地听课，在网络、杂志上阅读相关教学设计、经验介绍，结合自身实际认真反思，决定哪些可以借鉴及运用。对于初登教坛的新教师，可以把那些已获得广泛认可的成果先拿来移植到自己的教育教学中。但是，一定要在课堂实施过程之中以及之后认真地反思，找出那些最适合自己的。不管什么样的经验，一定要依据自己的实践，针对学生的实际情况，结合自己的体会，有选择地吸收。这种反思属于把自身经验与同行经验进行比照的反思。也只有这样，教师才能尽快形成自己的一套做法，如案例 3（见正文 16 页）。

2. 对理论经验的反思

教师都是教育教学的实际工作者，不是理论工作者。但是，如果教师不善于进行教育教学理论的学习，就会使自己的实际工作充斥着匠气。所以，教师在撰写教案前，应结合将要实施的课堂教学，反思自己学习过的有关理论，站在理论的高度来审视、反思自己的教学设计。

三、完成教案之后的反思

经过深思熟虑，虽然教案已经完成，但只要还没上课，严谨的教师总要对教案进行不断的反思。很多教师，尤其是准备公开课或参与较大型的课堂教学比赛的教师都有这样的体会，虽然已经精心完成了教案，但总觉得还要反复审视它才行。这时的审视反思，绝不止于字斟句酌层面，而是要让教案在脑海中“活”起来，像放电影一样反复上演。有的教师把这种反思叫作模拟式课堂实施，也就是把对教案的反思在头脑中用模拟的方式操作一番。

这种模拟式反思的方法，大体有如下三种形式。

1. 粗放模拟式反思

粗放模拟式反思只针对教学设计中的大环节模拟操作，主要是思考大环节的设计以及其间的衔接过渡是否科学。这种粗放式的反思，只关注大环节，费时较短。在这种模拟反思中，可以同时形成框架式简案，如案例 5（见正文 22 页）。

2. 全程模拟式反思

全程模拟式反思是按照一节课所需时间，一步一步全程模拟，尤其关注每个大环节中小环节的设计及过渡。细节往往是成功的关键，是课堂亮点，全程模拟一定要落实到细节。这种模拟方式容易发现教学过程中的薄弱环节，既可完善成详案，又可精炼成简案。

3. **重点模拟式反思**

所谓重点模拟，多指以下几种状况：第一，在教案撰写过程中有疑惑、拿不准的地方；第二，可能是本节课起决定作用的环节；第三，那些突破常规的新设计，难以预设效果；第四，能够引起学生争论，因而可能出现活跃场面的设计。总之，重点模拟必定是高度重视的部分。所以，在全程模拟后，要进行重点部分的审视反思，要特别关注相关部分的引出、推进的方法，并针对可能出现的问题做出各种预案设计，如案例 6（见正文 26 页）。

对教案进行这些反思，一定会有利于课堂实施，或操控更熟练，或事先发现可以弥补的地方。

四、课堂教学实施中的反思

1. **重视课堂教学实施中的反思**

课堂教学实施中的反思，往往不被重视，或者说，根本没有被列入反思之中。因为许多教师认为课堂教学实施还没有结束，反思不必启动。其实，课堂教学实践因为有了学生的参与，常常会演绎出若干生动的，甚至是意外的情节，这是任何高质量的教案都不可能预设的。所以，教师应该以极大的兴趣去期待并发现那些超出教案的活生生的情节，以充分的心理预期抓住这些课堂意外情节，以备课后精心反思，推动教师教学智慧和课堂操控能力的提升，如案例 1（见正文 10 页）。

课堂教学实施中的反思是随堂进行的，把握好了，可以极大地提高课堂教学效益。

2. **把握课堂教学实施中反思的特点**

（1）课堂教学实施中的反思多针对突发情节

对于按照教案设计进行的课堂实施，或者是那些在教师意料之中出现的课堂情节，执教教师已有的经验使得他们对课堂教学能操控自如，这些都可以作为课后反思的内容。但那些课堂出现的意外情节，往往更具有反思的价值。当课堂实施中出现了教案没有涉及的意外情节时，执教者一定要快速应对。教师的惊喜、疑惑，甚至手足无措，都是生动的反思资料。“沧海横流，方显出英雄本色”，只有出现意外情况时，才能考验教师的教学智慧和应变能力。抓住机会，快速反思，随机产生应对方法，再借助课后反思，进一步刺激教学智慧成长，提高应变能力。

（2）课堂教学实施中的反思具有瞬间性的特点

在课堂教学实施过程中，有些情况瞬间出现，不允许执教教师有较充分的时间慢慢反思。针对这种特点，执教教师可以在课堂上尽量促成反思的展开，运用以下方法营造反思机会。

第一，组织学生共同思考并讨论，为教师的反思赢得时间。比如，教师可以说：“这个问题（或这种状况）很有价值，请大家思考一下，都发表一下自己的见解。”这样既可以引发学生深入思考，也可以留有足够的时间让教师思考，还可以形成师生思考的碰撞或比照。

第二，作为问题留到课下再研究。如果当时问题不易展开或课堂不便操控，可以将其作为研究性问题留到课下，或者另外组织时间展开讨论。这样留下足够的时间和空间，有利于反思的实施。

课堂教学实施中的反思具有极高的价值。因为有了学生的参与，课堂气氛的感染，师生和生生之间思维的碰撞，课堂上极有可能出现富有灵性的情节，其深度是平常所不可能达到的，学生的思维也会得到有效培养。尽管反思具有瞬间性特点，但教师应该立即记下或在教案中做出记号，以便课后整理。

五、课堂教学后的即时反思

课堂教学后的即时反思是为了更完整、更有效地记录反思。所谓“即时”，第一种情况是下课以后立即记录，第二种情况是当天适时记录，第三种情况是在本周内或周末进行精心整理。这样理解“即时”，是根据教师工作实际而设定的。

第一种情况，是指教师紧接着还要上课，没有时间记录，但又应该趁热打铁记录下来。此时，教师哪怕只记精彩（或深刻）的几句（十几个字、几十个字、近百个字）也行，千万不可把生动的课堂感受放“凉”了，否则就会失去其原有的光彩。第二种情况，是指教师在当天应该找一个相对较长的时间，静静地认真反思，精心整理这一节课的得失。这样的反思相对会更丰满一些。第三种情况，是指教师结合一周的思考及相关素材，梳理本周比较满意或不很满意的授课反思，形成“一得”文本。课堂教学后的即时反思是为了保证“一得”写作的新鲜、真切和成果的不断优化，避免因拖延造成“一得”失真、失误或因成果长期搁置而错失优化时机。如案例 18（见正文 116 页），阐述的就是课后即时反思对成果持续优化的价值。

在即时反思中，教师常常忽视或者有意回避一些有价值的内容，比如，课堂教学中存有疑惑的，操作困难的，甚至有明显失误的情境和问题。这些内容最值得教师去研究和改进，在反思中找到解决这些问题的方法，教师才会取得专业发展的巨大进步。

六、课堂教学后的长期反思

课堂教学后的反思不能只是在课后即时进行，而应该贯穿于课堂教学的长期实践中，这对于教学方法的形成、教学论文的书写来说，尤其如此，如案例 9（见正文 51 页）。

进行课堂教学后的长期反思，是基于一种哲学思考。我们对于课堂教学的认识，随着不断的反思，会在实践中不断深入。“没有最好，只有更好”就真切地反映了这种哲学追求。要达到“更好”，就必须进行长期的反思，以推进课堂教学的科学化。

1. 利用自身专业水平的提升，反思以往的课堂教学

对那些目前已经是“最好”的课，有责任感的教师应持续反思，时刻保持对“更好”的追求，只有这样才能渐渐提升自己的专业水平。在反思时，教师应该站在现在的专业高度，审视、反思以往的课堂教学成果，通过反思，持续改进甚至改革，在对“更好”的追求中实现自身的完善与丰富。

2. 利用教学的连贯性，从教材整体性的角度反思以往的教学

只就一节课进行反思的教师有很多。其实，教师还可以利用教学的连贯性进行整体反思。课堂教学具有极强的连贯性，这节课是上节课的延续，又联系着下节课。单元之间同样如此。所以，课堂教学后的长期反思要充分利用教学的这个特点，从系统的角度把握教材，将反思长期地、承上启下地进行下去。

3. **利用教学的重复性，不断提升专业水平**

这里的重复，指的是教师在教完这一年级之后，又重新执教这一年级的新生，或者是在连续教完三年（一个完整学段）之后，又重新从高（初）一年级执教。前者属于学年的重复，后者属于学段的重复。对于教师来说，最忌讳的是认为自己教过了，对教学内容已经熟悉，简单地搬用原来的教案就可以了。教师应该借助阶段反思，对学年的、学段的丰富内容进行一种宏观的反思，使已有的经验进一步升华，以求得下一次（轮）教学进入“更好”的境界。这是对教师能力与智慧的挑战，如果教师能坚持进行，会有力地促进专业水平的提升，如案例 4（见正文 18 页）。我们每次学年、学段的总结，实际就属于这类反思，如果能以专题的形式自觉反省，不断梳理教学，持续进行几次总结，就能形成很有价值的成果。

七、借助参与教育教学活动进行反思

这里所说的教育教学活动是指课堂教学之前、之中和之后三个时段的活动，比如，参加各级各类的教研活动、听课、评课、教学比赛等。由于参加的人数多，水平、特色各异，很容易让我们的反思找到一种客观比照，可以有效地避免自我反思的主观色彩。

下面以对课堂听课进行反思这一常规教学活动进行一下说明。

在听课中，教师对课堂的观察要全面，但是反思却不一定要面面俱到，应该有所侧重，主要应以自己的教学为参照。

1. **借助反思，形成自己的风格**

为了提高反思的效果，教师应该主动借助听课寻求可以丰富、完善自己教学的种种因素，切忌在听课中迷失自我、“东施效颦”。在听课中，教师要善于结合自己的特点、风格，吸收适宜自己学习和发展的经验。比如，有的教师本身内敛沉稳，就不要去模仿那种在课堂上激情迸发、热情洋溢的教学风格，而要结合自己沉稳的特点，寻求种种类似的可以借鉴的因素。

2. **借助反思，寻求教学的自我完整性**

在听课中，教师如果发现有科学的、高效的指导方法，则可借助自我反思，结合自己已经形成的实践和思考，将其融合到自己的教学过程中，使自己的教学方法更完整，效果更好，如案例 5（见正文 22 页）。

3. **借助反思，推进自己教学的深入性**

教师对教材、学生的认识都是一个不断深入的过程，这个过程是无穷无尽的。听课时，教师坐在学生中间，更有利于观察思考；执教教师的课堂操控，很可能会引起自己独自思考时所达不到的深度。因此，教师应迅速在听课笔记中记下这些思考，课后再进行整理，它会将反思推向更为深刻的层面。

第二节　反思的案例与成果

案例1：减负，任重而道远的课题

21世纪初，减轻学生过重课业负担已受到社会高度关注。在日常教学中，家长、学生，甚至教师，往往都站在各自认为正确的角度对减负这一问题各持己见，但相互间却少有交流。教师为什么不召集大家坐下来，谈谈各自真实的想法，研究更有利于教学改革的方案呢？《实话实说·谈减负——主题班会述评》是我在减负实施前后形成的比较完整的一篇反思作品，其中的反思活动在规范运作之中几乎包括了反思的全部环节。

（一）实施前，我充分反思，突破传统思维

我向全班学生、部分家长、部分教师发出课堂对话邀请。为避免班会交流中以我为主，家长、学生不好意思发表相左的意见或避口不言，班会改由学生组织、主持；倡导家长、学生踊跃参与，因为家长和学生日常只在家庭内交流，很少有机会听到其他家庭的声音；邀请特级教师和教学资历深的教师参加，既便于观点分析，也便于课后引导教师反思；我作为班会主题的发起者，现场不发表意见，而是多倾听、多观察，做好关键问题的记录，以备后期梳理。

（二）进行中，我的即时反思受传统思维限制

因为学生、家长对“减负”各说各话，意见冲突不断升级，对减负没有形成共识，让我产生了沮丧感，我反思的结果是“这次互动很不成功”。其实，对这次课堂交流的评价，不应该以是否达成共识作为标准，而应以大家能否充分暴露自己的真实观点来衡量。

（三）结束后，我反复编写实录，再次突破传统思维

因为我没有写过课堂实录，所以开始时只是对课堂情况进行了逐一记录，没有重点，结果洋洋洒洒写了几千字，还没记完课堂内容的一半，于是只得推翻重来。经过多次反复，并与一起参与的教师研讨，最后才形成这篇课堂实录。这一过程给我的启示是，写课堂实录应该只突出有代表性的发言，并附有简洁的、准确的描述，而不进行正误判断。

（四）实录最后，梳理形成反思成果

这次的反思，既有对家长、学生实话实说的反复思考，也有与同行的多次交流，还有我的独立反思。它一次次打破了我固有的思维模式，体现了持续反思的价值。

这份实录很快发表在 2000 年 4 月的《青岛教育》上。我分析有几点原因。首先，对教育热点体现了较高敏感度。当时全国上下正在呼吁减负，但少有来自基层普通教师组织的话题活动，而这一实录出现得比较及时。其次，交流形式比较新颖。举办生、家、校三方参与的研讨，尤其是尊重学生的主体地位，让学生直接参与其中，学生、家长、教师互相倾听，这种形式比较少见。最后，基于教育教学的研究意识。要真正落实减负，需要找出问题，像研究教学一样研究它，制订符合教育规律的行动方案。

附：《实话实说·谈减负——主题班会述评》

2000 年寒假后，高一（5）班在开学初召开了一次主题班会——“实话实说·谈减负”。参与班会的除全班学生、班主任外，还特别邀请了五位家长、本校一位特级教师和一位年级组长做嘉宾。主持人是本班的团支书。

班会开得热烈、坦诚、轻松而又令人深思。

学生们对自己过重的学习负担提出了自己的意见：

“每天在校十几个小时，有上不完的课，回家还有做不完的题。谁敢偷着去玩？那是‘冒天下之大不韪’！”

“老师们补课很辛苦，但老师们都来抢时间补课，我们真正能消化吸收多少？就是强打精神，我们也学习不过来啊。”

“抄作业为什么屡禁不止？老师课堂讲的内容往往缺乏提示性，讲了我们就会，没讲就不会。”

家长们谈到减负却是另一番意见：

“我的确把孩子当成自己生命和理想的延续，希望他们青出于蓝而胜于蓝。所以我在孩子身上投入了大量的资金，购买辅导书、请家教、搞物质奖励，但收效不大。而且因为孩子成绩不理想，我斥责过他，也说过一些泄气的话，的确给了孩子过大的压力。”

“让孩子读高中就是为了上大学，我和我爱人都是大专学历，我的孩子起码应该读到大学本科。今年我去看过大学生毕业供需见面会，看到一个岗位几十人、上百人竞争的场面。大学毕业都有可能找不到工作，一个高中毕业生将来能做什么？这不是父母想施压于子女，而是社会就这么残酷。”

“减负可不能‘一刀切’，我感觉我的孩子就应该加压。我很少见到他看那些辅导书，你督促他，他就说写完作业了，如果再减负，那孩子就更完了。”

家长们对减负持什么态度呢？

“明知负担重也不敢减啊！减负怎么能保证孩子将来上大学？”

“什么是负担？我常听孩子们抱怨作业多、辅导多。多做几道题、老师多辅导几次就增加负担了？老师的辅导往往能给学生解决不少学习中的疑惑，使学生少走弯路，又节约了时间，这才是减负。”

教师们谈减负比较全面：

“减负是减去过重的课业负担，减去重复无效的练习，由教师精选适量的习题、设计科学的实践，达到或超过原先的教学效果。”

教师对减负的肯定态度使学生们欢呼雀跃，学生大谈减负后最想做的事：

“睡觉。”

“打扑克、下棋、玩电脑、打游戏。”

“找个场地（很难找）去踢球、打篮球、溜冰、打乒乓球……”

家长们惊恐地打断了孩子们的畅想：

“作业少了，辅导课少了，紧张学习惯了的孩子一下子放松了，非玩散了不可，成绩怎么可能不下降？”

“千万别从一个极端走到另一个极端，学校应该想办法，不能把孩子简单地推向社会。”

“社会上娱乐场所这么多，青少年犯罪屡见不鲜，别上不了大学还毁了孩子。”

针对家长们的疑虑，班主任及嘉宾又强调："减负是一项系统工程，涉及学生、家长、教师和社会许多层面，我们应该正确认识减负。减负不是目的，只是手段，提高学生素质才是真正的追求。只有全社会都关心、重视、支持教育，这项工程才有可能开展好……"

班会结束了，但带给我们太多的思考。

1. 对学生我们应做些什么

学生的课业负担的确过重，但有些学生对减负的认识存在误区，教师要引导学生认识到：减负后应通过学习、实践与健康的娱乐去提高自身素质；减负后应拿出时间去发展自己的特长，将来成为有益于社会的人才。

2. 家长是减负应重点研究的方面

家长想让孩子成为有高学历的人，这没有错，也有益于国家的进步与发展。但不切合孩子的实际水平，过高地要求孩子做到什么，甚至设置孩子如何发奋努力也不能达到的目标，对孩子就是一种沉重的压力。这种压力已不再是孩子学习的动力，反而易使孩子厌学，甚至使个别孩子产生厌世情绪。

家长是最有机会与孩子沟通心灵的人。但从班会获得的信息中发现，孩子很少对家长倾诉真情，家长也经常漠视孩子的真实感受，对孩子成绩的关心重于对其心理的关心。所以教师应引导家长利用各种机会倾听孩子的心声，多理解、少埋怨，为孩子分忧解难。

3. 教师应从自身做起

教师希望学生能金榜题名，这也没有错。课堂是教与学的主阵地，课业主要应该在课堂上解决。然而，有些教师补课很积极，却往往忽视了对学生学习方法的指导，有的教师则以挤占学生的时间换取学生的高分。如果各科教师都如此，学生的负担怎能不重？所以，教师应从自身做起，把减负增效作为教师课堂教学的主导思想。教师应精心研究实现课堂教学高效益的教学方法，认真研究学习方法以指导学生的学习，改多投入、少产出为精投入、高产出。

4. 对社会的呼吁

社会上有许多青少年不宜去的娱乐场所，而适宜的一些场所也大多以赢利为主，那些公益性的，如科技类、体育类的文化场所仍然比较少。减负后的学生应该去向何处呢？

减负容易增效难，难就难在不能仅仅做减法，还要考虑在哪些方面做加法，如何做，这是全社会的问题。只有全社会都来关心和支持教育，才会有真正属于学生自己的空间，使减负后的学生有更多的时间和场所去发展自我，在实践中培养能力、彰显个性、提高素质。

减负增效不是一句口号，要真正实现，路真的还很长……

案例2：运用教育智慧，走出教师发展困境

我的教师生涯至今已有27年，一路走来，并不平坦。面对一些无法改变的教育环境，我也有过抱怨和不满。而我珍藏的这则学生习作，常让我想起运用教育智慧走出发展困境的那些事。

（一）反思教育现状，从不利因素中寻找突破

20世纪末至21世纪初，由于高考改革，地理课程只在高一开设且不参加高考。这个状况造成地理学科不被学生、学校重视，许多地理教师流失。我作为地理教师，与每一届学生只有一年相处的时间，师生关系不亲近。

面对不能改变的环境，如果默认，不仅改变不了地理课程的地位，自己也很容易被边缘化。经过长时间的焦虑和思考后，我决定改变自己。我重新确定了发展方向：将原来研究高考的精力转移到了研究课堂教学改革，尤其是在引导学生主动学习、创新学习等方面，做了大胆尝试。

（二）开展不同小专题的反思实践

1. 从转变学生的教育地位开始

我侧重于转变学生在教育教学中的被动地位，发挥学生的主动性和参与性。比如，师生课前轮流演讲、学生给教师当助教、增设学科研讨辩论课、师生共同娱乐健身、开展暑期“青岛游”地理研究性学习、举办师生新年创意晚会等，所有活动设计都立足学生发展的需要和兴趣。教师与学生的交流由课堂延伸至课外，由学业拓展到生活，由单向转变为互动，这些教育教学方式的变革实实在在地提高了学生的学习兴趣和能力。

2. 从转变学生的思维习惯入手

我关注学生思维能力的培养，创设平台，让学生在课堂上敢于质疑、合

作学习。在课堂教学中，有时我会利用学生对知识的模糊认识，抛出一些会引起质疑的观点，与学生进行激烈争辩，这时候，学生都会十分认真，竭尽全力想让我口服心服……其实，这些都是我故意设计的，就是为了培养学生严谨的治学态度和尊重科学的精神。

3. **从转变学生的学习观念做起**

我将培养学生的实践能力落到实处，带领学生走出教室开展研究性学习。在暑假或黄金周，我常组织学生开展郊游活动，这既是学生一年地理学习的一次野外实习，也是与学生加深友谊的一个平台。这种活动由学生牵头成立筹备小组，负责设计郊游路线并完成各项准备工作。对所需要的校外资源，我鼓励学生主动寻求家长的帮助。事先我就实践活动提出要求：每位学生或小组要确定一个研究题目。郊游过程中，我会选取观察点，指导学生用地理的思维观察自然、观察人与自然的关系；大家可以一起做游戏，如猜地名、猜地理现象、猜地理景观等；大家互相品尝食物，嬉戏打闹……这种实践探究，不仅能让学生在大自然中学用地理，也有利于他们形成地理思想。

因我在学科教学中主动采取行动，转变教育理念，赢得了学生的喜爱；同时，在教学方法研究中我投入了更多精力，多篇论文得以发表和获奖，取得了教学改革的一些成果，成为学校教改的重要力量，赢得了同行的肯定。

附：学生习作《阿诸，祝你好运》

阿诸是我们高一时的地理老师，虽然现在不教我们了，但她的幽默与机智还是让我们怀念。

阿诸总是穿着牛仔裤，偶尔穿一次裙子，都会引来我们“哇”的一声。一次运动会前夕，阿诸居然烫了头发，让我们是大跌眼镜，太不习惯了，纷纷窃笑。阿诸却说：“运动会上我有比赛项目，所以特意征求了宋老师（物理老师）的意见，他说这样可以减少阻力。”虽然我们知道她在胡编理由，但仍然纷纷点点头，连说“有道理”。

在运动会上，一个女生跑了最后一名，阿诸却笑着说：“你比我强多了，我还不如你呢！”让我们很是感动。还有一次，阿诸家里发生了变故，她却仍坚持给我们上课，像什么事都没有一样。

相处了一年，阿诸没做什么惊天动地的大事，可是一些小事却常常让我们怀念：元旦晚会上她滑稽的表演，暑假带我们去崂山时把我们推到水里……这些都让我们感到快乐和幸福。记得阿诸曾经说过："我们是一家人……"如今，原先的一家人已经散了，但每当我们在校园里碰到她，那种温馨就会围绕在身边。

那天，在学校的宣传橱窗里我们看到了阿诸的照片，原来她已被评为优秀教师。我们真为她高兴。

案例3：学生向往充满激情的课堂

1998年，我在高一新生开学第一课做了一次演讲，产生了意想不到的效果。

（一）演讲前，基于对经验的反思，产生了这次演讲的想法

我的经验告诉我，新生见面的第一课，需要对学生提出许多要求……但回顾以往，教师往往道理说得多，感情交融少，学生听了多年，已经习以为常。以前我听一些名人的演讲，极受震撼，因此，我想改变开学第一课的授课形式，通过演讲来营造氛围，激发学生的学习动力。这种想法萌生后，我反复琢磨演讲的内容和期望产生的效果：要让学生对我充满信任，要让学生对走进这个班级任课的每一位教师充满敬佩，要让学生对自己在班级的发展充满希望。

（二）演讲中，我的即时反思是"效果好极了"

果然，当我告诉学生我要发表演讲时，学生惊诧了；当我面对全班学生，面带微笑，抑扬顿挫地发表演讲，真诚地表露了我的情感时，学生被感动了！学生听得聚精会神，面部表情从惊诧到激动，甚至有的学生听我说到动情处，和我一样泪光闪闪。学生后来告诉我，他们从没有听过老师如此激情地给他们描述学习生活和前景，他们被老师热切的召唤和令人振奋的期盼强烈地感染了。

（三）演讲后，我有所反思，精心保留文稿以备修改再用

现在再对这次演讲进行反思。在内容上，这次演讲突出了重点，展示了我的态度，希望学生信任每一位任课教师并积极与之互动，既有对集体得当的期望，又有对个体基本的要求，内容涵盖全面、重点突出、逻辑清晰；在形式上，这次演讲的特点比较明显，句式短小口语化，用排比句抒发激情，文字简洁易记诵。不足之处有：第一，演讲的内容过于关注学习，对学生的身心健康发展关注不足，说明当时自己的教育理念还停留在以升学为主的层面上，不能关注到学生更高水平的发展；第二，演讲过程中仍显拘谨，虽然有自信，但演讲还没有成为一种职业习惯。做教师，应多才多艺，因为学生最佩服那些在课堂内外都有“绝活”的教师。

我的这次尝试经过学生、家长和媒体的宣传，引起了部分教师的兴趣。许多教师不仅开始注意自己演讲基本功的训练，而且在课堂教学中有意识地提供各种机会培养学生的这项素养。

附：《这是我的奢望吗》（节选）

……

应该说，我们在年龄上存在代沟，但我要求自己不要婆婆妈妈像一个老女人，不要古板得让人厌恶，不要懦弱得让人无法依靠，不要严厉得让人无法靠近。我衷心地希望你们与所有的任课教师拉近距离，这样你们就能学到更多的东西。我希望大家对数学老师敬重有加，因为她在生活中是一个非常坚强的人，她的成长经历可以为你们指路；要与语文老师互相配合，因为他的身体不是很好，但对自己承担的教学工作依然严谨、严格；要学习英语老师孜孜不倦的精神，她在学业上的精进与执着常让同行仰慕；一定要让物理老师倾尽智囊，她在大学学习的是天体物理；要珍惜化学老师的悉心关照，他是一个心细、宽容又幽默的人……

其实，我最希望的是咱们班有更多的同学能通过努力夺得奖学金，希望每位同学都能尽全力完成自己的学业，希望任何一位同学都不会掉队，希望大家都能充分享有属于青少年快乐无忧的生活，处理好学习与活动的矛盾！

这所有的希望和理想，却必须建立在拥有一个健康的身体和一个和谐的班集体的基础上！谁不想有一个令人羡慕、团结、和睦、温暖的家？谁不想有情同手足的兄妹？谁不想生活在舒适整洁的环境中？谁不想有严于律己、宽以待人的朋友？我作为一名孩子的母亲，同天下千千万万的妈妈一样，期盼着自己的孩子品学兼优，期盼着自己的孩子几年后能高奏凯歌，期盼着自己的心血没有付诸东流，期盼着光阴能锻造出坚强的勇士……

所有的这一切现在只是个梦，而你却是唯一能让这美梦成真的人，我和其他任课老师都是你实现梦想途中永远的志愿者！不要怀疑自己的能力，不要忘记毅力和信心是成功的法宝，也不要淡忘兔子和乌龟赛跑的故事，更不要相信投机能永远取巧！你要牢记“勤能补拙是良训”，它与“失败是成功之母”一样重要！什么是进步？进步就是不断战胜自己！请把眼光放长远，男生变得豁达智慧，女生变得稳重自强！

这是我的奢望吗？不。这必将成为明天的现实！让我们拭目以待！

案例4：持续创新，在重复教学中不断超越

在教师的成长过程中，常有些难得的机遇，以下所举的案例，就是我在机遇面前有得有失的一段经历。

20世纪90年代后期，初中活动课程刚刚兴起。青岛市为积极推动活动课程，准备在1998年暑假后举行一次全市示范课活动，内容是“模拟旅游”。因为旅游与地理关系密切，我又有优质课获奖经历，所以选定由我承担这次示范课活动任务。尽管我已在高中任教，对这门课程不熟悉，但我还是勇敢地承担下来。经过一系列精心准备，市示范课获得圆满成功。之后，我在不同的时间、地点，面对不同的师生，用几乎同样的教案又执教了两次，结果却不太理想。2003年，我参加山东省教学能手比赛，在对之前的经历进行了深刻反思后，我立足创新，重新选题和设计，最终获得了成功。

以下是我对这四次授课的反思。

【第一次授课】1998年9月。从1998年7月暑假前我接到任务至正式举行示范课，历时共2个多月。我在完成高中教育教学任务之外，全力投入，认真准备。

1. **准备市示范课教案之前**

我将初中活动课与初中地理课进行比照式反思：第一，现实旅游中有哪些内容、哪些地理知识可以在活动课“模拟旅游”中呈现？第二，目前哪些教学方法适合于活动课？不适合的该如何调整？第三，如何实施课堂、课外探究，使学生主动参与实践活动？

2. **完成教案后**

将创新与反思结合，始终坚持引导学生参与，方法有三种：第一，事先只设计这堂课的框架，而方案设计和具体细节则与学生一起研究确定。比如，只列出旅游线路选择的类项（如自然风光类、人文景观类等）和要展示

的主要内容，而游客（学生团、老年团、家庭团等）、景点、交通工具等的选择，尊重每组成员研究后的意见。如自然风光类的线路，开始我认为选张家界比较有特点，但学生去过的少，而去过西双版纳的学生比较多，因此最后选取西双版纳作为景点。第二，各小组学生自主分工，教师跟进指导。学生根据兴趣承担本“旅游团”中的不同角色，编写介绍内容，教师课堂、课外及时指导。比如，每次上课，教师只参与一个组的汇报和指导，让其他组观摩。学生按分工介绍自己准备的资料，提出困惑，教师与学生一起研究、完善；定稿后，小组成员根据要求继续准备；其他小组成员在倾听中可以提出意见，从中学习一些好的做法，再自行完善各自的方案。由于每个小组准备的内容和呈现的形式各有不同，所以，教师应结合课上及课后的巡视指导，解决学生学习中的问题。第三，课堂教学使用的有关资料都由学生自己查阅、整理、确定，教师提前调研以便于指导。比如，学生自己到火车站、长途汽车站、航空售票大厅等地方去考察，然后确定交通工具，绘制旅游路线图，到书店挑选风光图片、背景音乐磁带等。

3. 市示范课后

举行示范课后，听课教师给予了高度评价。许多教师对整节课进行录音，对讲课过程进行拍照、录像，带走了我上课用的大部分资料，有些不能带走的，除了拍照，还让我详细介绍了搜集、选取资料的方法。一些外省市的听课教师在课后留下了联系方式，以便保持继续交流。

4. 课后我的反思

课后我反思，本课成功的原因有三点：第一，通过反思寻求突破。生活中的旅游资源很丰富，哪些适合在课堂上模拟？如何体现？对这些问题的设计和思考一直延续到我正式上课之前。第二，通过反思力求完善。课堂设计是经过师生反复修改才确定的，每个环节都在实验中多次模拟，反复研究。第三，带动学生反思。学生参与了这堂课的编导、准备和展示，从始至终学生都是活动的主体，他们在实施中发现问题、提出问题、解决问题，然后再实施，这种参与超越了日常的课堂参与程度，从而使他们的反思水平不断提高。

本课的不足有两点：第一，因为每个组的行动比较分散，又要利用课外时间去实地考察，占用时间太多（休息日和暑假）；每组搜集到资料后，大家要一起整理，决定取舍，有时候一份资料的变化就会改变全组的整个设计，所以方案确定用时太长。第二，各小组活动时间、活动地点不同，教师不能同时指导所有组，有些问题不能及时发现和解决，影响方案的及时确定或修改。

【第二次授课】1999 年 1 月。学校要求我面向全体教师（初、高中）举行校活动课公开课。当时，我几乎没做任何准备，又一次执教了这一课，这次大家对这节课的反映褒贬不一。反思原因，第一，教师对初中活动课的呈现形式有不同认识：持肯定态度的教师认为这是一种全新的教学风格，教学设计和过程突出了学生的主体地位，表现出学生的创新和实践能力；持否定态度的教师认为教师在课堂上基本没有作用，学生的展示都是事先准备的，太虚假。第二，教师对新课程与传统课程如何结合的认识不同：有的教师看到了学生主动学习的热情，认为这堂课能够体现出学生多种能力的提升，值得提倡；而有的教师却在议论，如果是高考科目，谁敢这样上课？

【第三次授课】1999 年 9 月。为了参加市活动课的优质课比赛，我仍以本课参赛，最终排名第三，仅获得二等奖。反思原因，一是盲目自信，因为这堂课曾在全市获得成功；二是缺乏创新，活动课虽是一个新事物，但经过一年多的发展，创新的经验已经不断出现，而自己在这方面的学习不够，进步很小；三是参与不够积极主动，因为我任教高中且担任班主任，活动课是初中课程，平时没有投入，比赛前准备不够。

经历了同一课题的三次讲课后，我专门与学校的资深教师一起研讨了这三次经历，反思了这段时间的专业成长。我认识到，第一次讲课成功是因为我事先高度重视，进行了积极准备，而且听课教师全是任教这门课的教师，容易形成共识。第二次则是因为没有考虑到听课的教师是学校所有学科的初、高中教师，大家见仁见智，在所难免。而第三次讲课的确是失败的，尽管参与的教师仍是我市初中活动课教师，但是他们都已经历了一年多活动课的充分实践，有了大量的经验，而我却基本保持一年前的水平。

【第四次授课】2003 年 11 月。为参加省教学能手比赛，我在反思“模拟旅游”（市示范课内容）、“旅游活动”（省教学能手说课内容）的基础上，大胆突破，设计了新课题“旅游在线”，运用现场探究的教学形式进行展示，最后获得了成功。反思这次成功的原因：第一，充分发挥了学生的主体作用。一是当堂查阅资料，给每组学生提供了大量与课题有关的散乱的剪报资料，让学生自己查阅、提取、归类；二是开放课堂，事先设计了问卷，现场发给每位学生填写，之后，学生现场分组对这些问卷进行分析、统计，并充分利用分析结果和现场搜集的信息，展开现场研究。第二，体现教师的主导作用。一是预设性，因为现场进行的信息采集和问卷分析反映的都是学生的课堂即时思考，探究的结果是什么，事先不得而知，但我结合学生的生活经验和学科知识，抓住适合本课题探究的、有价值的、有话可说的方向和范围，设置了题目；二是地域性，因为比赛是在潍坊市举行，所以在问题设计中体现了潍坊地域特色，既使学生感到亲切，又便于实施探究。

附：省教学能手比赛讲课教案中调查报告部分

“旅游在线”四个小组的调查报告设计

一、“旅游在线”一组调查分析报告

1. 对“您喜欢的旅游资源”调查结果进行统计，只绘出比例居前两位的旅游资源的柱状图（图略）。

2. 为这两类最喜欢的旅游景观各设计一条线路，每条线路包括两处著名旅游景点，要求：

（1）在图中注出其位置（图略）。

（2）说明两处景点的气候情况（冬夏气温、降水），并说明该气候特点产生的原因。

（3）说明这些景点著名的原因。

3. 旅游前要重点做哪些工作？

二、“旅游在线”二组调查分析报告

1. 对“‘十一黄金周’您如何安排”调查结果进行统计，绘出柱状图（图略）。

2. 有旅游倾向的所占比例是多少？请您从利弊两方面对“黄金周”旅游进行评价。

3. 您希望怎样安排自己的“黄金周”？简单说明理由。

三、“旅游在线”三组调查分析报告

1. 对“旅游中您遇到的最大问题”调查结果进行统计，并绘出柱状图（图略）。

2. 您能说说旅游中存在的环境问题吗？您对解决哪个问题有较好的建议？

四、“旅游在线”四组调查分析报告

1. 对“省内您最喜欢的城市”调查结果进行统计，并绘出柱状图（图略）。

2. 评价潍坊旅游资源开发条件（从旅游价值、与经济发达区的距离、交通通达性、地区接待能力、环境承载量等选项中任选两方面进行分析）。

3. 您最喜欢去的省内旅游城市是哪儿？为拉动潍坊的旅游业，您有什么好的建议？

案例5：反思，让课堂教学扬长补短

教师从入职到退休，通常会参加许多教学比赛或展示（校级、省市级、国家级等）。这些比赛及展示既需要现场发挥，更需要深刻反思与创新设计。以下案例就是1994年我第一次参加青岛市优质课比赛的经历和反思。

（一）比赛前的分析与定位

1991年，我才有机会任教高一，与其他参赛选手相比，我的教学经验不足。我只有客观面对这一现实，才能准确定位自己的情况，坚定执着、更快、更好地掌握高中教学方法，并认真计划、扎实准备参赛事宜。接到通知后，我详细列出参加第一轮说课前的计划，从学习到实践，从自己试讲到同行指导，按计划逐步落实。

我的计划分为四步：第一步，熟悉说课要求；第二步，每周除准备正常教学的三个教学案外，再写出其中一堂课的说课案；第三步，得到教研组长的指导；第四步，在教研组长支持下，请教研组的各位教师按照比赛要求对我的说课进行一次听、评课研究。

（二）平和地参加第一轮比赛

说课比赛时，我带上精心制作的教具，在教学过程中演示了地理现象的形成，最后获得了市区第三名的成绩。说课后，我虚心请教了个别评委，他们充分肯定了我的长处——关注学生参与，善于创新，重视教法和学法的结合，同时也明确指出我的不足。我将其一一记录并纳入反思之中，作为下一轮讲课的重要参考。

（三）积极准备第二轮比赛

通过认真反思，我决定：第一，坚持自己的特色。在准备中突出学生学习方法的设计，尤其要将教材分析与学生分析紧密结合起来。第二，主动向他人学习。为了能够系统把握和分析教材，我到高二、高三听课，之后设计自己的教学，并主动约请教师来听、评课，有时还请其他学科、其他年级的教师来听课指导。第三，重视模拟训练。因为不知道决赛要讲什么内容，我选了两堂有代表性的课重点实验、模拟比赛，请教研组的教师听、评课，听课教师认为我有了明显的进步：问题设计有价值，逻辑性强，心中有学生，师生互动好，教材分析能宏观把握，关注章节间知识的衔接。对每位教师的意见，我都认真反思，融入教案。

正是由于有了精心的准备，决赛时我获得了青岛市优质课比赛一等奖第一名。

（四）比赛后的长期反思

1999 年，学校征集教案改革成果，要求统一格式，所以，我以比赛课教案原样为基础进行了整理。这份课后记基本属于全面反思，面面俱到，但难免空泛。

这节课能取得市优质课比赛一等奖，说明我的执教水平在市里是被认可的。然而这篇课后记的反思水平却一般，这也说明当时我的评课水平严重滞后于我的执教水平。

从这则教案及课后记中，可以明显地看出我的教学理念还是比较先进的：注重了对学生知识现状的分析，提出了“把学生放在课堂教学的主体上”的理念。但是，在课后记中却没有具体指出在此基础上如何改进。关于不足，我只是随手一记，缺乏缜密的推敲，如罗列了四条不足，有三条是关于课堂提问的，分别涉及提问的目的与效果、提问方式的设计与选择、问题的数量等。现在看来，应该把这三条归为一类“课堂提问”，然后再分门别类地罗列与评析，这样既符合“一得”的写法，也便于在今后的课堂实践中进行补充、完善。另外，语言表述多有不够严谨之处，比如，“问题设计不够发散”一句，应该改为“问题设计的发散与封闭，各有不当之处”。

附：1994年市优质课比赛的教学简案及课后记（节选）

生态系统和生态平衡（第二课时）

（教学目标、教学重点难点、教材分析等略）

【教学过程】

一、导入

投影“生态系统的能量流动”图，复习生态系统、食物链的概念；指出生态系统中存在着能量、物质的流动。

二、新授

1. 生态系统能量流动

(1) 投影“生态系统的能量流动”图。

教师提问，指导学生阅读教材，学生讨论后讲授能量流动过程。

(2) 学生结合教材读图（能量流动的方向、数量及生物个体数量等的变化），归纳能量流的特点，在教材中画出关键词，教师补充说明“十分之一”法则。

(3) 投影“生态金字塔”示意图。

教师提问，学生思考、总结能量流的特点。

(4) 应用。

师生互动：举例（灵活运用能量流的特点为日常生活服务），讨论，学生自愿上讲台交流。

2. 生态系统物质循环

(1) 投影“生态系统的物质循环”示意图（图中有空白项）。

教师提问，指导阅读，学生填图，同桌间交流，到讲台上交流，教师指导学生修改错误并发现填此类图的规律。

(2) 归纳物质循环的特点。

(3) 物质、能量流动的意义。

教师提问，学生讨论、分析表格（已设计），学生归纳，教师指导补充。

(4) 学法总结：有效的方法及学习存在的困难。

3. 生态平衡

(1) 投影“池塘生态系统生态平衡”示意图。

设计问题，指导学生阅读教材，画出关键词。

学生思考回答生态平衡的三个标志是如何建立起来的，教师以实例说明。

(2) 投影“生态系统发展规律”模拟图（自绘）。

学生阅读教材，教师引导学生分析生态平衡的特点、规律，学生练习巩固。

(3) 投影多幅“破坏生态平衡”的漫画。

学生分析环境问题产生的原因。

(4) 播放“生态良性发展”的视频（2～3 分钟）。

学生交流保护生态的方法和意义（用生态保护的成功案例说明环境保护对社会、生活的影响）。

(5) 学生小结。

三、本课小结

（略）

四、巩固练习

投影“生态系统组成”图，设计问题，学生思考回答。

五、布置作业

（详案略）

【课后记】

第一，本节课 1994 年参加市优质课评选并获一等奖。1997 年，我又在学校举行了本节课的公开课，那时详案略有改动。1999 年，学校进行教案改革，鼓励教师写特色教案，我又在这个基础上按统一格式进行整理。本节课的详案主要体现了教师“导”的原则——自然而严谨，易懂而有深度，有趣又科学，基于理论又联系实际，“形散而神不散”；学生“学”的多样性——阅读教材，画出关键词，讨论，读图，填图，上讲台指图讲图等，这些形式让学生有机会说出自己的观点和学习困难，始终把学生放在课堂教学主体的位置上。

第二，无论是市优质课还是校公开课，这节课都取得了成功。究其原因，关键在于课堂设计一直关注学生积极参与课堂活动。

(1) 从备课开始，就以分析学生知识现状、接受能力为主，然后结合教材内容设计相应的教法，通过多种形式指导学生主动学习。

教师自己设计、绘制多幅投影图，帮助学生理解教材，挖掘教材；教师注意分层设计问题，在问题设计中，关注学生自身生活体验，关注运用刚学到的知识；学生交流中，重视生生互动和师生互动。

(2) 在授课中，教师根据学生情况与时间安排，灵活落实详案内容；始终以大多数学生参与活动为根本，使教材内容、教法、学法为学生的学习服务；充分利用课本中的示意图或图表，从始至终引导学生读图、讲图、讨论；既培养学生独立思考的习惯，也在讨论中培养学生合作学习的能力。

(3) 许多课堂小结、练习都由学生完成，不仅要让学生学会，也要会学。

第三，不足及疑惑。

(1) 教案中有些问题设计得太细，虽然是为了引导学生思考，但太细了会不会限制学生的独立思考?

(2) 问题设计不够发散，教师预设了大部分问题，学生提问少。

(3) 用教材来教，但教学设计还没达到更高层次。

(4) 提问似乎过多、过于零碎，有些师生互动价值不高，说明自己教学的经验尚欠缺。

案例6：教学突破，在长期和瞬间的反思中实现

在常规教学中，因为教师面对的是熟悉的环境、熟悉的学生，以及规定好的教学进度，因此较容易发挥自己的优势。但外出参加教学比赛或送课时，所有外在条件都变了，不变的只有自己。要想上好一节课，就要看教师教学修炼的内功，也就是教学基本功和教学风格了。

1998年，我参加了省优质课比赛，在准备和比赛过程中，我全面反思以往自我成长中的、同行的、教育理论中的、比赛过程中的有效经验，以修炼提升基本功。

(一) 赴赛前精心准备

1. 磨炼自身的教学基本功

在我经历过的评优课中，评委们普遍评价我的基本功扎实。我充分利用赴赛前的日常课，不断磨炼自己的基本功，比如，雕琢语言，突出简洁、准

确、生动、亲切、幽默；精选实例，更加生动、准确、有效地让学生理解教学重点和难点；设计互动，唤起学生的思考，引导他们积极参与表达、绘图、质疑、合作等各种课堂活动。

2. 巧妙设计投影片

牢牢抓住对投影教学的设计，激发学生的思维：一是设计精致的投影片，注意图片色彩和图形形态，调动学生的学习兴趣；二是设计复合投影片，对投影片进行剪裁叠加，配合教学问题、要求，促进学生的逻辑思维；三是设计活动式投影片，制作出可以抽拉活动的图片来演示地理现象变化，培养学生的抽象思维能力。

（二）比赛中从容应对，积极思考

1. 课前利用以往经验，充分了解学生

正式比赛时，我虽与学生素不相识，但我抓住课前 10 分钟，与学生轻松地交流，很快掌握了学生的一些学习特点。我在课前积极反思，迅速在教案相应的内容上做标记，以便在授课中随机应变。

2. 课堂中随机启动即时反思，迅速调整预设

第一，因为学生的学习水平和激情比我想象的高，所以我决定把教师讲授的某些环节改成师生互动环节。学生独立思考、回答的问题增多；把那些积极性特别高的学生直接请到讲台上指图、绘图、讲课。第二，依据课堂发展促成有价值的课堂生成。授课中，基于学生的能力和热情，我临时增加学生质疑环节，让学生出“难题”，师生来应答，还利用活动投影图片的变化编题、研讨，期间我故意反复质疑、问难、出错，让学生找错、改错，引导学生深入思考。

课堂上师生密切合作，超乎预期地完成了教学任务。课后，学生热情不减，仍围绕在我身边继续研讨，学生的积极性延伸到了课外。评委们也注意到了这一点。最终，我的课被评为一等奖。

3. 课后持续反思，整理成果

因为讲课前时间有限，详案写得很乱，来不及重抄，为上课方便仅写了简案。直到 1999 年学校教案改革征集成果，我才将这份教案又进行了整理修改（见附）。参加市优质课评比已经过去了 4 年，从课后反思（当时称课后记）中能明显看出我这段时间的进步。不过，课后反思还是有些空泛，不如以上描述得具体、细致。

这份课后反思有四个优点：第一，在反思的第二部分中，已经出现了课前反思的设计，只是没有总结课前反思这一具体步骤，但是表述了编制教案前对学生的了解及对策。“在备课中依据学生的知识基础、接受能力，预设了……”其实，这就是借助以往执教经验的反思，才编制成功的一份优质教案，这为以后形成课堂教学科学的反思步骤打下了基础。第二，“教师主导，学生主体”的教学理念已初步形成。与市优质课反思相比有了更具体的评析。比如，“教师导得恰到好处”，“学生学得轻松自如”。在反思中对“导学”进行了描述，做出了评析。另外，在“学生重点关注”的落实上，与市优质课的反思相比，也形成了更具体的标准和方法。第三，形成了比较清晰的反思和“一得”。经过自己充分的努力，这篇教案显得比较具体而且内容也较丰富，课后反思也比较具体而全面。第四，对于简案、详案也有较为具体的分析。

这次参赛过程中，瞬间反思让我的课堂出彩。后来，我不断思考瞬间反思与长期反思的关系，最终形成“一得”，又不断完善，编入本书案例 27《我的感悟》（见正文 190 页）之中。

附：参加省优质课比赛的详案及课后记（节选）

地球上的大气——天气与气候（第一课时）

【导入】

投影表格，播放中央电视台的天气预报视频片段（约 1 分钟左右），提示学生认真收听其中主要的大气物理量，如气温、阴晴、风沙等的描述，填表；然后思考这些物理量在气候中该如何描述。通过回答，引导学生认识天气与气候不同的特点。

……

引出影响天气的主要因素。

【新授】

1. 气团及其分类

(1) 气团的概念。

……

(2) 气团的形成。

……

(3) 气团的分类。

学生阅读教材中气团的两种分类方法及气团的种类。

……

教师投影下表，学生讨论（影响我国天气的主要气团），并在练习本上自己尝试填写。

季节	影响我国天气的主要气团	环流条件	天气
冬季			
夏季			

每个小组推荐学生代表回答上表。其中两个组的代表分别回答表格中冬季和夏季的有关内容，另外两个组的代表分别点评、补充或纠正。

学生小结气团的重点内容，教师补充。

2. 锋面与天气

复习锋的相关知识，投影教材中示意图，学生回答问题（锋面上下冷暖气团位置、锋面附近出现的天气情况等）。

新授：

(1) 锋的分类。指导学生自学，在教材中找出三种类型。

(2) 冷锋。投影问题组，指导学生依此自学。

问题组：冷锋中冷暖气团哪个强？主动或被动运动的气团是哪个？冷暖气团在锋面上下的什么位置？暖气团位于锋前还是锋后？暖气团在锋面附近运动的特点是什么？

学生思考后以接龙的形式回答上述问题，过程中教师启发、引导。

教师在学生回答每一个问题的同时，在黑板上一步步绘制彩图（冷锋天气图）。

继续显示投影片中的问题组，指导学生讨论（冷锋对天气的影响）。

问题组：冷锋过境时的天气怎样？降水在锋前还是锋后？冷锋过境后带来怎样的天气变化？为什么气温下降、气压上升？

学生思考，自列表格进行对照、填写，过程中教师巡视，发现问题，进行指导。

学生回答问题组内容，教师在黑板上继续绘制彩图（冷锋过境时的天气情况）。

继续指导学生自学（冷锋分类的依据、类型及形成的天气），投影表格（表略），学生讨论并在教材中找出答案，回答问题。

（3）暖锋。

学生以冷锋为例，对照学习暖锋的相关知识。（略）

教师依据学生的回答，绘暖锋天气图。

根据学生的学习激情，可以让学生设计题目，教师或其他学生回答。

学生设计的问题：请同学说出暖气团在锋面上下的位置，暖气团在锋面前后的位置，暖锋降水的情况，请教师同时画图。（教师在绘暖锋的天气图时，故意画错几处，暴露学生最容易犯的错误，并告诉学生图中有错误，让学生指出）

教师补充的问题：请学生找出并纠正教师所绘图中的错误。（教师鼓励学生到讲台前修改绘图，不完善的地方教师帮助其完善）请同学对照冷锋过境时、过境后的天气变化，说说暖锋的天气变化。

教师小结：暖锋中暖气团在锋面前后的位置与冷锋不同，（教师解释绘图中故意绘错的原因）暖锋在锋面前后降水的情况与冷锋不同，（教师解释绘图中故意绘错的原因）冷、暖锋相关知识通过相互对比学习，更利于学生掌握。

在学生学会辨识冷、暖锋天气图后，教师进一步指导学生读冷、暖锋的标示图……

（4）准静止锋。

……

阅读梅雨的相关资料。

教师用自制的、可复合的彩色投影图片演示梅雨的成因过程，启发学生思考，理解梅雨的成因。

……

【总结】

1. 学生谈这堂课中印象最深的内容。

2. 学生谈这堂课中自己没学懂的内容。

3. 学生谈自己对这堂课持有不同看法的问题。

4. 教师总结评价。

【巩固】

教师以教材的课后练习为原型，重新设计综合题，并制作活动的复合投影图片，边演示边说题。每道题说完后，简单的由学生共同回答，有难度的可以让学生先思考，然后由学生自愿回答。

练习题：假如今天早晨6点发布天气预报，现在有冷空气推动锋面正以每小时30千米的速度向我们的城市移来，锋面位置距城市720千米，回答：

(1) 这是哪种锋面?

(2) 锋面将何时到达我们城市?

(3) 从现在起，城市未来48小时内天气将怎样变化?

(4) 如果锋面移动较慢，锋面过境时天气将怎样?

(5) 如果锋面快速移动，锋面过境时天气将怎样?

(6) 如果锋面前的暖气团比较干燥，天气情况如何? 如果地面植被覆盖少，天气情况如何? 应采取什么措施保护环境?

(7) 同学们可以自己编题，并用活动图片演示，请其他同学和老师回答。

【作业】

收看当地天气预报，分析本地最近天气的特点、形成原因与气团、锋面的关系。

【课后记】

一、对教案的思考

1. 本教案初成和后期整理中的思考

(1) 本教案设计中突出了几个方面：重点关注学生学习的过程、教师启发引导的过程；充分依据学生认知水平的递进性设计教学问题；在教学设计和课堂教学中，关注全体学生，让班级多数学生能根据问题的层层设计，一步步思考、化解教学的重难点，也让思维活跃的学生有机会挑战更有难度的问题；在课堂实施中，对教案预设问题及时调整。起初，在教案设计中，有些问题是教师引导学生完成的，如暖锋的形成和对天气的影响等内容，后来教师发现学生的能力比较强，就及时进行调整，随机增加了学生可以独立或团队合作完成的内容，如让学生提问题大家思考，让学生登台讲图、绘图、操作复合图片等。

(2) 因为比赛后在教案的草稿中对一些课堂精彩设计做过补充标记，所以在我修改详案的过程中，仿佛再一次与学生进行了交流对话，重读教学设计时，让我想起了当时上课的真实情景，比较好地将真实的课堂操作体现在教案中。

(3) 因为这是教案设计，所以有些有价值的课堂互动没有以实录的形式全部表现出来，如教师故意在绘图中出现一些学生容易犯的错误，让学生挑出问题，我在教案设计中有，但课堂操作中没有详细补充。

2. 关于简案、详案的思考

在比赛中，我先勾勒了一份简案作为备课的框架，然后在这个基础上写出了详案。在熟悉详案的过程中，我又修改完善形成了一份比较规范的简案。简案是上课时自己用的，因此，有些表述只要自己明白就可以了。简案中，突出了大环节的处理，如重点、难点采用的教法、学法。详案则更具体地写出了教学各环节的设计，尤其是操作步骤，如教师如何指导学生，学生如何学习知识，设计哪些问题逐步提高学生的各项能力等。从详案中可以看出教师导得是否合理，学生学得是否主动，再现的是重点和成功点。

有经验的教师常采用简案的形式，因为他们对学生和教材能很好地把握。但对青年教师来说，还是比较适宜采用详案。

二、对获奖原因的思考

这堂课获省优质课比赛一等奖，取得了专家和与会师生的一致好评。

1. 准备充分，发挥优势

我不仅吃透了教材，还在备课中依据学生的知识基础、接受能力，预设了学生学习教材内容可能会出现的困难、问题；在设计讲、问、导和学生的学、思、练时，我特别关注以下三点：第一，尽量使抽象内容具体化，讲解深入浅出（采用图片、表格等形式）；第二，准确把握教材，明确重点、讲清难点；第三，环节推进扎实，精心设计小结。

2. 师生互动，形式丰富多样

课堂中，教师通过绘图、投影、提问、演示、巡视了解学生学习情况，指导学生回答问题，学生通过自学教材、画关键词、讨论、回答问题、自己设计表格、到讲台指图、绘图、操作复合图片等方式学习。多样的教学形式关注到每一位学生，让每一位学生都参与到课堂教学中。

3. 体现了教师的教学机智

抓住课前与学生交流的机会，及时调整教案；在课堂上大胆与学生交换角色，让学生就教材内容提出问题，考查学生对教材理解的程度，使课堂气氛非常活跃；发挥学生学习的主体性，教学效果显著。这说明教师导得恰到好处，学生学得轻松自如。

案例7：学期总结的反思价值

这是1999年我晋升中级职称后第四年的一份学年度阶段反思。

随着新课改的推进，学校要求教师多写课后反思和阶段反思。这么多反思不可能每篇都是精品，难免会有敷衍，产生水平不高的阶段反思。对这些水平不高的反思，我们应该努力发现其中的任何一点可贵之处，应该努力发现自己专业进步中的规律，使这类成果显示出其应有的价值。任何人的专业进步都是“积跬步而致千里”，而不是一蹴而就的，我们应该特别重视研究这半步、一步的进步。

这份年度反思的优点：

第一，尽管没有提到“反思”这一概念，但是已经在具体实施反思这一方法。总结中以平时有价值的单一反思为依据，在表述教学、教研、教育三个方面工作的文字中，以教案改革实践［如案例5（见正文22页）、案例6（见正文26页）］、发表的论文《如何提高学生随堂记忆——优化课堂教学探索之一》、实施开学第一课演讲《这是我的奢望吗》等为反思依据。这种以平时成果为事例的写法能保证年度总结的具体充实，令人信服。

第二，反思中突出地表现了本学期开展的重点工作和成绩，叙述清楚，言简意赅。因为平时有积累，重点又突出，节约了年度反思的精力、时间。这种学期反思积累起来，有利于进行大跨度阶段反思的整理。

收入本书时，我又对这篇总结再次进行反思，认为可以修改之处还有很多。

第一，“教学”“教研”两项内容可以合并，这样才更符合当时的状况。我一直坚持在教学中研究，以研究推动教学，教、学、研紧密结合。比如，在课堂教学中，我发现学生课堂内外记忆效果的差距比较大，于是，针对这一普遍现象，我在课堂教学实施中注重进行提高学生随堂记忆能力的研究。经过几年的实践探索，最后总结出一些有效的方法并形成文章发表。如果将“教学”和“教研”两项合并起来表述，既符合我的教学实际，也利于我今后的继续研究。

第二，有些重点表述不够准确，容易引起歧义。比如，“教育”中“把‘严’字的文章做足”，没有准确反映我的理念。对照案例 3（见正文 16 页）可以发现，我的开学第一课演讲绝不是把“严”字做足，而是“严”不外露，将其蕴含于对学生的关爱之中。为何会出现这种不准确的表达呢？一是要说的话还没说透，又说其他的内容了；二是把对学生和对教师的要求混在了一起；三是当时思考不严密，行事比较粗糙。实际上，这里我想表述的是教师要在“严格”与“慈爱”之间把握好度，学生出现了问题时，教师对事要严格，对人要尊重爱护；教师对自身的要求要“严”字当头，要身正为范，要对学生公正、公平。

第三，总结中的三个方面，有的议论比较空泛，有的议论前后关联不紧密；每个序号后，各用一个词表示一个方面。其实，如果用一个句子叙述该部分的小论点，之后再围绕这一点进一步提供论据，把道理说透，效果会更好。

附：1999 学年度工作总结

自从 1995 年我被评为青年优秀专业人才以来，工作中经常总结自己的经验教训。本年度我在贯彻素质教育方面，又有一些新的实践尝试。

1. 教学

学校大规模推行素质教育改革，尤其是教案改革和电化教学，使我在教学上取得了新的发展。在教学中，我几乎每堂课都使用电化教学，借助投影这一现代化教学手段，把知识的重点、难点，尤其是学生欠缺的读图能力，通过投影教学加以解决和锻炼，有针对性地解决问题，减轻了地理教学中学生的“图盲”现象。

2. 教研

要想提高教学质量，必须研究教学。教师只有平时关注教学中出现的问题，思考有效的解决方法，并在课堂不断实践、修正、完善，同时集思广益，才能突破难点，改善学生学习中的弱点。我比较关注高中生随堂记忆与课后记忆的关系的研究，通过研究，发现了多种适合学生年龄特点的教学方法，采用这些方法后，学生的课堂记忆显著提高了，我为此撰写了论文《如何提高学生的随堂记忆》。

3. 教育

首先立足于严师出高徒，把“严”字的文章做足。开学第一课的演讲就是这一主导思想的表现。作为教师，应该为人师表，为学生的一生把舵。首先，教师要让学生明确该做什么，不该做什么，在解决哪些问题中应表现得情义无价，哪些问题应铁面无私。然后，教师要培养学生学习知识的方法和能力，要真正把握学生文化学习的问题所在，用心帮助他们解决。班主任听课，一方面，有助于班主任了解班级学生各科所学习的基本内容，关注学生课堂听讲、回答问题、提出疑问的情况，从中了解学生的思维情况、课下复习开展的情况等；另一方面，有助于班主任学习任课教师教学中优秀的教学设计及他们调动学生学习的有效方法。

以上不成熟的经验是我自己实践的反思和心得，虽有实践验证，但仍缺少理论分析。在今后的教学中，我将继续学习，不断增强理论基础，提高实践水平。

第二章

反思，要坚持撰写“一得”

撰写“一得”，是教师专业发展的基石，是教师的一项常规工作，只要坚持积累，就可以为自己垒起持续发展的根基。

“一得”，概念出自《问说》中“问焉以求一得”，是祖先求学问的一则秘籍。“一得”，要专注于“一”，即一个问题、一个方面、一个角度等，而不要在“一得”中追求“多”，要避免面面俱到，否则就易造成空泛而不具体的结果。

“一得”，因为多是当时急就而成，所以要在日后的实践中不断反思，反复修改完善，推动“一得”的撰写由简短到丰富、由肤浅到深刻、由片面到全面转变。

“一得”，因为多为一个问题的一个角度或一个方面的体会，所以要及时整理。把若干相关的“一得”进行整理，形成一个一个的专题：或是单一主题的全面论述，或是综合专题的全面展示。这样，“一得”才能发挥它应有的作用。

第一节　对撰写“一得”的认识与方法简介

一、对撰写“一得”要有准确认识

1. 对于教育教学“一得”的界定

“一得”，简单地说，就是一则可长可短的心得体会，简称“一得”。在一次亲历的教育教学实践中，把产生的各种感悟、体会只选择一种记录下来，就叫作自我经历式“一得”；在读书或参观学习中，把看到、听到的别人的经历，经过思考之后写下自己的心得体会，就叫作借鉴式“一得”。前者，因为是自己亲力亲为，有教案、实况记录等资料，所以所写的“一得”可以附在记录后面，如案例 8（见正文 48 页）；后者，因为是借鉴于他人，所以这种“一得”要有简要的叙述，把它作为介绍自己心得感受的依据，这是典型的叙议结合式“一得”，如案例 13（见正文 68 页）。

“一得”，一般是只就一个问题、一个方面甚至只从某一个角度而产生的心得。如果一篇心得有较多主题，写起来面面俱到，就不容易讲清讲透。“一得”，一定要集中笔墨讲一个方面，甚至是一个极其狭窄的方面，才可以提高“一得”的质量，达到钻研的目的。一个一个的“一得”积累下去，就会渐渐进入一种较全面的境界，如案例 11（见正文 57 页）。

“一得”，不是凭空产生的，它是基于教育教学之后的一次感悟、体会、心得，所以，这样的“一得”写作，内容比较充实、有意义。

2. 教育教学“一得”的价值

从教师专业发展的角度来分析，撰写教育教学“一得”是促进教师专业发展的有效措施。

“一得”的写作把教师的发展放在了教师的日常教育教学工作之中。教师通过反思一次次的具体经历，获得一次次的心得体会。

“一得”来自具体的教育教学经历，有切实的感悟，因此，这种心得是具体的，不空洞。而且，教师撰写“一得”，不仅可以由少积多，渐渐地涉及教师专业的若干重要内容，还可以随着实践的深入，一步步由浅至深探求教育教学的真谛，而不必在晋升职称时才去仓促地编写一些文章。

教育教学“一得”，应该有扎实的设计。教师的发展是一步一步前进的，而心得，就是以“一得”的形式记录下来的教师教育教学工作中的相关实践和思考。如果教师能坚持撰写“一得”，并形成一种职业习惯，那么这些“一得”就一定会成为教师发展的一个扎实而又具体的、涉及教师教育教学的各个方面的助力。如果每周按两篇心得来计算，一年至少可以积累一百多篇心得记录，坚持十年就有上千篇，这对教师来说是一笔宝贵的财富。因为这些心得根植于教师日常的努力，所以它不仅会多方面促进心得专业类项的丰富，也会一步步促进教师专业水平的提升。

“一得”的写作是可行的。因为“一得”仅仅涉及一个具体的内容，文字要求不多，又常常联系着一些具体的经历，每天只要记下几十、几百字，每周进行整理，最终形成一、两篇优质的心得，不会成为教师的负担。

二、精心实践，坚持即时撰写“一得”

单从写作角度来研究，要坚持教育教学“一得”的写作需要有四个前提：一是精心实践，保证经历的高质量，或者进行深入观察、阅读，保证所见、所读的准确；二是深入反思，保证“一得”的深刻性；三是讲究文字简洁，保证“一得”能简明扼要；四是在时间上不增加负担，才可能坚持下去。因此，在教育教学经历之后，教师要坚持用十分钟左右的时间，立即记下让自己印象较深刻的“一得”，这样做，既不耗时也不费事，更重要的是有效益。

1. 努力促成“一得”的高质量

为了提高“一得”的质量，教师首先要精心策划教育教学，而不能随意记录，甚至没有策划就仓促实施，这样的实践不利于产生高质量的心得体会。之后，要精心实践教育教学，深入思考，促进心得的深刻性。

2. 实践后即时形成“一得”

“一得”源于具体的教育教学经历，为了保证“一得”的新鲜感，教师必须在每次教育教学实践后即时记录“一得”。因为经历还历历在目，“一得”自然也就真切而具体。如果不能即时形成“一得”，经历中的感受就会慢慢淡薄，“一得”也就不易讲深讲透。

3. 文字要简明扼要

有时可能因为时间较紧，而不允许对“一得”进行长篇大论，教师可以用寥寥几笔，先简洁地用几十字、几百字记下心得，以保证“一得”的新鲜、真实，在时间允许的时候再进行整理。在文字上要注重两个方面：一是只记与“一得”相关的记叙性内容；二是用提纲的方式记下“一得”，暂时先不做展开，以后有时间再进行加工。

4. “一得”要置于实践中反复修改

任何教师的任何“一得”，都可能因为自身认识的局限等原因而相对肤浅或不完善，这就需要教师在今后的实践中对“一得”进行反复加工，使之逐渐完善起来。在教育教学经历中，教师常常要重复某些内容，比如，课堂教学的某些重要环节、重要内容等，如果对这种重复的经历加以充分利用，就能使教师已有的“一得”在反复的实践中渐渐深刻和科学。因此，教师在形成“一得”之后，要反复、认真地将它置于实践中，对它不断地修改、补充、完善，使之渐渐由肤浅变得深刻，由相对不完善变得比较完善。在这个过程中，教师撰写“一得”的能力也会得到明显提高。

比如，教师总是很注重学生作业错误的纠正，这是重复率很高的一项工作，我在做这件事的过程中既形成“一得”，又努力不断丰富、完善着这种研究，使我对这一项具体的日常工作有了较全面的认识，如案例10（见正文55页）。

5. 每周梳理，也属于日常写作的一种

每周梳理是为了把每天的“一得”素材整理成中规中矩的“一得”。每周积累的“一得”，可能因为是当天匆忙记下的，只有几十个字或几百个字，只能算作“一得”的素材。因此，教师每周要对这些素材进行梳理，精选出其中最得意的1～2篇，进行补充、修改，使之符合“一得”内容与形式的要求。

三、撰写“一得”要追求内容上的丰富

单独一篇教育教学“一得”，其内容具体单一。但“一得”的写作过程，

却应借助一篇篇“一得”，渐渐涉及教育教学极其丰富的范围。然而，以往的“一得”写作，偏重于教学，忽视了教育；偏重于教师自身，忽略了学生、家长。

“一得”的内容，必须保证其广阔性。教师不仅要关注课堂教学，还要把目光放宽，关注关系学生发展的方方面面。比如，班会、文体等各种活动，学工、学农、军训等课堂以外的常规工作，教师与同行、家长、学生的日常交流，学生心理，等等。把研究范围扩大，“一得”写作的内容才会丰富、充实。

“一得”的写作，应努力追求在内容上涵盖教育教学的各个方面。教育教学的内容十分丰富，在撰写“一得”以及整理心得的时候，教师要注重通过每一份“一得”去实现内容的丰富、完善。

一位资深教师听完我的课，在点评时回答了一些青年教师关于“课堂重复”的疑问。他从纵横两个方向谈了对“重复”的认识：重复要有度、有趣、有科学性，这是在横向上从三个类项角度展开了有关“重复”这种技术的丰富性；在“重复要有度”这一个方面，他又提出教师在有度地使用重复方法的时候，一方面既要研究重复的多种技法，另一方面又要关注学生参与重复的具体设计，这是对“重复要有度”，在纵向上从两个方面深入揭示这种技术的具体设计。其实，这位资深教师借助一项具体的教师疑问，完成了一则《如何运用课堂重复》的教学“一得”，同时也示范了“一得”的写作要注意“一得”内容的丰富性，要善于多角度、多层次地开展思考和研究，这样才可以借助“一得”撰写，把对教育教学的研究深入下去。“一得”要达到内容丰富，需要经过长期的、有计划的反复运作才可以实现。

四、撰写“一得”应增加困惑或失误等方面的内容

目前，“一得”的撰写，很多教师都是以正面的成功经验为主要内容，对于教育教学中的困惑，以及有关失误等方面却很少涉及。其实，“一得”的写作范围还应该涉及教师教育教学中遇到的困惑以及不成功的经历。在教师发展过程中，成功方面的“一得”固然有价值，但困惑甚至不成功方面的“一得”也有其特殊价值。困惑甚至不成功，每位教师都有过经历，而且都会产生很强烈的感觉。比如，有的教师会明显感觉手足无措，对某处甚至多

处出现的欠缺会明显地不满意。这种感觉很宝贵，应该记录下来。这样的记录可以准确地反映教师的教育教学，也可以有效地提高教师的专业水平。因为一旦真切地记录下这方面的“一得”，就有了一个明确的起点，能更有效地促进教师的思索并刺激教师进一步的实践。经过反复实践，困惑会变得柳暗花明，手足无措会变成得心应手，失误会演变为成功……于是便形成一种极有普遍指导意义的“一得”系列。

在记录教育教学过程中遇到的困惑或失误时要注意几点：一是要记录那些能准确反映出欠缺的内容，二是要记录当时真切的感觉，三是在事后要分析造成这种欠缺的原因，四是要提出主要的弥补措施等。要撰写这样的“一得”，不是所有教师都能做到的，只有具备较多阅历的教师才可以准确地感觉出有关欠缺，并形成有价值的“一得”，如案例 4（见正文 18 页）。这样的“一得”对于新教师可能会有更典型的示范价值。另外，还有很多教师只是对教育教学中的困惑或失误有所思考，而不愿意记录下来，更不愿意把它充实到自己专业进步的系列成果中。

当然，教育教学中的困惑或者失误也不会是一个或几个“一得”就能解决的，但教师可以模拟曾经的情境，再次甚至多次进行反复研究，对其进行精心预设，形成有预期内容的“一得”。

五、对“一得”的预设与优化

“一得”，因是经历中的感悟体会，所以常常是随机产生的。而有的教师还会出现这样一种状态：当他审视过去写的“一得”时，感觉尚有疑惑，需要进一步深入研究，于是就通过预设当初获得某种“一得”时的情境，再次营造并进入相同、相近的经历，追求对那种“一得”的更深入的理解。这两种形成“一得”的情形我们把它分别概括为随机式“一得”和预设式“一得”。

随机式“一得”，是指在教育教学活动的进程中随机产生的一种心得体会。预设式“一得”，是指针对某种“一得”产生改进的欲望——进一步深入或拓展了解，于是事先刻意地预设并经实践后获得的“一得”。前者是后者的基础，后者比前者更具主动性。

预设式“一得”，教师是处于一种积极主动的钻研状态。因为这种有预设的“一得”对教师要求较高，不仅要有丰富的经历，还要有经历之后的写作与思考，并在审视“一得”之后产生疑惑，产生了进一步探求的欲望，然后开始进入预设式“一得”的钻研，形成一次又一次的有预设的经历。这种钻研是一个较长的、反复进行的过程，它能推动某种“一得”的持续优化。这种预设式“一得”能把“一得”的写作推入一种更有深度、更有价值的新境界，如案例 12（见正文 64 页）。

预设式“一得”的写作，往往是在“一得”持续写作一个阶段后，有所积累，写作能力达到一定高度才可能出现的境界。初登教坛或者刚获得初级职称的教师应该以随机式“一得”为主要方式，中级以上职称的教师则可以把随机式和预设式“一得”结合起来，以便产生更多高质量的“一得”。

预设式“一得”实际上是“一得”写作进入优化状态的一种方式。借助这种有意识、主动的预设，可以促进“一得”内容上的丰富和认识上的深入。在这一方面，我们可以结合“‘一得’要追求内容上的丰富”“‘一得’的系列化梳理”两部分论述去思考和设计。

六、对“一得”的系列化梳理

教师如果能坚持“一得”的写作，最终一定会形成数量巨大的“一得”资料，在这一积累过程中，教师应该善于定期整理这些“一得”，并形成不同主题、不同内容的系列化成果。

1. 界定

“一得”的系列化，是指对经过反复修改相对较科学的若干“一得”进行内容方面的归类，形成若干有明确主题的、呈系列的“一得”成果。这是教师进行进一步研究的宝贵财富。

2. 系列化的内容

主要可分横、纵两个方向。横向重要类项的丰富，是希望把我们的研究全面覆盖学生成长的若干重要方面，比如，课堂教学系列、主题班会系列、学生学习研究与指导系列、学生心理健康疏导系列等，内容应该尽量宽泛。纵向的系列化，是希望把我们的研究推向更深入、更具体的境地。教师可先只就一个类项进行纵向的深入研究，比如，在课堂教学是学校教育的主渠道这个主题之下，可以再细分为课堂教学方法系列、课堂导学方法系列、导学的预设与随机系列，等等。这个系列实际上是某一专题之下的细化研究，要尽量多地进行多角度、多层次的研究，深入对某一专题之下的一个个细节进行研究，如案例10（见正文55页）。

3. 有关系列化的方法设计

（1）按阶段梳理

可分为学期、学年的梳理和学段的梳理。

①关于学期、学年式阶段梳理

可以在学期、学年末及其相连的假期中进行。可以有两项操作：一是将已有“一得”整理成一个个专题的系列化状态；二是以此为依据，研究下一个阶段的心得写作。

首先，“一得”要整理成为系列化状态。一般来说，一个学期可能形成二十至四十份“一得”，一个学年就可以积累大约七八十份“一得”。对数量如此多的“一得”，教师要及时进行梳理，梳理的目的是为了把众多的、似乎杂乱的“一得”，经过梳理，形成富有逻辑关系的系列化成果。教师可根据这些纲举目张的、多角度和多层次的系列成果填补典型案例，也可以看看自己还有哪些资料可以整理成论文，如案例9（见正文51页）。

其次，要依据系列化成果，查漏补缺。因为丰富的“一得”已经呈现出系列化状态，纲举目张，层次清晰，教师以此为依据，容易发现在大的类项上还有哪些欠缺，在大的类项上哪些已初成系列，在大纲之下尚缺哪些内容，等等。因此，教师可以依此研究下一阶段的“一得”写作，对在下一阶段应该进行哪些查漏补缺，形成一个新阶段的具体有效的安排，开始系列化的丰富研究。

在一些小类项的梳理中，我们可以考虑将相关内容的“一得”整理形成一篇论文，用已有的相关内容丰富论证层次，这属于“一得”的深入研究。进行这样的论文写作，一般不用为素材不足而绞尽脑汁，而要考虑的是丰富的材料该如何剪裁和照应。

②关于学段式阶段梳理

在中学，当经历一至三年的全程学段之后，教师应有一个总结性梳理。因为此时，中学一个学段的教材教师已经全部教学完毕，对于教材的认识有了六个学期、三个学年阶段的连续总结，对教材有了一种基本的、初步的、全程的认识，对学生成长也有了一个学段三年的全程积累，此时都十分有必要把以往的学期、学年阶段的完整资料进行梳理，以便在进入新的一轮学段中，能进行新的验证或进行更全面、更深刻的研究。

(2) 形成提纲形式

对“一得”进行系列化整理时，可能因时间太紧，比较难形成论文等成果。因此，教师可以把相对较丰富的“一得”先行整理成提纲，形成一种纲举目张的系列化形式。比如，可以是案例 11（见正文 57 页）中的“心得之六”的内容单一式，也可以是案例 11 中的《关于学校听评课的技术方法》的内容丰富式。以后有机会，只要填充具体内容就可以形成论文了。

(3) 及时整理借鉴式“一得”

教师在日常阅读、听学术讲座或者外出参观学习时，常常有详尽记录并伴有心得体会，这也是一笔宝贵资源，应该及时进行整理。比如，2010 年我赴美考察学习，每天都做了记录，每晚必定整理形成若干“一得”。回国后，我又把这些“一得”整理形成不同主题下的多篇文章，并很快得以发表，见案例 13（见正文 68 页）。

七、对“一得”的宏观策划

教育教学“一得”的写作至关重要，很多教师也心知肚明，但是往往坚持不下来，原因就在于教师的宏观策划不够。如果教师能从宏观上对“一得”的写作进行精心策划，有一个妥当的安排，它就不会成为教师的负担，也不至于断断续续地随意进行。所谓宏观安排，有两方面的含义：一是把“一得”的写作放在自己教师发展的大背景下去精心策划，二是把已有的“一得”从宏观角度进行系列化梳理。

“一得”的写作，在刚开始进行时看起来是零打碎敲式的，只涉及点点滴滴的具体内容。但是，教师在写作时应该有个宏观的策划，一方面要做短期的宏观安排，另一方面要注重三、五年的中长期策划。这种短期、中长期的策划都应该和自己的专业职称联系起来。比如，同样是写作“一得”，对初级、中级、高级职称的教师来说，内容、水平均有不同要求。这种把短期、中长期的专业进步置于初级、中级、高级整个专业职称的全过程中，就使“一得”的写作具有了一种宏观色彩。

当然，我们这里所说的宏观是一个相对的概念。一个学期，相对于每一天“一得”写作，前者是宏观，后者是微观；学年相对于学期，前者是宏观，后者就成了微观。而要是把以上这些概念置于教师发展的全过程中，就都成了相对微观的概念。我们在这里讲“一得”写作要有宏观策划，是对一天天“一得”写作来说的。针对那些“一天又一天的‘一得’写作”来说，学期、学年、学段，甚至一生的专业进步都属于不同程度的宏观策划，只不过是各自有不同的要求，连贯起来，却能使“一得”的写作呈现持续进步的状态。

宏观策划应包括两个方面的内容：一是对已形成的“一得”进行宏观的系列化整理；二是对整理形成的系列化成果进行评析，以便形成下一阶段的宏观策划。比如，在学期末，教师可以对已经十分丰富的“一得”精心整理，形成较为宏观的系列化状态。有了纲举目张的系列化梳理，教师心中就能基本明确有了什么，尚缺什么，之后再进行相应的评析，就可以产生更丰富的依据，帮助自己更好地形成下一学期的宏观策划，下一学期中“一得”的写作也会进入一种更自觉、有序的状态。学年、学段策划与此相仿，见案例 26（见正文 176 页）。

第二节　撰写“一得”的案例与成果

案例 8：公开课后的“一得”写作

我们常常要写教学总结，有时候是就一堂课而言，有时候是就一个学期而言。在执教初始，我们对自己写出来的东西都会不满意，不是因为不认真，而是因为我们不知道如何将这份总结或“一得”写好，时间长了，这些困惑解决不了，就可能养成应付了事的习惯。以下我就剖析一份自己写的“一得”，来说明“一得”的写作。

《1997 年公开课总结》是属于比较典型的一节课后的全面反思。

第一，从出课的标注方面显得较规范。有出课时间、班级、参与人员、个人出课的基础与心态，文末有成文时间。但遗憾的是没写公开课的题目，也许当时感到需要记下的应是容易忘记的，上课的题目不会转眼忘记，不需要记。但时隔十几年后再想，却是有些记不起了。第二，反思所涉及的内容较全面。这篇反思从四个方面强调了出公开课的必备条件，如果没有注意到文章第三段，人们可以认为这就是专门针对青年教师而讲的出课前的基本要求。然而第三段中却出现了“总结一下关于本次公开课的准备和讲课后的几点体会”的句子，那么文章只谈“准备”，而缺失“讲课后”的相关内容，那就是总述与分述的不一致了。第三，文章结构纲目清晰。一级标题有 4 个，而且都抓住了根本的、有普遍性的问题；除“二”外，二级标题各有 2～3个，也抓住了重点，简明扼要；三级标题只在“一”的“1”“2”中分别有 6 个和 3 个，显示出较丰富而具体的展开，但关系有些零乱，应再做调整，其他的都没有展开讲述，略显前紧后松。第四，总结的最后一段在内容上安排不妥。不能冠之以“总之”，因为从内容上分析，它不是全文总结，而应该单列为“五、重视课堂教学基本功”讲述。

作为一节课后的全面反思，全面只是一个相对的概念。这篇反思，可以改全面反思为专题反思，只冠之以“出公开课前的必要准备”的文题，再删去第三段中的“讲课后”，就属于一篇中心集中、专题反思的较好样本了。关于这节课的分析评价可以再另立一篇“一得”专门论述，由以上分析我就可以形成一则新的“心得”，即“关于一节课后的全面反思”。所谓一节课后的全面反思，也不能面面俱到，可以略提一部分，以保证全面；可以详述一部分，以保证重点突出；也可以只强调一个方向上的反思。但是在文题上要与文章内容一致。

附：《1997 年公开课总结》（节选）

1997 年 12 月 5 日上午第四节，我在高一（6）班举行了校级公开课。本组全体教师及教务处两位主任都亲自到场指导。

……

在这里我总结一下关于本次公开课的准备和讲课后的几点体会。

一、备课是基础

1. 备教材

平常说要吃透教材、把握教材，上公开课才更加体会到要做到这一点是多么难。这个“难”字体现在以下几点：

（1）学会体现重点难点问题。怎样设计教法来处理这些重点和难点？

（2）学会把课本中规范化的语言变成自己的语言，能既严谨科学又平实朴素地表达出来。

（3）对教材熟悉之后，从哪里入手抓住核心，使所要传授的知识脉络清晰、系统？

（4）怎样使这堂课高潮迭起？怎样开头？怎样过渡？高潮设计在何处？怎样收尾？

（5）使用现代化教学手段的好处怎样通过相关内容体现出来？

（6）对准备的大量相关资料如何取舍？

2. 备学生

教学过程中往往易出现的问题就是备学生不如备教材充分。这表现在以下几方面：

（1）所要讲授的重点问题是否通过自己的设计能让学生都有所获？

（2）所要讲授的难点问题按自己编写的教案是否能让学生答疑解惑？是

否与学生学习中真正的难点相吻合?

(3) 所采用的教学方法与本年级、本班学生的实际情况是否有出入?启发的深度符合学生的认知水平吗?某些问题所涉及的广度是否符合他们的思维发展和认知规律?

二、试讲是关键

备课与讲课虽然是密不可分的,但又是截然不同的。一节课在准备时感觉面面俱到了,但在课堂上讲时往往又感到有很多疏忽。因此,一堂公开课前的试讲是非常必要的,它可以督促自己积极反思,把理论与实践更好地结合起来。只有被“赶上台”才会有紧迫感,才会有灵感,才会发现教与学的差距。有时听别人的公开课,自己觉得这没什么,不就这点东西嘛,自己也行,甚至会做得更好。但只有自己实际操作时才体会到:一节成功的课,每一个环节,每一个问题,甚至每一个动作、音调,每一个教态都是经过反复推敲,琢磨出来的,其中包含了许多别人无法理解的苦功夫。

三、虚心请教是纽带

1. 向同组的任何一位教师学习

备课过程中,向老教师请教让我受益匪浅,因为他们的经验是通过他们多年的实践得来的,是无价之宝。而每一位年轻教师也都有自己的长处、优势,取别人之长补自己之短是让自己快速成长的捷径。大家听过试讲后提出的问题,对我来说都是极其宝贵的经验,要真诚接受、认真对待,并在再次备课中把它转变成适合自己的东西。因为这是把自己备教材、备学生的结果通过别人和自己不同的理解才获得的。

2. 向不同学科经验丰富的教师学习

在本校,无论年纪老少,只要是教学工作有突出成绩的,都可以成为我的老师,因为从他们身上可以学到很多东西。对特点鲜明的教师,我可以研究他的一技之长,消化吸收适合于自己的东西,也可以把教学中的困惑(不是学科专业性的问题)提出来寻求他的指导帮助。

3. 向不同学校的同学科教师学习

要向本学科在市级有较高造诣的教师经常请教。学习他们的教学风格,请教他们如何分析教材,如何在重点、难点问题上设计教学法,尤其是专业上的疑难问题、备课中遇到的棘手问题等,都应该及时咨询他们,以求能更好地解决问题。

四、授课前的心理调整是稳压剂

1. 要有自信

学生上公开课都会紧张，若教师也紧张地登上讲台，战战兢兢地讲话，这样的气氛会使学生更加胆怯，使课堂变得死气沉沉。所以，教师要把课准备充分，要有信心，相信自己一定能把课讲清晰、讲透彻。教师有了信心，才会感染学生，学生才能放松，思维才能活跃起来，为上好一节成功的课打下基础。

2. 要有兴奋点

既然课已经准备好了，就应该有一种急切地想展示给学生的心情，一种与学生共享的激情。教师自己要做到兴奋而不浮躁，稳重而不沉闷，自信而不张狂。只有自己调整好，才能在课堂上潇洒自如，带动学生、感染学生、激发学生，使学生在积极的思维、快乐的合作中完成一堂课。

总之，一堂课是否成功，内行看门道，就是看教材分析是否与学生认知、教学方法等能对应；外行看热闹，主要是看作为一名教师的素质。教师素质是最容易比较的，因为它具有共性，比较容易评价。因此，从一节公开课，能多角度、比较客观地考察一名教师的水平，也能使教师对自己有准确的认识，从而扬长避短，不断进取。

案例9：由撰写简单“一得”渐成的课堂记忆法

反思我所写的论文，无论关注的点是宏观的还是微观的，都开始于点滴的思考和感悟。《如何提高学生随堂记忆——优化课堂教学探索之一》这篇论文，起点只是一份十几个字的课后“一得”：谐音法记忆，有趣，有效。之后，随着一次又一次对学生课堂记忆的反思和“一得”积累，才形成论文。

（一）遇到教学问题，反思不得其解

学生学习中需要记忆的东西很多，时间长了就容易忘记；有些内容在随堂记忆时就存在困难，是教和学的难点。一次上课，我又讲到我国民工输出地的四个省，读图分析后，需要学生记住这些省份，8个字，学生很

容易记住了，但等下课前小结，让学生再说出这四个省份时，却没有几个学生能记全、记对。还有在教学时，有些知识关联度不强，虽不是教学的难点，但却是学生思维的难点。怎么能让学生记住不忘呢？我反思好多天，没有结果。

（二）在生活中持续反思，偶有所得

偶然有一次我参加已经毕业的学生的聚会，有学生说某同学的名字很难记，用谐音的方法才记住，而且一直都没有忘记。我受到启发，马上联想到自己正在思考的课堂记忆问题，我是否也可以用谐音的方法让学生来记住这些难记的地名呢？

我把我国民工输出的四个省的名称先写出来，觉得 8 个字有些长不好记，于是想到用省的简称，把它变为简短的 4 个字，然后我又把这 4 个字的顺序反复变化，寻找比较容易记忆的谐音，终于发现了“赣皖蜀黔（干完数钱）”的排序，把这一知识点变得既有寓意，又容易记。

（三）课堂实践，记下“一得”

上课时，我把这个内容又给学生重新进行了补充，教给学生记忆方法，学生非常兴奋，下课时我再检查，全班居然没有一个同学忘记！于是我在课后记中简单记下了我的“一得”：谐音法记忆，有趣，有效。

（四）积累“一得”和案例，形成论文

这一尝试成功后，我有了继续探究的兴趣和勇气。我开始梳理教材中需要记忆但又有记忆难度的内容，寻找还有哪些内容可以用谐音法辅助记忆，并在课后记下“一得”。有了对一个类型的记忆方法的研究，我又开始思考其他的记忆类型，之后陆续形成了比较法、逻辑法、形象法等记忆方法的“一得”和成果。经过几年的积累，我把课堂记忆方面的若干“一得”进行整理，逐渐形成了一篇内容较丰富的文章；在课堂实践中，我不断进行反复验证，不断补充，增加相关评析，才渐渐形成了一篇论文。

附：《如何提高学生随堂记忆——优化课堂教学探索之一》（节选）

……

一、比较法强化记忆

地理学科的不少知识具有相近或相向的特点，因此在教与学时应注意运用比较记忆法。

列表对比是最常用的方法。它把相似的、容易混淆的内容列成表格，找出异同，加强了知识的清晰度。如高中地理讲水资源世界前六位的国家，授课时就可以把水资源、水能两者放在一起对比讲。(见下表)

位次	1	2	3	4	5	6
水能	中国	俄罗斯	巴西	美国	加拿大	扎伊尔
水资源	巴西	俄罗斯	加拿大	美国	印尼	中国

(1) 相同点：俄罗斯、美国的位次不变。

(2) 相似点：巴西、加拿大与俄罗斯、美国位次相接。

(3) 记住中国位次。

(4) 最后记住印尼、扎伊尔。

二、逻辑法形象记忆

教师要善于从学生已有的相关知识中，运用逻辑推理、归纳、演绎等多种方法突破难点。如高一地理第五章的生态平衡的物质循环示意图，学生要掌握填图的关键在于找出图中箭头指向是“两进一出”的填充项，即分解者。同样上册第四章讲地壳物质循环时，也可把课本中的文字变成此图，同时找出图中箭头指向是“两进一出”的项即为变质岩，这样不仅迁移学法，培养了能力，也避免了学生犯相同的错误。

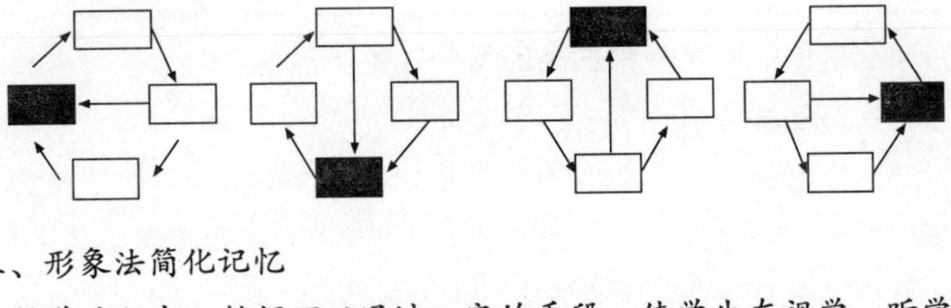

三、形象法简化记忆

在教学过程中，教师可以通过一定的手段，使学生在视觉、听觉上产生感应，形成一种具体形象的地理表象。它有利于教师的“教”由传授、灌输变为启发、探讨，学生的“学”由接受、复现向理解、探求转化。

1. 形示：即用形态表示。通过一定的形态显示，使学生产生一种图像的感应，从而有效地促进学生对记忆的强化。地理教学中重视地图教学，如何把地图中对某些变量的理解与实际生活联系起来，方便学生记忆呢？如高中

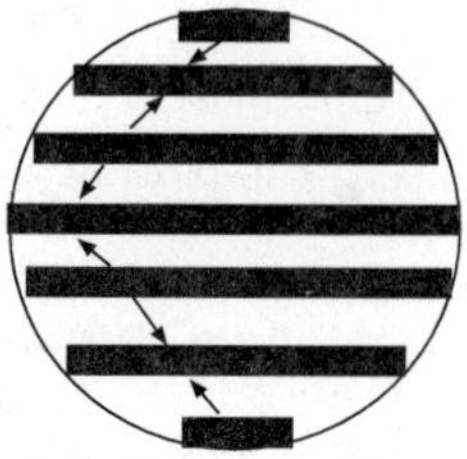

地理第二章讲气压带风带，尤其是画六个风带的风向时，就可以这样指导学生：（如上图）

（1）观察南北半球风带的风向，北半球是东北—西南走向，南半球是西北—东南走向。

（2）此图的形状可以形象地表示为数学符号中的小于号“<”。

（3）在每个风带画风向箭头，即由高压指向低压，关键是抓住步骤（2）中风偏向后的形状，这样可以提高记忆的准确率，减少遗忘。

2. 字示：即用文字表示。能使学生产生视觉感应而引发联想，进而形象记忆。如高中地理上册第二章中关于北半球不同季节中相应地区会出现不同气压这一知识点，极易混淆，若用字示法就可以解决这一难点。（见下表）

源地	亚洲	太平洋	大西洋
1月（冬）气压	亚洲高压	阿留申低压	冰岛低压
7月（夏）气压	亚洲低压	夏威夷高压	亚速尔高压

（1）学生填出不同季节相应地区气压名称。

（2）把每个气压名称的第一个字圈出来。

（3）将地区按亚洲——太平洋——大西洋的顺序记气压的第一个字。冬季是“亚阿冰”，冬季对准“冰”，夏季是“亚夏亚”，夏季联想“夏”。这种方法化繁为简，化难为易，方便准确、快速地记忆。

四、借助比喻激发记忆

讲课时，教师借助具体形象的、学生熟知的事物作比喻，可以激发学生的联想，启发学生的思维，引导他们在积极思考中巧妙对照、自然类推，使记忆自然持久。如高中地理第二章，介绍不同季节南北半球海陆等温线凹凸不同时，就可以借喻夏季天热，人愿往凉爽的地方去；冬季寒冷，人愿往温暖的地方去。等温线也同人一样，自身冷就往暖处凸，自身热就往凉处凸。这样就不难得出以下结论：冬季陆地温度低，等温线往低纬（暖处）凸，即北半球（等温线）南凸，南半球（等温线）北凸……

五、谐音法趣味记忆

地理教材中许多概念、地名及数字，因其内容单调、缺乏相关性，成为学生记忆的难点。学生即使记住也不能持久，内容一多就混淆不清。其实，在教学中只要用心捕捉，我们可以根据谐音把许多内容变得有趣而韵味深长，让学生既好记又能记得牢固，还能调节课堂气氛，增加学生学习的趣味。当然，这种记忆方法在使用时要注意因材施教，不能滥用。如高中地理第十章，讲到中国人口密度每平方千米超过600人的四个省是江苏、山东、河南、台湾，用谐音法要注意指导学生：（1）写出简称苏、鲁、豫、台；（2）排列顺序，以便找到谐音；（3）倒着排序，找到台、豫、鲁、苏的谐音“抬鱼啰唆”。再如，讲到民工输出地是四川、江西、安徽、贵州，谐音记忆可分几步走：（1）写出简称川（蜀）、赣、皖、贵（黔）；（2）用数学排列组合的方法排列顺序，以便找出便于记忆的谐音；（3）找到谐音“赣皖蜀黔”——“干完数钱”。学生在笑声中铭记一生。

……

案例10：积累“错误”的反思“一得”

日常所写的心得由于关注点集中，所以内容往往比较狭窄。我们千万不要将一则内容狭窄的心得束之高阁，而应该在这基础上继续实践，不断反思，一方面，使这则“一得”表达越来越准确，另一方面，还要继续拓展、丰富相关类项，这样，才可能形成一组内容比较全面的“一得”。然后，在对“一得”进行系列化梳理时，再把这些内容相关的“一得”形成专题总结。

比如，在教学中，我很重视学生学习中出现的错误，常在试卷分析中随手记下对学生错误的分析，形成若干“一得”。后来，我渐渐认识到，教师不能等到检测出现问题时才分析、解决，而应该在学生学习全程中关注这些学习错误。于是，一方面，我把若干这类心得整理形成《科学关注学生学习错误》的系列化成果，另一方面，我又不断拓展这方面的思考，逐步丰富对学生学习错误的研究，日积月累，就形成了这种单一主题（学生学习错误研究）之下的系列化研究成果。对这一问题的研究，也越来越具体、细致，且容易落实。有关这方面的技术方法，在“‘一得’的系列化梳理”中有过介绍，这个案例只是一次具体运用。

对这则《科学关注学生学习错误》我是比较满意的。因为坚持反思，才使这方面的“一得”渐渐丰富。我在整理这些“一得”的过程中，发现了许多不足与欠缺，比如，只从学生角度找问题，而忽视了教师自身的原因；重视考试，但是却忽视了试卷编制中的问题，等等。于是我采用了“一得”的预设与优化方法进行再次思考，经过反复实践后逐渐形成体系，才最终形成如此纲举目张、条分缕析的状态。这一整理过程使我对这方面的研究更加具体、细致，落实起来可操作性也比较强。有了这个纲目，也便于我在今后的实践与反思中继续拓展，进行更深入的研究。

附：《科学关注学生学习错误》

学习全程中进行

一、全面、细致地关注学生自身

1. 关注学习全程错误分析

(1) 注重平时。

课堂：回答问题，课堂作业。

课后：作业批阅，学生个别交流。

(2) 侧重检测：随堂检测，单元检查，学期检查（期中、期末）。

2. 注重学生分层次的研究和错误试题类型研究相结合

(1) 产生错误类型的研究

心理方面：粗心（审题、计算、表述、书写），心理压力。

知能方面：基础知识（基本概念、基本规律等），综合能力（单元综合、学期或学年综合）。

(2) 学生分层次的研究：学习习惯（优、中、低），学习意志品质（强、中、弱），学习方法和能力（优、中、后），学习成绩（好、中、低）。

二、从教师身上找原因

1. 从课堂教学着眼

(1) 课堂教学之前：教案设计是否注重学生层次等。

（2）课堂教学之中：对知识的关注，对重点知识分析的透彻度和重复训练，课堂作业的讲析示范，课堂教学中对前后知能的关联，课堂教学中对中、后进生的关注，对学生学法的关注，对学生听讲、记笔记、复习等学习环节的指导，等等。

2. 课堂教学之后

（1）作业：分层次批阅，分层次讲评。

（2）学生个别交流：学习方法和学习困难的知晓度。

3. 检测

（1）试卷前期编制：试题编制有问题（难易度的控制、分数权重、试题的表述与提示，等等）。

（2）阅卷中：发现问题不全面、不典型，忽视后进生。

（3）阅卷后：讲评不当（批评、指责多，改错示范不科学，分类指导不够）。

案例11：关注听评课“一得”的专题整理

听评课是教师的一项经常性的教学活动，教师几乎每天都要写听课或评课记录。以下是我记录的关于听评课的一组集锦，编录于此，是为了显示“一得”的原始状态，以便于分析如何经过分类、整理、修订、补充，形成一种成果提纲。

关于这一组心得，我关注了以下四个方面：

1. “一得”，总是散见于平时的备课笔记、听课笔记、各种学习记录本中。教师应该经常整理这些心得，把一则则心得改写得更准确，或是把一些相关的心得整理成一个专题，先形成一份内容丰富的提纲，然后组织润色，最终形成一篇论文。

2. 心得后面的评析属于整理过程中的一种即时反思。既包括重新阅读审视时的反思，也包括长时间就这一问题的思考。

3. 这八则心得，大部分已不是原始状态了，都在后来的实践中进行了逐步的丰富完善：或者写进新的想法使之丰富，或者经过修改使之完善。心得也由简短变得相对丰富，由肤浅变得相对深刻，由片面变得相对全面。

4. 有了这样一组附有评析的心得体会，就可以把听评课这一专题先整理形成提纲，使丰富的资料显示出条理。既能从小处着手，形成内容单一的《关于作业问题的思考》（心得之六）；又能往大处着眼，形成内容丰富的《关于学校听评课的技术方法》。如果依据这样的提纲形成或大或小的论文，一般不会空泛，也不需要上网下载、套用别的文章，就可以形成一篇篇像样的或大或小的论文。

心得之一

其他学科几位老教师对于我自认为不太满意的课却赞赏有加，评价：语言流畅、生动，有激情；教学组织有序，师生活动有条不紊；课堂设计能营造一种轻松和谐的氛围。或许是隔行如隔山的原因，其他学科的老教师更容易从基本功着眼评课。

[评析] 这属于一篇较规范的小型“一得”，全文只有两个含义。文中第一句是课后立即记下的一种现象，严格说来，不算“心得”。但是，当时这种记录言简意赅：背景（自己并不太满意），评课教师身份（其他学科老教师），评价的多角度展开。事后，又补记了第二句，这才形成了一篇“一得”（小型）。既有背景及事实叙述，又有自己的结论与分析。

心得之二

如何提高听课效益？听、记、看、思、写……

[评析] 执教初期的心得，常常如同“心得之二”这样简单、浅显甚至空泛，连自己都不满意，但是，执笔起始，又确实写不具体。其实，以上这则“一得”，一开始只有“听、记”两字。后来，再用心观察思考，想起一点就补充一点，渐渐就变成5个字。为了省事，只记一字，自己心中明白即可。比如，“记”原来的意思是“记下听课教师的教学过程”，随着自己对听课的不断深入理解，又补充形成“应选择式记录，只记可学的和应注意避免的内容”，这样既具体又重效果；“思”注重补充从哪些角度反思等的具体方法；“写”注重如何写下“一得”等的方法。后来，积累得多了，就形成了关于反思、“一得”的系列文章。我的很多文章常常就是以一篇“一得”或者是一篇篇“一得”为基础形成的。

心得之三

听课笔记要突出重点。例如，感兴趣的（自己没用过的好方法）、感到困惑的（如何提问中等生、后进生等）、富有特色的（导入的步骤、提问的改进、学生参与的积极性等）、感到不足的（执教教师忽视培养学生独立思考、表达、质疑等能力的教学环节），等等。

[评析] 同样是关于“听课效益”方面的心得，“之三”与“之二”明显不同，“之三”改空泛为具体，改多方面为单一。括号内的文字，也不是一次形成的，而是渐渐丰富起来的。这则心得较规范，有论点，有内容的分类，而且附有具体的事例，言简意赅。

心得之四

明确方向，才可以使评课发言集中而不分散。我在出课时先明确自己本节课的实验目的，在发给听课教师的教案中也强调提出；在课后评课时，我先介绍自己对这项实验在本节课执教中的体会（优点、不足、困惑等），这样可以引导参评者集中到这一重点上，而不至于使评课过于分散。

[评析] 这是一则百余字的心得，只介绍了一种使评课避免分散的方法，具体可行。所有那些具有普遍使用价值的经验，都是这样一点一滴地积累形成的。

心得之五

明确一个主题，有利于听评课集中于该主题上，有利于提高交流效益，提升教师水平。

[评析] 一次期末考试前的复习阶段，学校举行了各学科总复习课研究课的交流展示，效果很好。因为每位教师都有自己复习课的教学实践，之后又听了本学科和全校推出的示范课，使个人的教学实践和示范课形成了有效的对比，引起了教师各自的深思，在研讨会发言中也有了更多的共同话题，研讨自然深入得多。

心得之六

作业问题是关键之一！学习负担必须降下来，学习质量应该提上去。

一、课堂作业（当堂练习并订正）

1. 教师课堂例题的选择与讲析示范：讲清步骤、方法。

2. 迁移训练之一：与例题相当的课堂作业的练习。

（1）教师巡视，发现各类学生的问题。

（2）教师评点课堂练习以优、中水平为主。

3. 迁移训练之二：点评后，再出与“训练之一”相当的练习。

（1）教师巡视，特别关注在“训练之一”中出错的学生。

(2) 教师再次点评。

二、课后作业（分层次布置，控制最低量）

三、教师作业批阅与讲评

1. 注重学生差异，明确各层次学生普遍存在的问题。

2. 纠错示范：出示典型的错题，由学生纠错，教师只进行适度的启发。

[评析] 以上“一得”，既有在反思中及时写下的简单、肤浅、片面的文字，又有后来经过不断思考加以修改、完善的部分，如此就渐渐变成了这样一则内容相对完整而具体的“心得之六”。

心得之七

教师处理课堂上学生违纪问题的做法：学生上课玩手机，教师边讲课边走到他旁边，不动声色地把手放在他肩上，继续讲课。学生收起手机，听讲。这样，避免了师生矛盾以及对其他同学的影响，又保证了课堂教学的顺畅。教师此举简单，背后却有高尚的理念、四两拨千斤的智慧。

[评析] 这则“一得”的起始状态，只是下划线那二十几个字，简单明了。在一次发言时我用到此例，才将事情完整描述成以上的形式。其实，我开始写的是“亲切地把手放在……”，后来才改成“不动声色地把手放在……”。这一改，准确地反映了教师的教育智慧，其行动的内涵中有丰富的教育思想。“不动声色”既表现了教师对学生的尊重（不让他当众出丑），又柔和而明确地表示出教师对学生行为的制止，这是一种宽容的制止，很人性。听课中，关于教师课堂道德行为的关注和评析较少。后来，我关注到这一方面，并且也积累形成了一点成果。比如，在《我的感悟》（见正文 190 页）中“六、专业发展中扎实努力与细节关注”的“1— (2)”中提到，课堂教学各个环节中，有些细节不仅能反映教师的专业水平，而且还能反映教师对学生的尊重与理解，体现出教师的师德。从前面“这一改”以后的文字，就是对这则心得最后一句的展开，补充进去，就形成一则有价值的小文章了。

心得之八

教研组长该如何听评课？

一、关注本组内教师

1. 从教师角度分别确立听评课的关注点

(1) 按年龄层次分别关注：老教师——关注经验的整理与推广，中年教师——关注潜力的发现与提升，青年教师——关注基本功的训练与强化。

（2）按类项不同而分别关注：老教师——关注代表本学科学术水平的课及专题的形成，中年教师——关注代表教师特色风格的课及专题的形成，青年教师——关注参与中老年教师教育研究中的创见。

2. 从教学进程角度分别设计听评课时研究的中心

（1）在高一起始：研究学科特点、规律、学习方法。

（2）平时新授课：研究教学方法、学习方法的系列化。

（3）复习课：在单元、期中、期末、学年复习时，研究各类专题式、模块式复习。

二、积极参与本校、外校高水平的听评课活动

1. 外校同学科

2. 本校其他学科

［评析］这则“一得”是我在担任教研组长后，对以往的听评课觉得应该进行改进，在听评课后的反思中一点一滴地修改、完善才形成的。起初我并没有记在听课本上，因为这个问题太大、太开放，以至于无从下手，苦苦思索良久，也不得要领。但是这个问题一直在脑中存在，我边听课边思考，而且还特别请教了资深的教研组长。待后来考虑得有些眉目了，才开始形成一则则的文字，之后又在不断地思考、不断地修改中，形成了这种提纲式“一得”。如果稍加充实一下，就可以形成一篇小论文。

附：《关于学校听评课的技术方法》

听课、评课是学校常规工作之一，各校、各级部门、各位教师都十分重视且一直坚持。但是其中还大有需改进之处。

一、不同层次的教师各自形成不同的要求

处于不同专业发展水平的教师对听评课应该有不同的要求。

1. 老教师，尤其是学术水平较高的教师

（1）关注本学科经验的整理与研讨。

（2）发现并归纳本学科有普遍意义的课堂教学问题。

（3）关注本学科学术代表性的课及专题形成。

2. 中年教师，尤其是有专业发展潜力的教师

（1）强化自己的特色，并注重形成风格。

(2) 提升自己的课堂专题研究水平。

(3) 形成并优化自己的课堂教学成果。

3. 青年教师，既有全员要求，又提出全面要求

(1) 关注技术。

第一，关注基本功的全面训练与强化。

第二，关注学科教材与教法的科学把握。

第三，关注课堂育人的理念与落实实施。

(2) 提供机会。

第一，专门组织青年教师听评课，进行中心明确的听评课培训。

第二，大型听评课中，要求青年教师撰写听评课的心得并发言。

第三，为青年教师制作不同阶段的课堂实录，并组织资深教师点评。

二、注重技术的细化

只有技术的具体、细化，才可能提高听评课的效益。

1. 课堂上要认真地听、全面而细致地观察、简明扼要地记录

(1) 要认真听课。

第一，听教师讲。从环节上着眼，注重大环节进程设计与过渡，注重小环节设计的科学与落实；从重点处着眼，重点知识的传授、讲练与效果，基本能力与知识的关联与训练，训练中例题的选择与讲析；从特色上着眼，鼓励教师形成不同的风格、特色。

第二，听学生的回答、质疑、讨论。

(2) 要全面、细致地观察课堂。

所谓全面，一要看教师的教态，即教师的神态、举止、应变的水平；二要看学生的参与，即参与面是否足够广、参与是否有一定深度、从学生的专注和兴奋等方面能否显示学生参与的质量等；三要看师生之间的配合。

所谓细致，一要发现代表教师教学智慧的细节并有准确的评析；二要发现课堂教学障碍所在及课中、课后是否有得当的处理与改进设计；三要发现学生学习的细节（利、弊）是否纳入教师的教学思考。

(3) 记录应简明扼要。

听评课既要认真听，又要全面看，还要记录。如果操作不当就会比较忙乱，因此听课记录要简明扼要。

简明，指的是文字要简短。这是为了多记，不至于漏下重要内容，但是要注重课后立即补充，否则简则简了，却可能连自己也看不明白了。记录可以用词、短语、句子，也可以连带用符号提示，如叹号、问号、箭头等，甚至可以用图形、简笔画、表格、不同颜色做标示。

扼要，即要记下要点。要有选择地记：可以选择听课者需要的类项，记自己感兴趣的，可以立即对自己的课堂教学形成补充、丰富的；记与自己研究相关的，可以借鉴其研究方法和观点的；记需要商榷的，在教学方法和选材处理方面效果不明显的；记问题所在，知识传授方法不足、关注能力培养不足、情感、态度和价值观等培养不到位的，等等。另外，还可以选择教学设计、教学效果等类项来记录，如重点的确立、难点的解决、教学障碍的处理、详略的处理、环节衔接等教学设计问题。

2. 课后要立即进行补充、完善

（1）补充：将过于简单的记录补充完整，将听课中做的符号、图示等形成文字，以便多年之后也能读懂。

（2）完善：对重点内容进行反思，形成“一得”。

三、听评课中要形成中心或专题，有利于提升效益

听评课事先要明确中心、主题，或者结合自己正在研究中的专题，才可以提高听课效益，而不至于泛泛而听，泛泛而评，所得不多。

1. 结合大的专题参与听评课

很多教师、教研组都有自己正在研讨、实施的大专题，并已有充分的课堂教学实践。因此，在听评课时，教师可以结合有关专题，吸引更多的教师参与专题研究。

（1）课堂教学方法的研究。

（2）学生学习方法的研究。

（3）学生作为学习主体参与教学的研究。

2. 结合小的专题参与听评课

专题可大可小，价值是同样的，甚至，教师更应该将课堂专题细化、微化，以便更容易落实自己的研究。

（1）关于作业的研究：具体展开参见“心得之六”。

（2）关于课堂提问的研究：提问的目的，方式设计，目前课堂提问的评

析及改进策划。

(3) 教学重复的研究：重复内容的选择，重复方式及效果。

(4) 课堂教学基本功研究：语言的沟通性和亲和力，肢体语言运用，板书或课件中知识体系的重现，分层次关注学生等。

四、在不增加教师负担的前提下，提升听评课效益

听评课确实对提升教师专业水平有价值，但往往增加教师负担。如何既能减轻负担又能增效呢?

1. 利用评优、职称晋级，让参评者展示高水平的课

(1) 出课者自评。

明确中心、主题。以说课的方式，讲清（或在教案中展示）该课的特点或展示的重点、研究专题的命名与课堂实施；课后自评的实施感受及评析。

(2) 学科内教师评课、其他学科教师评课。

2. 利用教学自然进程，研究教法、学法

(1) 学段起始，研究展示学科特点、规律，引起学生的重视和兴趣，形成学科学习的良好起点。

(2) 在单元、期中（或模块）、期末、学年等各阶段结束时，在教学中研究展示各种复习方法，训练并提升学生的复习水平。

3. 利用教研组教研活动，明确听评课的研究中心

(1) 理清并明确教研组听评课的阶段中心，这是听评课专题研究的基础。

(2) 有了以上基础，明确教研组学期、学年教学研究的专题，并以此作为较长时间的课堂教学研究内容。

案例12：基于困惑而预设的“一得”成果

有些成功的“一得”或成果，是缘于对工作中困惑（或失败）的反思，并由此产生了进一步探究的欲望，为了解除困惑，进行预设，并在实践中实施，从而获得解决困惑的心得。《抓住暑期初高中衔接的教育时机》就是这样形成的论文。

（一）初次教高中时

1991年，我初次教高中，虽不当班主任，但通过课堂教学，我感到新生

基本对高中生活没有提前了解，开学后在思想、学习、交往、生活等方面遇到许多困难，影响了学生的正常发展。班主任在发现问题后，进行了有针对性的指导，但总是“亡羊”在先，“补牢”在后，效果不明显；也有班主任在一开学就对新生进行初高中衔接教育，虽然有效果，但学生要认识并消化它，变成自己的行为，还需要一定的时间，而在这个时间段，学生还会遇到各种新问题，只能被动地接受，衔接教育的效果也不理想。针对这些现象，我经过反思并整理写入《抓住暑期初高中衔接的教育时机》的“背景简介”和“问题分析”。

（二）担任高一班主任后

1998年，我担任高一班主任之后，对这些问题有了更感性的认识和了解，虽然暂时没找到好的时机和解决办法，但我还是进行了更积极的思考。既然学生在开学后才开始了解高中生活，很被动，那为什么不利用开学前的暑假进行一些新生高中生活的调研和设计？虽然暑假不允许班主任随意安排学生到校，但我发现高一新生在暑期会参加几次集体活动，如看榜、体检、军训等，于是我决定充分利用这些时机。

（三）第二次担任高一班主任

1999年，我在1998年思考的基础上，尝试着利用暑期，提前进行衔接教育，完成了《抓住暑期初高中衔接的教育时机》中“主要工作流程设计”部分。

（四）担任学生处主任和年级主任

2000年—2007年，我负责高一新生的入学教育，将自己和同行们对高一新生的衔接教育经验进行整合、梳理，不断完善，在《抓住暑期初高中衔接的教育时机》中补充了“主要成效”“主要特点”。

附：《抓住暑期初高中衔接的教育时机》（节选）

【背景简介】

……

初高中阶段的衔接教育，主要指初中毕业到高一开学后的一段时期，学生从思想、学习、生活等方面与高中新生活接轨的教育。许多教师自发地开展这项工作，也有学校有组织地在开学后安排，但少有利用初中毕业、高中还没开学的暑假去开展工作，白白浪费了这个时机。经过长期研究，我充分利用暑假时间，开展了许多规范的、序列的、有价值的初高中阶段的衔接教育。

【问题分析】

许多初中毕业生甚至家长认为，初中毕业至高中开学前的暑假，应是千载难逢的休憩机会，因此，不少学生因放松过度，不仅失去了学习所需要的那份心境，更对新的学习生活没有规划和准备，造成开学后对高中新生活长时间的不适应，在学习方法、学习成绩、同学交往、心理和自我教育管理等方面出现问题。

……

开学后，新生在学习、生活上会发现与初中时段的诸多不同，遇到许多障碍，各种不习惯制约了学生的正常发展，许多高中新生在开学后会感到非常焦虑。实践证明，高中起步前是否做好了充分的思想和心理准备对高中新生活的顺利开始是至关重要的。因此，教师应充分利用这个暑期，做好新生的衔接教育。

【主要工作流程设计】

……

第一步，利用新生看榜第一次集合的机会，班主任组织本班学生布置工作，指导学生调查，做好学情分析。

1. 具体做法

(1) 反思初中学习，分析自己在学习习惯、品质等方面的优缺点。

(2) 选择自己熟悉的典型，可以是高二或高三学生、在读的大学生、未考上大学的青年等，重点了解他们的学习经历，尤其是学习方法和态度方面的，了解他们高中入学时的水平对他们高中发展的影响，尤其找出促使其进步或落后的因素和原因，给自己启示。

(3) 在此调查基础上完成两篇文章：《借鉴和启示》《自我反思》，一周后上交。

2. 目的

使学生初步了解高中生活，借鉴经验教训，反省自我，做好新打算。

第二步，班主任分析、研究学生的反思与调查。

1. 具体做法

(1) 认真批阅、研究学生上交的文章。

(2) 对稿件分类，然后归纳、总结每类学生的基本状况和问题，以便分类指导。

(3) 从积累的往届学生的典型事例中找到适用于本届新生的事例，安排开学后的具体指导。

(4) 挑选3～4篇有示范价值的《自我反思》，电话通知学生，做好全班交流的准备。

2. 目的

……

第三步，利用新生体检第二次集合的机会，组织全班学生开研讨会。

1. 具体做法

(1) 由班主任主持，先概括介绍学生调查、反思中较突出的问题。

(2) 请3～4位调研做得好的学生，介绍他们寻找的榜样、得到的启示及自我反思。

(3) 鼓励全班学生对调研中发现的典型或普遍的问题发表看法。

(4) 对学生存在的普遍性的问题进行有针对性的指导，对高中开始阶段最容易出现的问题进行分析，并提出建议。

2. 目的

……

第四步，利用军训第三次集合的机会，组织各种小型的学生沙龙活动。

为期一周的军训，创造了师生共同生活的有利条件，是师生相互接近、彼此了解的难得机会。

1. 具体做法

(1) 安排寝室。应考虑自律、习惯、性格、学习等方面因素，形成最优搭配。

(2) 确定小组分组的标准，明确参加者、时间、地点。可以以宿舍为组，也可以有不同层次的其他划分标准。

(3) 制订适合不同层次学生的活动内容。

学习优秀、习惯养成好、善于沟通交往的学生——认识自己最大的优势，同时又要认清自己最大的弱点，争取自己全面更好地发展，并带动其他学生共同发展。

学习、习惯、沟通交往能力中等的学生——对自己有清晰客观的分析，给自己定位准确，找准方向，在稳定中寻求超越。

学习、习惯、沟通交往能力较弱的学生——发现自己的优势，树立信心，以调研中“过来人”的成功事例为榜样，努力前进不懈怠。

2. 目的

……

【主要成效】

1. 思想方面

学生及早了解高中的学习和生活，能理性地看待未来的学业，进入状态比较快，淡化了“先玩一年再说”的错误思想，形成了积极、端正的发展态势。

2. 学习方面

学生对学习的重视程度比没进行这种暑期教育时要高，并且有学长和班主任的指导，开学后，学生重视学习习惯的养成和学法的改变，缩短了初高中的过渡适应期，尤其是为那些学业有困难的学生赢得了时间。

3. 纪律方面

因为目标明确，学生对自己的高中生活有了设计，有紧迫感，所以开学后课堂纪律、听讲效果、学习效率都比较好，进入高中学习状态比较快。

4. 活动方面

暑期的多次集体活动使班级很快形成了凝聚力，学生既能全员参与班级各项活动，也让有特殊才能的学生得到了展示自己的机会。

5. 心理方面

学生开学前了解了高中易出现的问题，心理准备充分，所以焦虑减少了，面对困难，也能尽快寻求解决对策。师生相互有了解，也利于解决问题。

【主要特点】

……

案例13：每日“一得”“酿出”赴美考察报告

2010年，我随第二期齐鲁名师工程建设人选赴美国康州考察学习。无论是考察前的培训还是在考察全过程中，我每天坚持写反思“一得”。在考察学校时，为了能记录更多的内容，我尽量使用最简明的文字、图示或符号等来记录，其中的文字多属记叙性、描述性的语言，少则几个字，多则几百字。晚上回到住宿的地方，我再把白天的记录进行整理并录入电脑，结果先后整理形成了21篇相对独立的心得（记叙、评析类）。白天记录的若干文字片段，都是当时所见、所闻的实录，晚上在整理成电脑中的文本时，又增加了些许感悟，这样就形成了反思后比较规范的“一得”。

回国后，我将21篇“一得”重新整合、提升，写出了四篇大的文章。从内容上，我着眼于学校管理、教师、家长、学生四个方面，选择了学校、家庭、社会的教育教学事例加以分析；从写作方法上，我采取了先叙述后评析的方法。很快，这些文章便在青岛市教育刊物上连载发表。

“一得”的写作就是这样，把看到的、听到的、想到的记录在案，不拘长短，无论深浅。“一得”的价值，就在于它是在进一步反思的基础上，通过归类，把相关的若干“一得”整理成一篇篇文章，以成果的形式展现出来。

附：考察报告《违反“常规”的美式教育》四篇（节选）

之一：《美国与中国不同的高中校园生活》

……

1. 学生在校不做值日

美国学校的教室卫生和环境卫生都是由清洁公司管理。

每天一放学，清洁工人会推着专用工具车，到每一个教室、走廊清洁卫生，刷、擦、拖地、吸尘、喷雾消毒，等等。我注意到，学校的每间教室都没放扫帚和簸箕，但备有垃圾桶。学生都不从事值日劳动，我参观的几个学校都是如此。

学生自己家的卫生不都是自己清理吗？为什么不让学生清扫教室卫生？Lyons校长家和Maria房东家平日的卫生都是自己清理的。既然清扫卫生也是学生终生都要用到的一项技能，那学校为什么不把它变成学生的一项实践活动呢？为了弄清楚这个问题，我在Lyons校长的学校请教了一位从事特殊教育的女教师，她很客气地做了回答，她说她也不知道这是为什么，没思考过它的缘由。

再问我的房东Maria，她告诉我，清洁工人做这些工作很专业，他们有专业的工具、专业的技术、专业的人员，而且非常熟练和安全。学生将来如果专门从事这项工作可以在实习期天天练，但如果仅仅是为了让学生体验劳动，可以有别的许多可做的事情。况且学生做这些工作可能会被工具碰伤，或被消毒液烧伤，需要有教师专门指导，而放学后的时间，绝对是教师和学生自己支配的时间，学校不能要求学生和教师每天留在学校做这些事情。

美国学校很注重培养学生的公共意识，非常注重鼓励学生多参加公益劳动，但也注重学生的安全和办事效率，他们关注对学生在活动中的情感、态度、价值观的培养，特别强调自觉自愿。我们看到美国学校的学生参与的许多志愿服务首先是安全的，而且学生都是自觉、认真地，很有责任心和热情地在做，不是吊儿郎当、应付了事。

……

2. 课间只有 3 分钟，每节课 84 分钟

美国高中学生每节课 84 分钟（除了周三，因为这天要早放学，学生要参加各种社团活动，教师要进行各种形式的集体教学研究活动），课间 3 分钟，主要用在学生走班换教室。

我问 Lyons 校长："上课时间长且没有课间休息时间，能高效吗？学生学习效率是否会降低？"他回答："不会的。"我再问："您怎么看中国学校每堂课 45 分钟，课间 10 分钟？"他说："中国学生听话，课间 10 分钟不会发生问题，美国学生不如中国学生听话。"我不明白这种回答是一种肯定还是否定。

第一次听 Lyons 校长介绍每堂课 84 分钟时，我以为自己听错了，我想象不出这 84 分钟的课结束后，教师和学生会是啥样子，后面的课还怎么上？但是当我走进教室连续听了两周课后，我才知道，他们的课堂非我们的课堂。

我们的课堂至今仍存在满堂灌现象，有大容量的知识内容，难度居高不下；而美国的课堂教学主要是师生探究讨论，教师讲的少，学生思考和实践多，内容量小，难度低，但注重深度和广度。学生没有厚厚的课本和作业，更不见随堂测验和提问，教师不会因为学生没有学会知识而罚站。美国的课堂强调学生问与答的交流，强调个人观察和独立观点的形成。

84 分钟的探究和交流，师生都不会感到负担重，也不紧张，甚至很轻松，

有些学生的观点很有意思，有的很怪异，有的很幽默，有的非常有创意。大部分问题往往没有标准答案，都是取材于生活以及日常知识的积累与思考，所以教师的评价多是赏识和鼓励，没听到教师指责和批评学生的发言。

反思我们的课堂。教师要提问了，学生都低着头，生怕被叫到；回答的问题略有不足，可能还会受到教师的指责或者同学的嘲笑；没有人关心自己对问题的认识，大家都必须按照标准答案来做；课堂上，教师和学生按照一些固定的模式拼命讲练，围着考试转。如此这般的学层、教层，我们到哪里去寻找有创新精神的学生和教师呢？

3. 志愿服务是高考录取的必要条件

在 Lyons 校长的学校考察时，他为我们安排了一位 best student 志愿者，一位 12 年级（即高三）学生带我们参观学校，因为这个学生的课程表第一节课没有课（每个学生的课程表不同，尤其从 10 年级开始，因为选修的内容不同），是 free time。这个学生带我们参观图书馆、食堂、教室、自习室等教学场所时，随时解答我们提出的问题，Lyons 校长很用心，他是让我们站在学生的角度了解一下学校。

在这个过程中我又反思，我们的学校是否也可以这样安排？我们缺乏什么条件？这种安排对学生利大还是弊大？这位 best student 之所以对志愿服务积极投入，也是在为将来升入更好的高校做准备，她代表学校参与这些活动，可以得到校方开具的高校推荐信，这是对学生的信誉度和能力的评价证明，分量不低于考试成绩。

我想，着眼于高考，为升入好的大学，这种追求本身并没有问题，但关键是设定哪些评价标准，该如何操作。

……

4. 学校午餐错时就餐

在 Bristol 学校，副校长 Dandel F. Viens 介绍了学校的校规和惩戒学生的规章，中午就餐时，另一个副校长介绍了学生午餐分流吃饭的情况，我详细询问了这项举措的规划、操作步骤、时间安排等。我对这项举措很感兴趣，因为我们学校也存在吃饭拥挤的问题，至今都没有找到很好的解决办法，现在了解到这个学校的师生可以错时吃饭的办法，我认为这是一个很好的设计。

学校在上午第2节课学生下课（10:40）后，大约10:45开始，就会安排学生吃饭，首先是艺术、科学课，然后是数学、历史课，再后是英语、外语课，最后是体育、特教、职业指导课。错时吃饭的安排原则是根据学科，编好次序后通知每班教师，并提前在第一批吃饭的班级的教室门上贴上吃饭时间。每批吃饭时间是30分钟，吃完饭回教室接着上课，没有课的到图书馆学习。到12:40开始上第4节课，下午2点放学。

在中国，统一上课的时间能安排吃饭吗？安排这个班吃饭，其他班的教学能不受干扰？在我们的认识中，课堂是极其神圣的，上课期间学生不能做任何与学习无关的事，不能外出上厕所、不能吃零食、不能喝水、不能随便下位，等等。但美国学校的课堂怎样呢？上述我们不允许做的，他们都可以做，而且课堂上很少有学生秩序混乱现象。

问题出在哪里？也许是因为我们的班级人数太多，对学生的个性难以关注；也许是因为我们在学生教育中对学生分数关注太多，而对人性关注不够；也许是因为我们太注重结果而忽视了学生成长的过程，缺乏耐心、细致、宽厚。新课程改革特别强调了人的发展。但人的固有观念，不仅存在于教育中，也存在于整个社会，要想转变，还有相当长的路要走。

之二：《家长是孩子及学校活动的重要参与者》

1. 参加募捐活动

西方国家在学生高中或技校毕业时，学校要举办隆重的毕业晚会，晚会的资金是由学生通过各种志愿活动募捐获得的。一天晚上，我们受邀跟随Kim老师参加由一个技校（她小儿子就读的学校）组织的捐款餐会。

参加这项活动的人员是本校即将毕业的学生及家长，每位家长可以带自己的亲属和朋友，人数不限。就餐时需要每位参加餐会的客人买餐券，这个费用就算是捐款。每张餐券10元，你带的人越多，买的餐券越多，那么捐款就越多。Kim带了5个人参加，其中包括她75岁的妈妈和我们两个中国人，这样做是对孩子极大的支持和认可。孩子也感到妈妈很爱他，在同学中很自豪，尤其是带外国朋友参加这种活动，令同学很羡慕。

餐会安排在学校餐厅举行，是自助餐性质，非常简单。就餐环境悠闲、轻松、自如，也没有任何领导讲话，大家自选食物后，可以找熟悉的人坐在一起聊天，中间还穿插抽奖活动。这样的活动给了家长们一个互相认识和沟通的机会，大家互相认识，成为朋友，更有利于孩子的教育，家长还可以通过这种场合帮助有矛盾的孩子解除隔阂，建立起更和谐的人际关系。

……

2. 观看篮球比赛

美国高中的体育运动项目和比赛非常多，并且随季节不同都有安排。冬天，考虑到学生的安全和健康，室内项目多，比如篮球赛；春天，学生的室外活动会相应增加，如有高尔夫球、棒球、跑步等。

一天晚上7点，房东Maria开车送我们去观看两所高中举行的一场篮球比赛。到达比赛场馆时才6点多，上百个车位已经停满车。看到这么多车，我很吃惊：这是冬天，寒风凛凛，下着雪，又是晚上，而且比赛要晚上9点以后才能结束，体育馆又很偏远，家长不仅不阻止孩子去参加比赛，反而兴致勃勃、克服困难来看比赛，为孩子加油。我感到美国的家长更关注孩子的健康成长，也更会欣赏和尊重孩子，他们更注重学校教育与生活的结合，认为积极参加孩子的活动，就是对孩子最好的支持和肯定，是家庭和睦的表现。

……

一进比赛场馆，我就被热烈的场面镇住了，在中国，我从没观看过校际间如此热烈的比赛。看台上座无虚席，家长、学生、教师，甚至有的家庭所有成员都到齐了，甚至还有抱着婴儿来观看的，热闹非凡。比赛场上，双方的拉拉队（全部由学生组成）正在尽情表演，他们的服装、表演和激情，绝不亚于职业联赛的专业表演。其中一所学校的表演队中有一个很胖的女孩，她的表现一直与其他女孩一样，脸上始终洋溢着自信的微笑，直挺着腰，敏捷地转动，快速地跑位，我站在观众的角度观察她，丝毫不觉得这个队伍因为有了她而显得可笑。从这一点上，我感到我们与美国在对孩子教育的追求上有着巨大差距：我们的合唱、舞蹈、表演等队伍组建，都要按照设定的标准挑选，不管你的热情有多高，只要你不符合外貌、外形标准，就会被淘汰。但在美国学校，大家都尊重学生的选择，有兴趣是最重要的标准，让学生追求快乐和幸福是学校教育的目标。让每个孩子有机会做自己喜爱的事，通过努力获得成功的机遇，同学和教师不会嘲弄鄙视任何人，这种宽容、宽松的氛围，就是公平。

比赛一直持续到9点才结束，比赛过程中，学校的3个校长没有一个提前离开，其中一个副校长的家属还带着两个小孩子来看比赛。比赛过程中观众席没有人走动，各队的学生观众组织得有序且不失激情，集体喊口号、集体唱歌、集体击掌和跺脚，节奏明快，给自己的队加油，每人一张报纸做道具，跟随号令做出各种表演，支持自己的学校。正像校长说的，这个晚上，就是为了培养学生该如何正确观赏比赛、如何表达情感、如何展示集体力量、如何文明生活的。比赛结束后，体育社团部的学生还自觉地把看台上的报纸、饮料瓶都收集起来，用塑料袋统一装走。

……

之三：《从美国社会看美国教育》

1. 美国有一支非常敬业的教师队伍

美国学校的上课时间是高中7点半、初中8点、小学8点半，放学时间是高中2点半、初中3点、小学3点半。教室就是教师的办公室，每位教师都在自己的教室独立办公（有课上课，没课就备课）。我所住的房东家，房东每天早上5点半起床，6点半左右开车出发，7点左右到学校，就直奔自己的教室，准备课前的课件和学生学习用品。我们参观的高中学校，每节课84分钟（个别课除外），课间3分钟，每天4节课，教师很少出自己的教室（即办公室）。下课后回答一下个别学生的问题，就又到上下一节课的时间了。教师的课比较多，每人每天不少于2节。教师每天下午2点半下班后，会留在教室备课、批改作业1小时，没有发现学生放学后教师马上下班或在学生放学前就下班的。

不是仅仅教师这样工作，我同学的房东，她先生是一位工程师，每天也是如此上班工作。我们发现，教育职业在美国一点也不特殊，教师不需要特别付出，因为美国每个公民都在付出，不会因为你是教师，就应该特别辛苦。

2. 美国有一支专业的教育管理队伍

美国的校长是专职，而且教师和校长是教育中的两个“不同行业”，不可跨越。在中国，常常是优秀的教师被提拔为校长，但在美国，再优秀的教师也只能从事教师行业，要想成为校长，必须在教师岗位做满一定年限再参加国家考试，考取校长资格，才有当校长的可能。

我参观的小学、初中、高中学校，管理人员都很少，都是1位校长、1位副校长，有的会搭配一个校长助理，这3个人就是学校的主要管理人员。校长每天几乎都在学校工作，处理各种教学业务和学生教育工作，如亲自与教师研究教学的安排，与学生谈话，召集学生座谈会，参加学生的各种活动，与来访家长沟通，等等。有时晚上7点到9点还要召开家长会，指导家长如何帮助学生选课或做职业选择。3位校领导每人配一个对讲机，以便随时对各个教室的学生和教师发布必要的信息，即使是在上课时间也一样。校长无需为学校的教师编制和发展经费操心，因为这些都是政府的职责。

学校领导的理念是“我能为你做什么”，而不是“我要让你做什么”。

3. 美国学校、家庭的每一处，都尽可能体现真情的教育

在学校，教室、走廊的所有墙壁和橱窗，到处贴有指导学生正确做事的规范程序和励志口号，学生放学后的研究作业都作为成果在班级展览，每位学生都可以把自己认为做得最好的作业上交展览。这种展览本身就是一种教育，不比谁最好，而是肯定你最好，彰显学生个人的观点和成果，肯定学生付出的努力，欣赏学生的健康成长，这是对人的尊重，让人充满信心。

家庭也是如此……

4. 美国有社会即教育、教育即生活的大氛围

考察参观期间，让我感悟最深的是路上只要有校车到站停车，这条马路上来往的车辆都要停车，等学生上下车结束后，其他车辆才能继续行驶，而且任何车辆不能超校车，否则就是违法。

在美国，人行道上的行人是优先通行的，不管是否是绿灯……这种以人的需要为本的理念，是美国整个社会的文化，是每个家庭的文化，不是只存在于教育或学校的文化。学校只是在这个大背景下，继续它所能肩负的责任和义务。在美国，没有人让教育背负对整个民族的教育的重任，这应该是国家、各级政府部门带动下的整个社会的职责。

5. 现代化的生活影响着现代化的教育

在美国，到处可以看到各种现代化的自助式服务，如家庭中智能电器一应俱全；学校有电子白板和多媒体教学设备，每位教师在教室、在家都有台式微机、手提电脑；高速公路上没有人收费，全是电子扫描；停车场也不见

人管理，全是司机自己打卡交费，自我管理；就连路边的咖啡店，也是自助服务。

美国的孩子和家长都特别重视自己的生活质量，如果以牺牲自己的生活乐趣和生活质量去追求名声，是家长和孩子都不能理解的行为。

我就想：我们的家长为什么要牺牲孩子的童年、青少年的乐趣去追求高考的成功？因为只有考上大学才能离开农村，才能有与城里人一样的社会保障和生活品质。所以，高考不仅仅是教育的问题，更是社会的问题，是人的生存与发展的问题。

之四：《Lyons校长的成长记录给我的启示》

Lyons是我们参观的Bristol学校的校长，今年60岁……我们结束学校访问的前一天晚上，Lyons校长请我们到他家里吃饭，这是最上等宾客的待遇。

饭后，Lyons校长拿出自己珍藏了近40年的由他母亲为他建立的成长记录本，一页一页地翻给我们看，边看边讲，声情并茂。这是一本中等规格、相册模式和大小的集子，里面收集了他出生时的照片、毛发、手印模板、手镯，小学、中学、高中时代有代表意义的照片、成绩册、作业、奖章、评语、批评信，大学发表的文章，等等，内容丰富而富有生活情趣。当Lyons校长拿出它并翻阅它的时候，我们非常惊诧和羡慕。它的确太珍贵了，因为它不仅具有历史意义，而且是不可复制的，它蕴含着母亲的深情和对家庭教育的深刻理解。从Lyons校长那份怀旧的感情中我们可以感受到他对母亲的怀念、感恩与敬仰。从Lyons校长的娓娓介绍中，我对美国教育不禁感慨万分。

1. 教育是传承中的创新

Lyons校长从小接受的教育，就像现在他所从事的教育一样，他太熟悉了，因为他就是在这样的教育熏陶下成长的。美国今天的素质教育在20世纪二三十年代就基本如此，那时生活就是教育，教育就是生活，你在生活中的品行、交往、习惯、对事物的了解等，就是学校要进行的最重要的教育。我们问Lyons校长现在的教育与他那时的教育比较变化大不大，Lyons校长回答说，现在的教育，在教育目的和理念上基本传承了以前的东西，有逐步的改变，但变化不是很大，不过教学手段先进多了，学校的课程设置也相应有了明显的调整，社会所需要的人才类型也更多样。

2. 教育真的就是生活，是真的生活

我们的学生也会在放学后参加学校的专业队，但那属于课外活动而不是正课。在美国，这都是学校课堂教学的事情，是课程的一部分，分初级班、高级班。只要是学生想学的课程，学校都能找到任课教师，甚至会专门拨经费外聘能任课的教师。学生学习合唱、乐器、话剧、打篮球、打高尔夫球、游泳，等等，都是学校开设的课程。学生某门功课学习落后，学校的特殊需要教育教研室的教师会与他约谈或与家长约谈，甚至学校会在课堂专门为他再配一个辅导教师，上课时就跟他同座，为他提供辅导，而不需要家长到处找家教给孩子补课。对面临职业选择的毕业年级学生，学校专门开设有职业指导课程，上课就以模拟各种真实的职业面试场景开展教学，学生和教师也都做充分的准备，而且指导教师会对每个学生设计的实践体验方案做专业和专门指导，绝不会让学生在没受过这种教育的情况下就直接在社会上真正找工作，学生根本不需要到社会的职业咨询所学习如何求职。

3. 家长可以做些什么

作为家长，我们也能给自己的孩子在成人后留一份珍贵的成长礼物吗？很汗颜地说，之前我没做到。留下这份礼物难吗？为什么我们做不到？中国从20世纪70年代后期开始推行独生子女政策，所以中国的父母对自己的孩子更加地重视。我们爱孩子、重视孩子的教育，但我们曾给孩子的成长留下了什么珍贵的、值得孩子到老都可以回忆的东西吗？孩子在成人后，会再对自己的孩子叙说和浏览自己的成长史吗？我们该给孩子一种怎样的言传身教？我们在孩子的教育成长中留下了什么？还可以再留下些什么？

案例14：对“以人为本”的长期所思与所得

在教育教学实践中，每天都有“一得”。有些“一得”，是对新问题的反思所得，有些则是对以往问题的持续思考。这种持续思考，也许是一年，也许是几年，也许已经持续十几年。《教育，在常态化反思与实践中开展》是2012年我在华东师范大学培训时写的一份反思汇报，其中的思考我已经持续了十几年。

对这则成果，我着重评析其“一得”的价值：作为成果的基础，必须借助反思使“一得”越来越科学化，并渐渐呈系列化的形态。

第一，理念越来越科学，显示出成果的科学化过程。

在文章“教育体会”中，对“以学生为本”的认识经历了四个阶段：以学生为本→以学生的发展为本→以学生的个性发展为本→以学生的思维发展和品格发展为本→以人的终身发展为本。从内容上，可以明显地看出理念渐进的科学性。这五种概念，或者说这五句话，都是在实践中先形成一句话的心得，然后再不断反思，慢慢推进理念的深入理解才形成的，显示了理念在科学性方面的进步。

第二，科学的理念要落实到常态化（不是粉饰化）的实践中。

在文章“指导思想”中，我联系教育教学实践，把自己的理念一一具体地落实：这一部分中的很多片段，也是在实践中先形成一则则的心得，并将若干相关的心得整理形成三种关系问题的认识。这三方面呈现的系列化，显示出理念对实践的具体指导与落实。

第三，“一得”可以有效地推进成果优化。

在文章“反思的成果”中，“反思自己的课堂教学，主动寻求三个方向的发展变化”这句话，“三个方向”实际上显示了成果优化的系列化过程，既有课堂教学成果的系列化，又有课外活动的系列化，等等。

从以上描述可以看出，反思、“一得”、成果相辅相成地运用，有效地推进了成果的优化。

附：《教育，在常态化反思与实践中开展》——齐鲁名师阶段性汇报

一、教育思考

1. 教育体会

对“以学生为本”的认识经历了四个阶段，这是一个不断具体、深刻、发展的过程。

第一阶段：从以学生为本→以学生的发展为本。

在实践中，以学生为本的范围太大，难以把握和实施。到底应该以学生的什么为本呢？因为没有明确界定，各个学校出现了许多不妥当的现象和做法，有时教师对学生的有些表现不知该如何管理，有时教师对学生进行管理就会被社会、家长、学生甚至有些教育工作者贴上不以学生为本的标签，这些都让教师产生了无所适从的感觉。

以学生为本难道就是学生想干什么就干什么吗？教师不敢教育和管理学

生，还是教育吗？还是教师吗？到底怎样才是以学生为本？许多不良现象引起了教师的反思，家长和学生也都开始了冷静地思考，社会媒体也起到了很好的引导作用。渐渐地，能促进和适合学生发展的才是以学生为本这一概念逐步被界定。这种认识比较前者具体了、清晰了、易操作了。

第二阶段：从以学生的发展为本→以学生的个性发展为本。

在促进全体学生共同发展的过程中，教师很难做到让每一个学生按照同一个思维模式、同一水平完成同一项工作；即使教师按照一个标准要求学生，得出的结果也是很不相同，这一点从课堂教学可以得到验证。按照一个标准评价是做不到全体学生都能共同发展的，这是事实。尊重学生差异、按照学生差异设计不同的发展路径或促使学生发现自己的优势、发挥自己的长处，最终实现各自的发展，这是教师懂得教育规律，并运用教育规律办事的最科学的发展观。

第三阶段：从以学生的个性发展为本→以学生的思维发展和品格发展为本。

当以学生的个性发展为本的提法盛行之时，又出现了新的问题。学生的个性是多方面的，有思维的、行为举止的、性格的……到底张扬什么样的个性才是正确的呢？有的学生自私，有的学生孤僻，有的学生认识问题偏激，对个性张扬的不准确界定，使教育又陷入了被动。有的学生犯了错误，在面对教师的批评教育时，有的学生和家长却认为这是个性，不应该被限制，甚至被批评。

中央教育科学研究院一位教授曾提出，我们所提倡的张扬学生个性，是指学生思维的个性。创新思维不能培养，但与创新思维有关的求异、质疑、发散思维特质可以培养。

让每一个人（学生）的思维个性得到发展，遵守公共规则是保障和底线。发展每个人的思维个性，最终目的是什么？是实现个人最理想的发展。但个人的理想发展只有在公共的生存环境得到保障时才能实现。公共规则、公民意识、公共道德得到维护，良性的公共环境就形成了。因此，要培养学生在发展自己的同时不破坏公共规则的意识，当每一个人是公共规则最好的遵守者时，自己就有了最好的、最大的、最自由的发展空间。

第四阶段：从以学生的思维发展和品格发展为本→以人的终身发展为本。

学生有自己的思维品质，有自己的品格，有公共道德，任何人在任何人生阶段，无论是在学校、家庭，还是在社会，都可以体现自己的价值，发挥自己的价值，最终创造价值。这两种品质可以支撑每个人的可持续发展，即人的终身发展。

2. 指导思想

我把对工作中三种关系问题的认识概括为三个“不能离开”。

(1) 谈教学一定不能离开教育——体现学科知识和学科思想关系问题。

不能因为对教学的研究越深，就离教育越远，就像纪伯伦所说，“我们已经走得太远，以至于我们已经忘记为什么而出发。”

课堂教学能够同步实现课堂育人。学科思想指导下的学科知识学习，三维目标是对学科思想分解实施的环节性指导，关注问题设计背后所体现的目的，关注课堂教学的生成。

课堂观察量表重在观察学生的自我发展空间。无论量表设计多少维度、多少观察点，都是表象，其本质都是从三维目标出发，关注学生的思维个性发展和品格发展，关注每个学生在课堂是否有真正的自我发展空间。

教育评价与教学评价都应该清晰。目前，教学是终结性、定量评价，较容易操作；教育是过程性、定性评价，虚实难以把握。这种现状不改变，在一定程度上就是对重教学评价、轻教育评价的一种默许。因此，教育教学工作中，我们应该研究制订比较清晰的、适合操作的素质发展的基本项目和特色项目作为教育评价的标准，促使教师在课堂教学中必须以培养学生终身发展的素质为根本。

(2) 谈学生个性一定不能离开德行——体现张扬思维个性与坚守公共规则关系问题。

学校培养学生个性要有清晰的界定，要培养学生的思维个性，使其张扬的是一种求异的思维，培养的是质疑和发散的能力。

有思维个性不等于可以漠视公共原则，张扬每个人的个性更需要有公共秩序和道德作为保障。

学校为有个性思维的学生创设发展空间，同时也要培养其基本的公共道德，而不能以牺牲德行换取个性。没有德行的智力精英给国家、社会带来的损失更大。

个性发展的目的是个人发展的最优化和团队发展的最大化。个人最优与个人最大化发展是不同的，最优是有质量保证的，它不会对公民产生危害和不利影响。只有个人最优发展，团队才能得到最大发展。如果个人心里只有自己，那就没有团队的发展，更没有社会的发展，最终也不会有个人的真正发展。

(3) 谈发展一定不能离开可持续性——体现现在与未来、校内与校外的时间和空间的延展关系问题。

时间的把握。包括入高中前学情的调研，高中期间学期、学年不同阶段的设计，毕业后的人生规划等，将整个人生的时间轴清晰地分成不同发展阶段，用整体的视角策划高中阶段生活。

空间的把握。家庭、学校、社会是人一生的几个重要生存场所，各自都有其职责担当。家庭和社会的职责学校不能替代，但可以合作，资源可以共享。

二、反思的成果

1. 常态化反思指导下的实践创新

我反思自己的课堂教学，主动寻求三个方向的发展变化。

(1) 从关注课堂知识量的完成发展到关注学生的求异、发散、质疑等思维能力的培养（知识—思维）。

从关注教师自己的教学进度、知识量、是否能讲明白，发展到关注引导学生想什么、学生怎样能有不同思路、还能产生哪些质疑。

从备课中问题的设计上落实上述观点，既基于教材，又高于教材、超越教材。

比如，高二地理中关于资源跨地域调配部分南水北调、西电东送、西气东输的内容，问题设计时要考虑让学生有话说，可以让学生根据自己的认知去发散思维，也可以根据同伴的思维去质疑，把教材作为发展学生思维的背景材料来使用。

(2) 从课堂由自己设计、自己展示、估计学生的发展水平到学生基于自己的水平去设计、学生合作展示、学生自己在实践中提升认知水平（教师—学生）。

选择适当课型（与学生的生活实践联系比较大的，能让大部分学生有发散思维可能的课型，如南水北调、西电东送、西气东输等内容)，转变课堂教学形式，将课堂交给学生去体验。

让学生讲课有不少优点。因为他们了解这个一起学习的群体，同龄人的基本认知水平相似，学生给学生讲课，便于把握起点，也便于找准思维难度大的问题，能通过举一些学生都比较容易理解的实例搭桥过渡，学生之间的沟通平等、知心。

学生备课、讲课是其个性发展和全面发展的最好结合。这是培养学生思维个性最好的途径，也是培养学生演讲能力最有效的场所，是培养学生领袖气质和领导能力最便利的场所。教师把讲课的平台交给学生，能有效锻炼、提升学生的综合素质。

让学生备课、讲课要经历几个阶段：

①教师与学生一起准备；

②学生合作备课；

③学生合作讲课，教师评课；

④学生合作讲课，学生评课；

⑤学生讲练习；

⑥学生出单元试卷。

(3) 从课堂内的课程设计到课堂外的课程设计（课内—课外)，从学科独立完成的设计到学科间合作完成的设计（单科—跨学科)，从教学设计到教育活动设计。

课程发展的需要使得教学已经不能由一个学科、在一个场所独立完成，而必须走向融合或合作，必须实现开放。

课程的发展必然使教学走向开放。课程中有许多可以到大自然实践的课程内容或到实验室试验的课程内容，这些实践内容提升了课程价值，可以培养学生的动手能力、观察能力、实践能力，全面实现三维目标。

课程的发展使教学走向合作。学科不同，研究的领域也不同，在学习学科知识时可以分开开设，但在实践应用中则需融合。因为在实际生活中很难区分是先用这个学科的思维，还是先用那个学科的知识，或是先用某个学科的技能。在现实中，它们往往是融在一起，难以分割的。

①学校主题文化运动会。

读了李希贵的《学生第一》这本书，我受到启发，将学校运动会与课程相联系，设计出了一系列以世界各国文化、城市文化、民族文化等为主题的系列运动会。我们要求各个班提交开幕式展示方案，展示内容涉及哪几个学科，就由该学科教师帮助审核并签字确认通过。有了文化作为主题，有了教师的专业把关，运动会开幕式的品质有了极大的提高。

②学生春游、秋游的设计。

学生在教师、家长的带领下去春游、秋游，目的不只是让学生玩，而是要让他们会玩，还能玩出名堂！这需要学科知识做支撑，需要学生对学科有思考并提出问题，需要教研组将春游、秋游当成校本课程去开发，帮助并指导学生带着问题去观察、记录、研究、整理、提出观点、证明观点。

这项活动实现了学生从课堂走入自然；许多学科的教师在学生设计的实践方案中给予了积极的指导，实现了学科间的融合；学生最终完成实践报告《行·悟》专辑。这是学生课堂学习——实践学习——研究成果呈现的全过程体验。

③班会设计。

班会是课程，有目标和进度。在学校统一制订主题大纲的前提下，各班班会可以让学生设计，形成主题下的系列班会。这些系列班会可以由学生自愿承担每次主题班会的设计、组织实施和评价。

④学校各项活动的设计。

学生可以承担学校各项活动的组织和设计，如承担学校艺术节、读书节、科技节、教师节、开学典礼、毕业典礼、家长会等的组织、设计，参与家访、志愿者活动，等等。

第三章

反思，要促进成果的优化

成果，是教师发展的标志，对成果进行持续优化可以标示教师专业发展的程度。

成果，从某种程度上说，人人都有。但是成果的成色不一样，在质量、特色等方面有很大差别。

成果，产生于琐碎的、天天重复做的日常教育教学工作之中。不要寄希望于短期内取得惊天动地的大成果，而要从日常工作中，选择一件小事先做起来，慢慢做好、逐渐做大、做出特色。

成果，在精心培育、不断优化的过程中推动着教学的进步，显示着教师专业水平的提升。

成果优化，永无止境。任何成果即使已被认可，属于精品，再在实践中反复推敲，还会发现不满意之处，于是又需要修改、完善……一定要坚持“没有最好，只有更好”这个理念，持续地推进成果的不断优化。

第一节　对成果反思的认识与方法简介

教师应该对教育教学成果有一个准确的认识：教育教学成果产生于实践，并在实践中不断优化。因此，对于成果的培育，以及对成果的评析与优化，几乎完全取决于教师自身。首先，它取决于教师个人的认识和努力程度；其次，教师必须了解成果的价值作用，进而产生成果优化的动力；再次，教师要正确理解成果产生的规律，进而在成果优化的过程中，渐渐形成科学的方法。

一、教师自身因素决定成果的质量

1. 教师的发展，是教师自己的事情

学校重视教师的专业发展，因为这决定着学校的教学质量。学校要不断地规划、实施、推进教师的专业发展，为教师的专业发展创设良好的外部环境。

教师应该重视自身的专业发展。小而言之，教师的专业发展关系到教师的个人利益，因为在评优晋职时首先考察的就是教师的专业发展状况；大而言之，教师的专业发展关系着教育的未来，教师的水平影响着一代人的素质水平，不得不重视。

从哲学上分析，教师的专业发展，学校的管理只是外因，教师自身的欲望、要求才是内因。只有教师极其重视自身的专业发展，而且学校的安排又得当，教师的专业发展才会较快地看到效果。

教师的专业发展要由教育教学成果来展示，成果的水平反映了教师专业发展的水平。

成果往往具有即时性的特点，因为任何成果反映的都是执教教师即时及其以往的水平，因此，我们对成果的审视应该注重以下几点。

第一，教师专业成长的每个阶段都应该有能即时反映这个阶段的成果。

第二，各个阶段的成果应该直接显示出明显的优化过程，如案例 26（见正文 176 页）。第三，成果的优化应该从以下两方面考察：一方面是单个成果越做越科学，如案例 18（见正文 116 页）；另一方面是形成系列化成果，如案例 19（见正文 124 页），能够尽量全面地反映某一主题所涵盖的各个方面。

2. 成果影响教师的职业心态

教师的职业压力很大，以至于干扰了教师的心理健康，其中一个重要因素就与成果有关。因为无成果或者成果水平低会影响教师的晋级评优，给教师造成巨大的精神压力，使教师内心缺乏成就感，缺乏工作愉悦感。

教师对教育教学成果的态度直接影响教师的心态：一种是无视成果，平时不积累，工作十几年，手中几乎没有像样的成果，结果造成职业自信的下降；另一种是急于出成果，忽视了成果形成的规律，急于求成而造成心态浮躁，反而致使成果粗糙。

二、对成果的认识有误区

所有教师都看重成果，但是仍有很多教师没有成果。这是个矛盾的现象，原因就在于教师对成果认识有误区。

1. 把成果看得太高，不敢问津

很多教师一提到成果，就想到文章发表、评奖。其实，成果是有不同层次的。

第一，发表于专业杂志、报纸上，或形成专著出版，这是得到媒体出版界认可的；第二，在市、省、国家评奖中获奖，这是得到各级教育行政部门及教科所、各级专业学会认可的；第三，在学校内评优评先中获奖的，这是得到本校领导及同事认可的。以上三种，教师最为看重前两种，而对第三种不看重。实际上，第三种认可才是基础，只有先在本校获得认可，才会夯实基础，进而促使成果优化，才有可能获得前两种认可。

另外，还有第四种认可更是被很多教师所忽视，那就是教师个人的认可。如果你准备参加校、区、市级及以上的评奖，就需要拿出你最得意的、最能代表你水平的一件成果。也就是说，任何成果，首先必须得到持有者的认可才行。我们每位教师手中有哪些成果是自己十分欣赏甚至陶醉的呢？只有能产生这种良好自我感觉的成果，拿出去才有可能得到别人（各级单位）

的认可，如案例 16（见正文 103 页）就是我在对自己所开展的教育活动十分认可的前提下形成的“一得”成果，之后我坚持不断投稿、多次参加教育论文评比，这个成果才逐渐被外界认可的。

把成果看得太高，不敢问津，是因为看到前两种认可的艰难，而没有认清后两种成果的必要。只有教师个人手中有较多的得意的成果，并已经多次（或者说反复）得到本校的认可，才有可能由学校推荐参与上一级的评选，才有可能经过校内的反复锤炼得以发表或获得更高的认可。

2. **成果意识不够，致使优质成果的资源流失**

一般来说，有经验的教师都有过得意的课堂教学。有的教师在一节课结束后仍然陶醉在课堂生动活泼的场面中，有的教师尽管下课了，还在推敲着课堂上精巧的设计，或者不断回味着某些成功的细节……但是对这些珍贵的教学过程，很多教师只是停留在头脑中想想，并没有形成文字。时间一久，不论多么成功的课，都可能如过眼云烟就忘记了。这造成了个人优质成果资源的流失。其实，论文的写作，论点可以提炼，论据可以找，结构可以推敲，唯独课堂上生动的细节是不可能自行编造的，是稍纵即逝的。如果课后没有及时地记录，无数有价值的、能够反映教师教学水平和教学机智的细节，就会随着时间的流逝，渐渐地只剩下干巴巴的叙述而失却了当时的精彩。如案例 18（见正文 116 页）就是我对课堂教学困惑不断思考，对教案不断优化，形成更高质量成果的实践过程。

有时候，经过反复实践和反思，形成了一份比较优质的成果，但这份优质成果要产生更广泛的影响或者得以发表，还需要再进行整理修改，这需要教师有一种积极的成果意识，不能保守，否则会错失良机。比如，案例 17（见正文 109 页）原来是一份为学校教师培训之用的案例成果，在我参加了一次访谈交流后，有关专家非常认可它，但需要我将此案例转化成访谈形式，方能被发表。如果不做修改，这份成果就只能停留在学校认可层面，错失进一步优化后发表的可能。因此，我按照当时的访谈过程，对原有成果进行认真改编，最后终于被发表出来。

三、对成果要有正确的认识

1. 每位教师都拥有成果

可以说，每位教师都拥有成果，归纳起来有两种。

第一种是教师在教学过程中自然产生的原生态成果。如教师的教案、班会活动设计、工作总结等。这些成果因为受种种限制，常常具有粗糙、相对片面等缺陷。

这种自然状态的成果之所以粗糙、不科学，有主观和客观两方面的原因。主观上，或者是教师眼界不够开阔，只局限于一个班、一个学校，没有或不习惯把自己的教育教学置于大背景的比照之下；或者是教师理论水平不高，使成果蒙上较多的个人狭隘经验的色彩……客观上，作为教育对象，学生个体差异千变万化，学生及其家长需求十分丰富而且标准太高，每位教师对学生了解的程度决定了其教学成果的水平，虽然形成了成果，却因为不符合学生实际致使成果的科学水平不高。

第二种是略经优化的成果。由于自然状态成果的种种不足，促使很多有经验、有责任心的教师在实践中不断去改进这种自然状态的成果，使其渐渐脱离了粗糙而变得细致起来。这种经过优化的成果，因为优化的持续程度不同又分不同层次，但大多数仍处于优化程度不高的层次，略有改进，但又因为各种原因而中止了。这些成果只能算是略经优化的成果，还需要在实践中不断地持续优化。

另外，还有一种成果是屡经教师优化并得到较高认可的，通常这种成果属于那些坚持在长期实践中对成果进行不断优化的教师。

2. 成果的优化有一个漫长的过程

对成果进行改进优化是无止境的。然而，很多教师常把自己自然状态的成果或者略经优化的成果束之高阁，需要用时才拿出来。这样的成果的水平当然不会高，也就无法参评获选了。

只有经过不断优化的成果，其拥有者才能在优化的过程中对自己的成果产生充分的认可和信心，才有可能去争取校、区、市及其以上层次的认可。

因为成果的优化无止境，所以教师对此要保持良好的心境：一是积极的心态，不要放弃日常的努力；二是平和的心态，不要急功近利；三是玩赏的心态，不要充满压力。在成果优化过程中教师要始终保持良好的心态，保持愉悦的心境，才不会感到负担，如案例 15（见正文 97 页）、案例 19（见正文 124 页）就是很好的例证。

四、成果优化的技术设计

成果优化是技术性很强的工作，我们在成果优化过程中要总结自己成功的经验，产生自己的亲身体悟，形成适合自己的方法体系，进而提高成果优化的科学性。促进成果优化要遵循两个重要原则：一要坚持反思，推动优化；二要坚持反复实践，不断改进、完善。

成果在实践中优化有两个方面：一是对日常成果的优化，二是对专题成果的优化。前者是后者的基础，只有日常成果不断优化，才能在适当的阶段产生专题成果。

1. 日常成果的优化

日常成果的优化首先应该界定日常成果的形态。我们的日常课堂教学一般来说有三个步骤，即课前教学设计、课堂精心实施、课后认真评析。这三个课堂教学步骤所形成的成果分别是教案、课堂实录、课后评析。日常成果在日常教学中产生，要在日常教学中不断改进，促成优化。也就是说，以上三类成果，应该在教学实践中借助反思不断改进，使之越来越科学。这三类成果的优化，将为教师的专业发展打下坚实的基础。

这三类成果可以分别优化，但首先应该依据三类成果之间的联系去促进优化。比如，教案的设计要经历三次反思，促成其科学化：第一次，应该在形成教案前充分反思以利用过去的经验；第二次，必须在课堂实施中关注教案预设在实施中是否科学；第三次，坚持在课后反思，对教案进行修改补充。如案例 6（见正文 26 页）。

课后自评就是评价教案与课的关系，评析课的优劣。此时，课前写的教案在课堂实施刚刚结束，把教案与课堂教学联系起来反思，可以更有效地促进教案与课的优化，促进反思水平的提高，也有利于产生较高水平的自评文章。这是一个相互促进的过程。

（1）课堂教学成果的形成与优化

课堂教学成果一般来说有教案、课堂实录、课后评析。教学实录有录像和文字实录两种形态，这两种成果的产生比教案与课后评析要难。录像，教师个人不易形成，需由学校安排专人帮助进行；文字实录，教师个人可以做，但又因工作量太大，课堂情境不易完整再现等原因，难以成文或形成真实的高质量的课堂实录文字稿。解决这类问题可以用以下方法：

外出参赛或举行市公开课形成的个人教学录像，一定要争取获得光盘，按时间保存。这是课堂教学的具体实录，可以反映教师在某一阶段的全面水平。如果能按时间顺序形成较多的录像材料，就是不可多得的影像成果，从目前技术水平看，较容易做到。

对于课堂教学文字实录，较可行的方法是撰写课堂教学的局部记录。做课堂教学实录的主要目的是为了研究，但由于受研究重点的制约，研究常常只能关注某一方面的内容。所以，教师可以根据当时研究的主题，只摘录与主题有关的局部内容。例如，在某一主题之下，我们可以只摘录以下内容：最成功的或者失败的，感到困难的，认为有价值的但是自己又拿不准的，虽在教案中有预设但在课堂上又超出预设范围的，等等，如案例1（见正文10页）就是一节课堂实录。

再比如，课堂意外的处理。课堂意外大约有两种：一种是在执行教案时，由于预设问题的开放而突然出现意外问题，导致超出课堂教学的预设轨道。如案例18（见正文116页），我之所以产生了自己与自己同课异构的想法，就是因为课堂预设出现了意想不到的效果。另一种是根本与预设问题无关的其他异常意外（纪律问题、外界影响等）。对于第一种课堂意外，是积极支持新问题的展开，还是积极引导恢复预设轨道呢？这种由学生积极参与而打断教学的处理实例是不可能编造的，是在特定情境下自然生成的，很多是不可再现的，是生动的、鲜活的、可以见仁见智的资源。对于第二种意外的处理，更容易显示执教教师的应变机智，如案例11（见正文57页）“心得之七”。因此，课后应认真撰写，形成局部课堂实录，然后不断审视评析，以后形成种种成果，将生动地反映出教师的教学机智、教学理念。

这种成果，也叫作教育叙事、教学案例。

(2) 课堂教学的优化

课堂教学的优化常常取决于教案的优化与课后自评的深入。教案的优化直接决定这一堂课的优化，而课后自评的深入则影响下次同一堂课的优化。

这里，我们只就课堂操作来研究课的优化。

教师通常是按照教案设计的步骤、要求进行具体的课堂操作的，这是必要的。但是，教师还应该注重课堂观察和课堂体悟。

第一，课堂观察是指教师对所教课堂的观察。教师要重点关注学生参与教学的两个方面，即参与的面和参与的质。学生学习有差异是一个普遍问题，教师在课堂上应该注意观察不同层次学生参与教学的情况。

课堂观察的一个重要方式是课堂巡视，尤其是在组织学生讨论或学生个人当堂作业时，教师更应注重课堂巡视的效益：是否走到教室每个角落，是否观察到有价值的个例……

第二，课堂体悟。课堂教学是把教案中的文字进行实施、具体操作。课堂实施操作如行云流水，学生在教师引导下生动活泼地学，极有成效地完成了教学任务、目标，这是教师的课堂教学的理想境界。这样成功的课堂教学会促成教案达到更高层面的完善。

教学障碍是教师在课堂教学中不希望出现，但却是十分频繁出现的现象。出现教学障碍时，有的教师采用跳跃法，跳过去不做处理，因为担心处理不好，尤其是在有人听课的情况下；有的教师则采用各种教法去克服障碍，有的障碍迎刃而解，有的则是在解决中遇到了不同的困难，解决得并不满意，或者虽有处理但力不从心……这些都是十分重要的反思材料，教师应该根据自己的课堂体悟，在课后下功夫进行重点研究，并撰写出“一得”。

在进行课堂观察以及对意外障碍处理的时候，教师常常会产生心得感悟，要记录下来。这些都涉及教师的评价以及相关的分析研究，加以整理就能产生评析类的成果。教师对课堂操作的反思，在案例 21（见正文 139 页）中体现得比较全面。

（3）教案的优化

教案的优化应该在教学的全程中一步一步地实现。教案的科学与否不是看教案写得如何，关键是看课堂教学的效果如何，因此，应把教案置于教学全程中去优化。

第一，课前在撰写教案过程中优化教案。

教案关系着教学全程，是教学顺利进行的一个重要环节。撰写教案需要动用教师的教育积累，这其中既包括教师自己已有的经验，也包括教师自己了解的教改先行者的经验，并且还应该有一定的教改前沿理论的指导。

撰写教案前，对已有经验的反思：运用经验是思维高度活跃的过程。教师要运用自己过去的经验，并不断地运用教学新体会（如教改先行者的成功经验、前沿理论等）来审视已有的经验，同时要考虑如何结合现在执教班级的现状及对教材的新理解，形成新的教学设计。

教案完成后的情境模拟式反思：教案写完，它只是一篇文字。有经验、有责任心的教师常常会借助经验使之“活”起来。第一种，进行局部模拟。对于教案中牵扯教材重点的，或者准备重点研究的若干局部进行模拟。在模拟时，教师要考虑可能会出现的教学现象，并设计应对预设……在整个教学设计中，教师对重点内容应该设计充分的应对预设。第二种，进行全程模拟。在进行全程模拟时，教师要特别关注大环节之间的过渡衔接等。其实，在撰写教案的过程中，始终贯穿着充分想象的教学模拟。教案撰写过程实际上就是对自己已有经验的改进与优化，使之更切合这一次的教学要求。但是这毕竟只是脑海中的模拟，效果如何，还要经过课堂教学实践的检验。

第二，在课堂实施中，再次实施对教案的优化。

教案只有在课堂实施中才可能扬长纠短。比如，在处理教学障碍时产生的各种体悟，教案中得心应手的地方，等等，都是教学中宝贵的资料，教师应该在教案中随手做上标记，课后再精心研究课上的体悟、困惑，并在教案中精心修改。

课堂上优化教案与课堂教学优化是两个概念。前者，主要指借助课堂教学这个机会去发现教案的优劣长短，落脚点在于促成教案的优化。后者的概念远远大于前者。课堂优化牵扯到很多因素，是一个十分复杂的优化过程，而教案只是促进课堂教学优化的一个重要的常规方法。

第三，课后反思，再次实施教案的优化。

教案作为课堂教学的预设，只有在课堂教学实施中以及课堂教学结束后，才可以评价教案的优劣。此时就需要运用即时反思、长期反思两种反思方法对教案进行优化。同时，这一过程也会牵扯到课后评析以及“一得”的撰写与整理，这些在反思、“一得”等部分中有详尽阐述，此处不再赘述。

2. 专题成果的优化

所谓专题成果，是指在日常成果已然十分丰富的基础上，经过若干阶段的整理，渐渐形成的各种专一主题的系列化成果。

（1）专题成果的分类

第一步，对成果进行专题化分类。从班级管理角度着眼的，有班会专题、班级集体活动设计专题等；从学生角度着眼的，有学生研究专题，如学生主体研究专题、学生群体研究专题、学生个体研究专题等；从课堂教学角度着眼的，有教学方法专题、教案研究专题、研究性学习专题等；从教学反馈角度着眼的，有作业评析专题、各类检测中典型解析专题等。我的地理教案，按教材内容性质分类，可分为自然地理、人文地理；按教学进度分类，可分为新授课、复习课。新课改后，我在教学中更加关注学生的主体性，所以，我尝试给必修教材增加了一个新的分类，即以学生主动参与教学探究为划分标准，将每学期学生可以在教师指导下以自主学习、合作学习、实践探究学习等方式学习的教材内容进行选择并归类，形成自主学习类专题，如学生实践探究类内容、学生课题研究或研究性学习内容、学生讲课的内容等。

第二步，同一类型中可以再进行细化，对一个类型再进行多角度、多层次分类。比如，教学这一类项，可以按照教材知识的难易、按照学生学习能力的强弱、按照探究实践的场所等分类并分层。我在地理教学中对归类探究实践的课，先形成学生在校园探究这一类成果，如指导学生采集校园矿物岩石的标本、图片并给岩石制作名片，然后延伸到学生在学校附近的沿海一带、附近的低山丘陵进行探究，如拍摄外力作用对地貌的影响的照片并进行分析，形成校外学生探究活动这一类成果。再比如，课题研究类，可以结合学校发展和课程进度等进行分类分层，如案例 20（见正文 130 页）就是在校园层面开展的有关环保专题的研究。

（2）专题成果的形成与优化

专题成果在形成初始，很可能就是一则或几则日常成果，然后在不断的实践与优化中、在此基础上才逐渐丰富形成一个大的专题系列成果。

专题成果可以整理成小型和大型两类专题成果。小型专题成果可以先形成一种提纲状态，比如，案例 11（见正文 57 页）中《关于学校听评课的技术方法》这则专题，它的形态，既简明扼要，形成不会太费时间；又纲举目张，一旦需要就可以全面铺开形成文章。因此，我们可以把小型提纲式专题形式作为一种过渡，时间不充裕时，就先整理成提纲；有时间了，再扩充为文章。

大型专题成果包括教案、班会设计、家长会设计。比如，教案成果的专题系列化可以有两种方法：一种是由此及彼的类型拓展。一本教材由于教学内容的不同，教案的类型也应该是很丰富的，但一些教师的教案类型却是比较单一。我作为地理教师，在20世纪90年代后期，正赶上学校进行教案改革，我发现自己的教案类型比较单一，有的教案虽有学习方法的内容，但是，并没有系列化的方法设计，还不能算作学习方法指导类的教案设计。于是，我重点研究了课堂记忆方法的教案设计，并由此及彼，不断拓展，渐渐形成了地理读图方法指导、图文转换方法实施研究等专题类型，扎实地推进了地理学习方法类教案的类型拓展与丰富。同时，我还以传统的讲授式教案类型为基础，由此及彼地实验形成研究性学习指导类教案、指导学生参与讲课类教案，等等，使地理教案类型形成系列，如案例9（见正文51页）、案例19（见正文124页）。另一种是在同一类型中形成多角度、多层次的系列化。即便是同一类型的教案，在课堂教学丰富的实践中，也会有多角度、多层次的细致展开。比如，学生参与教学这一类教案设计，根据我的实践，形成了学生对课堂教学的局部参与、大部分参与、全部参与的系列化研究成果。在此基础上，我又分别向课堂教学之前、之后延伸，形成了学生参与备课、参与评课的研究成果，甚至还形成了学生参与教学检测命题的研究成果。在教学的四个环节上，我尽量多地引导学生参与。而对这四个环节的研究，又分别产生了多层次的深入研究，使我的课堂教学更加扎实、有效。

另外，我还引导学生参与有关活动的设计，比如，班会设计、家长会设计、家访设计等，这三类又和学生参与教学，形成四个并列的类项，如案例15（见正文97页）。

第二节　促进成果优化的案例与成果

案例15：学生为主体的系列研究与实施

这则成果比较典型。第一，优化过程长，基本包括了成果优化的主要因素；第二，具有高度综合的特点，既有内容的综合，又有方法的综合。

（一）引导学生参与教学研究

由于种种原因，学生主体的学习意识通常都比较薄弱，而且学习方法也有所不足。引导学生作为学习主体参与课堂教学，虽有一个复杂的过程，但能有效地促进学生主体的学习。

1. 引导学生以主体身份逐步参与课堂讲课

本来是由教师讲课，现在是鼓励学生站到讲台上讲课，这体现了学生的主体参与。为了关注效果，在一堂课中，学生所讲的内容应该按照由局部到全部的步骤，渐渐推进。

第一步，由学生参与局部教材的讲析。教师要精心选择较利于学生讲课的教材内容和乐于给同学讲课、表达能力比较强的学生，事先与学生商量好，让学生有充分准备，并对学生的讲课方法和搜集的参考资料进行指导。课堂上，教师要给讲课的学生做好铺垫，营造氛围，学生讲完后，教师要做出积极评价。随着更多学生参与讲课（局部内容），学生对讲课变得习以为常。

第二步，在学生熟练了参与局部教材的讲析之后，教师从内容上以及课堂讲课时间上加以拓展，直至一堂课内容全部由几个学生组合来讲析完成。随着教学内容的不断丰富，学生参与面不断扩大，有更多的学生参与到了讲课中，并分担教学内容，他们相互间加强合作，完成了讲课内容之间的过渡和照应。

这种做法，既没有增加学生的学习负担，也不易让学生产生畏难情绪，而且还加强了学生的主动学习意识，教学过程由学生单纯听教师讲，转变为由学生自己讲，学生对教材的理解也就大不一样了。

2. 引导学生参与评课

让学生参与讲课，是为了引导学生主动学习并理解教材；让学生参与评课，则是为了引导学生对所学所讲内容进行反思、评析。这些都属于激发学生主动、积极思维的个性思维能力训练。

第一步，先评价学生的讲课。我使用的基本句式一般是："某某同学这部分讲得很精彩，尤其是某内容，他用心设计的这种方法让大家更易于理解。某内容他是这样阐释的……会不会还有其他解释呢？如果进行一些补充，是不是会更完善一些呢？"我从学生的长处中找不足，既保护了讲课学生的信心，又激励了更多听讲学生学习讲课和评课。

第二步，指导学生评课。我主要采用两种方法提高评课效益：第一，以自评为基础，充分互评，学习评价自己、评价别人。第二，建议学生运用比照方法，将自己与同学相比，将学生与教师相比，学会取长补短。

3. 引导学生参与备课

不论是参与何种形式的讲课，都必须认真备课。这种参与的实质是引导学生反复阅读教材、深入钻研教材，这是一种自学能力的训练。另外，写备课笔记，实质上是对将要实施的讲课进行预案设计的训练。

以上三种做法使学生主体的学习，以课堂教学为中心，分别向课前（备课）、课后（评课）延伸，引导学生全程参与课堂教学。既涉及学生对教材的理解和把握，又涉及学生能力的训练。

4. 引导学生参与编制检测试题

在鼓励学生讲课的同时，我还指导学生参与测试题的编制工作。

第一步，学生编课后练习。先编写包含简单知识点的练习题，然后编写能涵盖几个知识点的复杂题目。学生从上课听，到接受测验，再到自己编制试题，是一个学习力渐进的过程，思维发展经历跟随、半独立、独立的过程。

第二步，学生出随堂检测题。编制随堂检测题要比编一个知识点的练习题难度大一些，需要对一堂课的重点内容全面把握，还要控制题量和时间。

这种训练比编课后练习综合性更强。

第三步，学生出单元检测题。因为单元内容很丰富，检测题的编制就更难了，涉及单元的全面复习，要把握内容的照应与覆盖面、题型的变化与题量确定、整个检测难度比的设计，等等，需要学生精心钻研。我对参与命题的学生专门进行了培训，先让他们分析典范的单元试卷，甚至从一道试题的语言编制分析入手，看是叙述性语言、指令性语言，还是提示性语言，等等，进行扎实、细致地指导。

第四步，学生出期中考试题。尽管这一步较前面的要求更高、更复杂，但是，因为学生有了前面三个阶段的渐进性训练，已经不再感到困难。参与命题的学生，一般都是在这个学科学习非常优秀的。为了减轻学生负担，在让他们出单元检测题、期中试卷时，命题学生可分工合作一份或一份试卷的局部，然后我从几个学生的命题中选择、调整，合成一套题，并在试卷上标出参与命题学生的姓名。这样做，出题学生感到很自豪，其他学生也很羡慕，自然而然地激发了学生在学科学习上的热情和信心。

参加命题的学生可以免考单元检测，因为编制试题本身就是对他们的考试。我会对学生出的每份试卷进行评价，并写出书面评语，或者让这些学生自愿选一个本学科的探究课题，写出调研报告，作为期中考试成绩。

学生参与命题，让我积累了大量的试卷，我将这些学生出的试题与我们教师的试题一起存入题库中，留待考试时再提取加工利用。

后来这项实验推行至我任教年级的地理测试中，2003 年，学校要在我任教的年级推行 9 个学科学生命题实验，9 个学科依据年级实施方案，全部制定出本学科指导学生命题的要求，每学科形成 4～6 套学生编制的试题，最终经过集体备课组教师研究确定的期中考试试卷，50％的试题选自学生的命题。

（二）引导学生全面参与学校各项工作

确立学生是学习主体的理念，自然会把学生的主体性延伸到课堂教学之外。

1. 学生参与班会的设计与主持

班会也是课程，所以我不断地放手让学生参与班会的设计与主持。我先对参与班会设计与主持的学生进行培训，并至少提前一周确定下一次班会的主题和主持人。学生在准备过程中，要加强与班委或班主任的沟通，确保信息反馈及时。

2. **学生参与家长会**

家长会可以由教师和学生共同完成，只要不是必须由教师来承担的，都可以交给学生去尝试。比如，前期的家长通知或致家长的信，整理班级阶段性发展成果和存在的问题以及发展的方向，设计家长会前的调查问卷及统计工作等都可以让学生参与完成。另外，家长会的主持，对班级基本情况的介绍和点评，也可以由学生做。

3. **学生参与家访**

学生参与家访活动是深入同龄人家庭的一种社会调查。参与人不一定是学生干部，教师可以根据家访对象的不同，选择参与走访的学生。

学生参与家访的价值可以归纳为：第一，参与家访的学生事先可以协助教师多了解一些家访对象的情况，让教师掌握的资料更充分，有利于提高家校、师生合作的效率；第二，参与家访活动，学生能体会到教师的辛苦和家长的不易，这对所有参与活动的学生都是很好的教育，有利于学生与教师、家长的沟通；第三，通过参与家访活动，在沟通中能增进师生、生生之间的友谊。

4. **学生参与各种活动的设计**

学校的各项学生活动，是为学生设计并由学生参加的。要想学生喜欢这些活动，就一定要在学生中进行调研，并在教师指导下让学生参与设计。学校的运动会、艺术节、读书节，甚至开学典礼、教师节、毕业典礼等，都可以由学生设计、组织、实施，教师履行前期指导、过程帮助、后期总结点评等工作，逐步提升学生的各项能力。

以上所述，体现了学生的主体参与已从课堂延伸到学校许多教育实践中。这种成果的系列化实施与研究，又使学生作为主体形成了一种极其全面的参与意识。

（三）成果必须在渐进而漫长的过程中优化

成果的优化过程具有渐进性及漫长性的特点。

从学生参与讲课这一设计中我们可以看出，讲课内容在不断丰富，参与人数也在不断增加，学生参与的课堂教学环节也在不断延伸，向课前延伸到备课，向课后延伸到评课。这种设计特点明显，学生全程参与、全面参与、深入参与，真正成了学校教育教学的主体。

引导学生参与编制检测试题的设计涉及课堂教学效果的检测、评价，而让学生参与编制检测题，其难度十分大，因此教师必须精心构筑小台阶，设计若干渐进的步骤，让学生由易到难、由小到大做起来。随着一个个成果渐显科学化、系列化，一个个学年、一届届学生也在长久的实践探索与积累中完成了学习任务。

对我而言，仅引导学生参与教学实践这一项，就从20世纪90年代开始一直到现在，经历了近20年。在这个实践过程中，我结合读书学习，产生了新的“一得”，也将学生为主体的理念从课堂延伸到了学校的各项工作、活动中，形成了一种学生主体实践的综合成果。

总之，成果必须在渐进而漫长的过程中优化，而且，成果优化过程中，总是伴随着反思、“一得”、学习在其中。

附：学生参与教学活动的相关资料

之一：学生讲课的原则、职责（节选）

一、学生参与讲课的原则

1. 实现每个学生在课堂上有一次讲课机会，培养学生的思辨、表达等能力。

2. 每个学生通过登台讲课，让大家分享自己的才华，开启他人的才智，展示自己，了解他人，与他人沟通交流。

3. 每次讲课，主讲人组成一个团队，有分工和合作。

4. 在完成集体备课和自主备课的基础上登台讲课。

……

二、讲课学生的分工及职责

1. 集体备课召集人：按照讲课内容分工，负责组织团队成员与教师以及成员间的集体备课，最后与课代表一起搜集整理本节课的文字和照片，留存档案。

2. 主讲人：承担分工部分的讲课内容，写出讲课的教案，明确教学目标和重难点，要有自己的教学方法，课后写反思。

3. 听课记录人或实录人：做听课记录，尤其对讲课人进行特色实录，对师生集体备课做记录。

4. 点评人：对讲课人的课进行点评，点评人要指出讲课人的明显特点，并提出自己的建议，课后形成文字。

……

之二：H同学的集体备课感受（节选）

地理老师要拿出一节课给同学们自主讲课，同学们的反应非常积极，很快就有5个同学到我这里报名，争取这个当“小老师”的机会。

晚自习前的大课间，我们带着课本、笔、记录本到老师的办公室，一起准备要讲的这节课。之前我们读了几遍教材，这次由老师主讲，给我们指出了讲“区域发展阶段”这部分内容的大体思路，并举例进行示范，还要我们注意几个概念的讲解，并要善于举例说明、引导用图，让同学们能听懂、会读图。老师还将PPT和参考书提供给我们做参考，我们还互相交流了自己的想法和困惑……

与老师集体备课后，我们回去划分了小组，每两个同学负责准备同一内容，然后各自与同伴再集体备课。这期间，我又找同伴讨论教学顺序怎么设计，详细讲什么内容，接下来举什么例子合适，什么时候用图，用在哪里，这个图可以解决什么问题，等等。我们自己还将书上的练习题先做出答案，可谓是绞尽脑汁，生怕讲课时再出什么差错。每个答案我们都要想好几遍，从近期看，从远期看，从资源方面看，从环境方面看，等等。最后，我们6个人又一起协调了一遍……

周末，我们各自回家又查了很多资料，并不停地“电话煲粥”，切磋交流，力争准备得更充分。

之三：D同学讲课后的反思（节选）

一、紧张。想到自己要上台讲课就紧张，对于一个不怎么上台说话的人来说，这无疑是一种挑战。但真正站到讲台上才发现，其实没自己想得那么可怕。

二、充实。备课是很重要的，之前需要做大量的准备工作，看书、做标注，虽然有些累，但真的很有意义。

三、耐心。老师是个需要耐心的职业，要做好充分的心理准备，因为给学生讲解，有时自己感觉讲明白了，但学生还没听懂。

四、深刻。想必这次做老师的同学一定都有这样的感受：当站在讲台上面对50多个同学讲课时，会有一种付出、奉献并快乐的感觉。这种体验一生难忘。

案例16：历时五年形成的一份精品案例

做教师，常会遇到一些特殊的学生，如在智力、心理、行为或者家庭经济等方面存在一些问题。在对这些学生进行教育的过程中，教师既可以针对其中一项内容形成持续研究的优质成果，也可以形成各种特殊学生教育的成果系列。以下是一则家庭经济困难的学生的教育案例的优化过程。

（一）从助人解困到维护学生尊严

1999年到2002年，我资助了一位因家庭生活困难可能辍学的学生。从开始产生资助的念头，到面临资助的事情可能被公开，再到默默坚持完成资助，最后到媒体宣传，我的反思经历了四个阶段：一，从学生的经济情况考虑，我需要资助他；二，从顾及学生的自尊情况考虑，我不能让学生知晓；三，从媒体报道考虑，做好事可以大力宣传；四，从我拒绝采访考虑，这不仅是一件好人好事，而且还关乎受助者的尊严。

（二）从媒体浅层报道到同行深层挖掘

媒体以好人好事的形式对这件事进行报道，我认为没有理解我资助学生背后的教育思考。后来，学校派资深教师来采写我的事迹，在一次次深入的追问中，我深藏的教育理念被逐渐挖掘了出来。媒体报道我的助贫事迹，是源自受助学生家长的主动披露。因此，叙述的主体必然是以一种感激的心情，认为受恩于老师，就应该告诉更多的人，让人们知道有一位教师曾守着秘密默默地资助了学生三年之久。而现在由我来主诉，就必然是从资助者的角度来讲述这件事，因此，我在叙述时要讲清很多问题。比如，我资助贫困生时，有多种选择，我在叙述自己的选择方式时，还要讲清之所以这样选择的理由。这，反映的正是我的理念。

（三）从个人独立撰写到配合资深教师采写

我决定撰写一份相关案例。刚开始，我根据保存的工作笔记进行独立整理。后来由于资深教师参与采写，我们就进入了一种学术研讨的状态。第一，叙述力求准确。就事论事，准确叙述事情的过程，不带有任何先入为主的东西。第二，分析深入细节。采访与受访采取了对话式，叙述中虽仍有询问，但更关注的是细节，更关注的是当时的想法以及现在的评价，既允许追问，又允许反问。第三，编写趋于清晰。事情叙述清晰，经过反复询问、追问、反问之后，明确了文稿采用夹叙夹议的写法。

（四）从形成初稿到凝练成精品

开始我是以论文形式呈现的。我主笔，多次修改成稿后，交由资深教师评阅；资深教师根据对我的采访，提出修改意见；我按照修改意见再修改，历经八次改稿，洋洋洒洒几千字，几经反复方才定稿。

（五）从不被录用到评比获奖

后来，有媒体约稿，但对我投的这篇自认为精品的文稿并未录用，而采用了我校另一位青年教师对我采访后的短稿。我并没有因为这一成果未被发表而把它搁置起来。因为这篇文稿中包含着我的理念和我反复修改完善付出的努力，我一直很珍惜地保留着，并且不断地用欣赏的心态时而推敲着、修改着。

2004年春季，我听到有征集教育案例的信息，就立即着手对原文稿进行改写，形成案例，寄出后很快得到了回复，并最终获奖。

从资助学生算起到案例获奖，历时5年。

附：《资助贫困生应高扬人本精神》

【编写目的】

目前，特困生在许多学校都存在，对特困生的资助，在物质上已有了较多较好的体现。但是，在这种关注下，特困生生活得快乐吗?

物质资助，减轻了特困生生活拮据问题的同时，是否增加了他们的精神压力呢？尤其是让特困生上台领助学金时，媒体会广泛宣传社会对他的关爱，表彰资助者，此时我们是否关注过特困生的内心感受呢?

本案例旨在引起社会的深层思考：怎样的资助形式既能帮助特困生，又能尊重特困生的自尊和人格？如何运作助困，才能真正有利于特困生身心健康的发展？才能不因善举而增加被助人内心的困苦?

【事件】

2002年9月2日，《青岛晚报》头版头条刊发了一篇署名文章《守了三年的秘密》。这是我的学生J生的父亲通过热线电话向《青岛晚报》首次提供的新闻资料，使得我资助J生就学之事于三年后在全市范围被公开。

1999年，我任高一班主任，J生正好考入我校并分在我带的班。新生看榜的当天下午，我接到J生父亲的电话，说有事要告知，于是我决定第二天对J生进行家访。

走进他家，破旧的门栅房，因夏天开着门，房内才透进了光，一股霉味扑面而来。他父亲见到我后热情地和我打招呼却只能瘫坐在椅子上；他母亲操着一口乡音忙着给我沏茶端水；屋内摆设很简陋。这就是J生的家，一个重残疾的父亲，一个农村嫁来的没有工作的母亲，一间没有值钱家什的破旧房子。

J生的父亲挺激动，也许他没料到我能这么快来到他家。从他对儿子性格、学习的介绍中，我听出了他对孩子的怜爱和期盼；从他对自己病残过程的追忆中，我感受到了他的痛苦和坚强；从他对家境的叙说中，我领悟了他的自责和企求……在近一个小时的聆听中，我眼睛在流泪、心在流泪，我同情这个家庭，但我更心疼受了许多苦的J生：他有那么多需要，但从不向父母张口；在外面受了再多委屈，也从不向父母诉说；他没有钱请家教，就靠自己的努力一直保持学业的领先。但这样一个品学兼优的寒门子弟，就要交不起上高中的学费了！

我理顺了自己的思路，说了一番安慰话之后，找了个理由把J生支出去，拿出了自己发的400元工资。钱还没放到J生父母手中，他们就坚决拒收，开始了和我长达五六分钟的推搡，他们一再表达着自己的初衷："诸老师，我们是想让您向学校反映一下，能否减一部分学费，不是想要您的钱……"我的手被抓破了皮，一个手指甲也被折裂了。我们三人流着泪互相劝着对方，并都为对方的真诚感动了。直到2003年，在J生父母写给《中国教育报》的材料中，仍清楚地记录着我劝他们的话："你们是J生的父母，有义务抚养他；我是孩子的班主任，有责任帮助他受更好的教育，你们不能拒绝……"在J生父母终于同意收下资助的同时，他们也艰难地答应了我的"约法五章"：①我是J生班主任，你们不能拒绝我对他的继续资助；②高中期间不能让J生知道这件事；③不能让J生的同学们知道；④不能让学校、外界知道，不给学校写感谢信，不给学校领导打电话；⑤在J生高中毕业后可以告诉他，让他也学会无私地关爱别人。

在担任高一班主任的一年中，我都是利用寒暑假家访之际，背着J生留下钱。平时为增加J生与同学间的交往，每次学生举办沙龙或聚会，我们都一定带上J生，外出游玩也逼着他参加，但费用都由我负担。为防止J生产生自卑、畏怯的情况，以及培养他生活在集体中就应有为他人服务的意识，我特意让他担任生活委员，负责管理班级各种收费。J生在工作中非常认真，从未出过一分钱差错。

2000年到2002年两年中，因工作变动，我虽不再担任J生的班主任，也不再是J生的代课教师，但我心里一直没忘记他。我仍像以往一样，利用假期走访，把钱送到他家。有几次我实在抽不出时间，就写封信，连信带钱装在信封里封好让J生带回家。至J生上大学前，共资助现金3000多元。无论教师节还是春节，学校发给教师的礼物，我也都送到J生家，甚至有时把我爱人的新衣服、新鞋也送给J生穿……

三年平静地过去了，没有人知道J生被资助的事。他正常地生活、学习着，并与同学友好地交往着，他学习努力刻苦，很受师生喜爱。2002年，J生顺利考上了大学。

2003年春节后，从J生父亲来信中，我才知道J生其实在2002年高考前夕就知道了我在悄悄资助他：因为高考前紧张的学习，面对种种困难，他情绪有波动，J生父母就把这个秘密告诉了他，J生深受感动……

从1999年资助J生，至今已有5年，从秘密被公开至今也有2年。这期间有很多朋友向我提出疑问，如果J生父亲永远不说，怎么办？我说："我始终认为自己必须保持一颗平常心，做自己应该做的事，既然是自己情愿的付出，也就不图回报。让J生能像别的学生一样正常学习是我最根本的出发点。"事情见报后，也有媒体找我做采访，我拒绝的理由便是如此。

【问题】

1. 换位思考问题

在资助J生时，他的父母对我的个人资助拒绝的主要理由是感到无法偿还，而且教师出钱助学生上学，他们应向学校反映以表示感谢。但我站在孩子的角度思考，认为这事一旦张扬出去，很可能会伤害孩子的自尊，这也是家长不愿看到的。家长的心情是矛盾的：一方面，他们想让孩子有一个平静的环境，让孩子更好地生存和发展；另一方面，他们应该真心感谢老师的资助，让更多的人知道老师的好心肠。

正是因为站在家长和学生角度思考问题，才有了我与家长的“约法五章”。

2. 持续资助问题

在资助J生一年后，因工作变动，我不再担任J生的班主任和任课教师。这时，对于继续资助J生的想法也曾动摇过，但一想到J生父母又得四处求助及J生愁苦的脸，我坚持了下来。因为只有对他进行持续的资助才能真正解决他的学费问题，他才能继续就学……一晃三年，我就这样坚持下来了。

3. 以人为本问题

贫困生往往都有共同的特点：家境贫寒，心理脆弱，自尊心极强，常沉默寡言，不愿出头露面，以此掩盖他们的自卑。如果当时我对J生的资助被学校得知，被宣传开来，其结果，一方面是我扬名校内外，另一方面是使J生因贫穷而出名，甚至伤害到他的自尊。既然资助J生的目的是让他能和其他同学一样能正常学习，那就应尽最大可能减少对他的伤害，而不能让他在得到物质帮助时，心理上受伤害。教师对学生的爱应以尊重和理解为基础，少年的心是敏锐而脆弱的，很容易受伤害，所以我必须严守秘密。

在资助呵护J生的同时，我也尽最大努力培养他与人平等的健康心态：通过活动，让他走入同学中；通过活动，让他成为班级的主人；通过活动，让他感到他的存在对大家很重要；通过活动，让他感到他将是对社会有用的人……

4. 关爱是可以传播的

对J生的资助，得到了我的家人的大力支持，外祖母、我的父母、丈夫、女儿都很赞同我帮助人。为了能给J生多一些资助，每逢春节，我的长辈会以“压岁钱”的名义参与资助，以使其父母能更顺利地接受而不致拒绝。记得2000年春节，我当面把钱交给J生父母，告诉他们，钱不多，但足以表达我家其他成员对一个自强不息的孩子的佩服和关心。我的女儿也把自己的压岁钱拿出来与J生分享，并多次表示要做像J生一样品学兼优的学生；我的丈夫对我资助J生也全力支持，有时他还将自己的新衣服或新鞋主动送给J生。J生的成长经历感动着我们全家，激励着我的女儿。

J生在同学中有很高的威信，很多同学也大概知道他家境贫困，但其能文能武的才华，乐观向上、品学兼优的人格感染了许多人，带动了许多人。他热爱集体，在学习和班级管理等方面都积极为大家服务，所以同学们都钦佩他、学习他。

在“约法五章”的最后一条，我曾同意家长在J生毕业后可以告诉他事情经过，目的不是想让他感激我，而是希望他能学会关爱需要帮助的人。

【讨论】

1. 站在学校管理者的角度，该如何评价教师资助贫困生的事例？该如何引导“以人为本”的资助行为？

2. J生家长向其子女以及媒体公布秘密的时机，证明了受资助者何种心理？对受资助者的心理，我们究竟该怎样理解？

3. 对贫困生的复杂心理，我们了解多少？从资助方式、学习、生活等方面，怎样做才更有利于受资助者的心理和性格的健康发展？

4. 如果资助者没有拒绝电视等媒体的介入，使J生家庭情况得到更广泛的传播，会给J生及其家庭带来什么样的影响？

【评价】

1. 自我评价

在资助J生的三年中，我不断地反思，不断地领悟、完善“以人为本”的理念。

(1) 起初之举只是人道主义

对J生慷慨资助，与自己从小受的教育和家庭熏陶有关；也是优秀教师关爱学生事迹对我潜移默化的影响；更是自己对学生所思、所喜、所尊、所卑深思的结果。

作为J生的班主任，面对他的贫困，伸出援助之手，是人道主义。

(2) 资助过程始终实践着“以人为本”的教育理念

对J生的关爱，每项举措，我都认真思考、谋划，根据他的现状再决定实施办法，尤其重视关注他的思想变化。J生的成长过程，也是我“以人为本”理念的成熟时期。我认真读书并反复向名师探询这些问题：怎样才能真正为学生好？怎样才能使学生感到受尊重？怎样让学生学会感恩？怎样体现救助的平等？有了对这些问题的长期、深刻的反思，才有了我对“以人为本”理念不断的实践及完善。

(3) 结果是保护了学生身心的健康发展

同学之间没有鄙视、没有高傲，使J生能快乐地参加各种活动并甘心为同学服务；J生在高考前得知被资助后，受到了更大的激励和感动。这三年秘密的坚守，使J生深深地体味到了关爱、尊重、平等，他一定会感悟这种爱，会传承这种爱，因为他的身心是健康的。

2. 专家点评：崔洪生（省特级教师）

我受学校委托，曾采访过诸贝贝老师。我认为这不是一件普通意义上的好人好事。尽管很多媒体的宣传仍只侧重于助人而不事张扬的默默奉献的精神层面。

诸贝贝老师助人为乐，这属于高尚；关注受助者的心灵，这属于科学精神。资助贫困，能高扬人本精神的大旗，这是时代进步的标志。“约法五章”是诸贝贝老师当时瞬间的行为，但瞬间的行为，是她永恒信念的必然反映。尊重受助者的心灵感受，早已成为诸贝贝老师永恒的信念，这是极其可贵的。事情在媒体上公开，是受助者做的，不是出自诸贝贝老师的总结或汇报，对此，我深受感动；媒体要进一步采访、要录像，诸贝贝老师坚决拒绝了，她想到这可能涉及受助者的隐私，对此，我被诸贝贝老师的决定所震撼。这反映出关注人本是诸贝贝老师永恒的信念！

她的资助方式还有一点特别值得强调，就是诸贝贝老师采取了家庭亲情方式，这更有利于受助学生接受。诸贝贝老师家祖孙三辈都参与了帮助J生，显得自然亲切，这种方式很好。

在资助方式的选择上，诸贝贝老师用心良苦；在日常学习及学校生活中，诸贝贝老师也注意到对J生心理健康的关注及培养。

作为同事，我注意到诸贝贝老师平时极注重学习，在广泛学习中，她抓住了优秀教师应关注人本这一关键。

案例17：转换成果形式，抓住出版机会

我的原始成果，多是论文和教育叙事形式。有些成果，自己已经比较满意，但还是希望获得更高程度的认可。下面是一份获得专家认可的成功转换的“一得”成果。

（一）在学校获得认可

2003年春季，我举行过一次成功的家长会：会前有策划，会上有精心记录，会后有认真整理，并且形成了完整的案例。这次活动获得了学校的高度认可，在学校座谈会上我也多次对前来参观的学校介绍过这个案例。

（二）屡次投稿不被录用

这个案例令许多听到的人耳目一新，更有校内外的教师专门找我了解操作细节。我感觉这个案例具有推广价值，所以我不断精心修改这篇案例，并向杂志社多次投稿，但一直没被录用。

（三）抓住机遇，转换形式，将“一得”成果再次推出

2004年6月，我参加青岛市教育科学研究所举行的教育科研访谈式调研，决定选取家长会这个内容与教科所专家进行交流。

访谈这种形式，过去接触不多，而且也没有涉及“家长会该如何开”这样复杂的问题，所以难度较大。我对这个家长会案例进行了多角度、多层次分解，以便于应答采访者的问题。事先我对访谈问题做了估计，如你做了什么（题目）？为何这样（目的）？如何做这件事（过程）？外界反应如何（评价）？优点和不足是什么（评价的集中点）？等等。我对这个案例既做了展开，又准备了若干具体的细节。所以面对翟广顺、解本利等专家及学校崔洪生等教师参加的访谈，我应答自如。

（四）专家认可，得以出版

调研结束后，教科所要选择一部分优秀成果出版，我积极、精心地进行了准备，将原来成功的案例成果转换成访谈形式，最终这个成果被录用获得出版。

附：《体现以学生为本，以家长为主体的互动式家长会——新形式家长会的探寻》

诸贝贝：我要与专家交流的题目是“召开互动式家长会”。所谓互动式家长会，就是家长、学生、班主任、全体文化课任课教师都参与对话的家长会。这种家长会有点类似于咨询会。各位教师分散在教室的几个固定位置，各位家长与自己的孩子结伴向任课教师咨询，了解与自己孩子有关的各种情况，教师给予客观评价和具体指导。同时，每位任课教师也可向家长、学生咨询，了解家长教子情况和学生在家学习的情况，以便今后更有针对性、实效性地开展教育教学工作。

翟广顺：为什么会想起举办互动式家长会？

诸贝贝：一般的家长会形式是班主任在讲台讲，家长坐在下面听。有的班主任对家长会进行了改革，请任课教师来轮流讲，但只能就学科情况概括讲，不可能针对每个学生的具体情况谈。每次家长会开完后，家长们都围着班主任或到处找任课教师追问自己孩子的情况，我不仅看到过，而且也亲身体验过。家长们太想了解自己的孩子在学校上学的情况了，他们一方面想听任课教师谈谈自己孩子各个学科的学习情况，另一方面也想把孩子在家的情况讲给教师听听，请教师具体指点下一步该怎样做。遗憾的是，现在的家长会形式无法对大多数学生的情况进行具体分析。现行的家长会较重视班级的整体分析，但最大的弊端是对学生个体关注不够，没有真正实现师、生、家长间的面对面交流。要达到这个标准，需要寻找一种新的家长会形式。那么，怎样才能便于师、生、家长面对面交流呢？高中招生咨询会、人才交流会及各种博览会都给了我很多启发，从而也促成了这种拉近教师与家庭距离的互动式家长会的诞生。

崔洪生：让学生也参加家长会有必要吗？

诸贝贝：学生何尝不想听听教师当着家长和自己的面如何评价自己？但以往的家长会，学生不能参加，家长会的内容，教师与学生也不交流，教师讲的什么，学生虽然很想知道但却不能直接听到，只能听家长的转述、看家长的脸色、听家长一顿教训后，才会略有了解。因为缺乏三位一体的面对面交流，往往家长会后，个别学生和教师之间常常产生一些不必要的误会。

翟广顺：你们是如何运作互动式家长会的？

诸贝贝：我们在运作时，分了三步。

1. 方案设计

为寻找一个最能达到互动效果的方案，我先拿出初步方案，和班主任们多次一起研讨，反复修改。从家长会召开的主题、召开的时间、场地的安排、人员的安排到互动的具体操作流程都要一一落实。例如，本次家长会主要引导家长关注什么问题？这种形式的家长会最容易出现什么问题？怎样应答？师生是坐着还是站着交流？任课教师是分别到场还是全体任课教师同时到场？是教师们聚在一起回答咨询内容还是分散开来？是家长带着孩子一起来咨询还是家长咨询后回家再讲给孩子听？互动咨询是否可以代替班主任向全体家长统一谈班级整体情况？教室桌椅是否要都撤空留出场地交流？家长们能提什么问题？家长提的问题教师回答不了怎么办？场面嘈杂混乱怎么办？……

经过多次研讨，大多数班主任对这种形式的家长会基本有了了解，而且方案也变得更条理、可操作、更注重实效。待基本方案出台后，再召集各集体备课组组长一起讨论修改，并请他们带方案回集体备课组再讨论。经过几番修订，最后确定了以下方案。

（1）会议安排在下午3:10—5:30，每次只召集一个班的家长会，由家长、孩子、任课教师同时到场参加，并邀请相关领导和教科研室教师参加，以解答家长对学校政策的咨询或家长提出的问题。

（2）选在较空旷的多媒体教室召开，以便100多名师、生、家长更好地交流、倾听。

（3）由班主任先统一讲班级整体情况，向家长讲清本次家长会的操作流程及注意事项，介绍清楚各任课教师的站位，鼓励家长和孩子一起自愿找教师咨询。

（4）家长会前一天，各班给每位家长发一封信，告知本次家长会以新的形式召开，请家长尽可能结合自己孩子在家生活学习的情况，准备几个主要想咨询的问题，尤其对孩子的弱科，家长更要有针对性地提出问题，寻求任课教师的帮助指导。

（5）全体教师按年级和任课班级的统一要求，各自认真备课，做到看到学生本人就能叫出名字、说出他成绩的大致层次、学习能力水平、学习困难是什么，强调以鼓励、树立学生信心为主，在向家长指出学生不足的同时重在给出改正提高的办法。在此基础上，各班家长会前一天，由班主任召集任课教师统一部署，对反映出的问题共同商量、合力解决。

2. 典型示范

因为这种形式的家长会没有举办过，无法模仿，有些班主任怕控制不了场面，建议先安排一个班试点，最后确定由高一（2）班承担，由班主任逄伟老师率先召开，其他班主任全部参加观摩，认真记录，会后召开班主任分析会，总结经验教训，以便其他班级更好地筹备家长会。

3. 最后再全面推开

每个即将召集家长会的班主任，在前一天晚上，都要与刚结束家长会的班主任交流，及时了解经验及突发事件的应急对策，第二天召集本班任课教师碰头会，做统一要求和布置，以便家长会能顺利、高效地召开。

解本利：从互动式家长会的现场，反映出什么特点？

诸贝贝：这种形式的家长会有以下几个特点。

1. 重视倾听。每一位教师同时会被十几位家长围绕。虽然教师每次只能回答一位家长的一个问题，但其他家长也都很认真地听，有时觉得对自己孩子也是有用的，还不断地记录。如高一（9）班陈同学的妈妈就记了满满5张信纸。

2. 重视向别人学习。高一（10）班陶同学牵着家长的手，跟在学习很优秀的安同学及其家长后面，听他们咨询什么问题，并记录下教师的具体指导；待听完英语、物理教师指导后，才又带着自己的家长离开他们，开始自己的咨询。

3. 敢于直言。副校长参加了高一（2）班的家长会，被几个学习较好的学生及其家长围住，他们开诚布公地评价数学教师，并提出奖学金班滚动问题……副校长详细了解了情况，并明确答复了落实反馈的时间和方式。

4. 最关心孩子学习成绩。几乎每一位家长都会问到孩子学习成绩该怎样提高，很少有家长问孩子的品德情况。例如，高一（5）班金同学的家长刚开口问教师“孩子在学校都接触些什么同学”，就被两位家长打断了……

5. 个别家长被冷落，积极性不很高。高一（2）班马同学及其家长孤零零地坐在位子上，悠然地看着来回穿梭、热烈咨询的家长、同学们。教科室主任发现后，主动上前搭话，原来马同学的父亲在电视台工作，对类似的咨询会见过许多。主任问他：“为什么不参与咨询呢？”他说：“一是轮不上，挤不进去；二是我的疑问老师可能也解决不了。我们就想让孩子上大学，但一个班的学生又不可能全都上大学，老师能有办法改变吗？这是高考制度问题……”对此，我们认为，“这次家长会还是从最基本问题入手，旨在培养学生良好的学习习惯和学习信心”。

翟广顺：你了解大家对互动式家长会的评价吗？

诸贝贝：每次家长会后，我们都要通过各种途径，了解大家对这次家长会的看法。

1. 教师们谈道：我们几乎听到了所有家长的声音，更真切地感受到了家长的急切、真诚。这种交流让我们明白，作为一个教师，必须熟知学生，研究学生，多读书学习，只有这样，才能回答家长提出的各种问题。这种家长会形式不仅能提高家长的认识，更迫使教师要努力提高自己，掌握教育规律。

2. 学生在周记中普遍写道：面对面感受每个老师在家长面前评价自己，是我人生第一次，尤其所有老师都对我们充满信心，而不是告状指责，使我们备受鼓舞。看到所有同学都认真、积极地倾听、学习，让我们感到了动力和压力。家长会后，班级自觉、主动学习的气氛真浓……

3. 家长在电话及家长信中，对这次家长会给予了积极称赞，称这是他们人生 40 多年感受最真切、最有收获的一次家长会。他们感谢学校创设这样的机会，让他们能和每个任课教师交谈，教师对孩子们的了解让家长感动，教师对孩子的关注让家长放心。家长们喜欢以这种方式聚在一起，因为这样也便于家长之间进行交流，互相促进和学习。通过这种形式的家长会，家长们对学校的认可程度更高了，有家长说："我在单位讲了学校这种新形式的家长会，引得所有同事都羡慕不已。"许多家长开始按教师给予的指导，有针对性地帮助孩子纠正不良学习习惯。

4. 媒体报道：《中国教育报》《青岛日报》等媒体都对这次家长会做了报道，他们充分肯定了学校、教师教育观念的转变，在社会上引起了更大反响。

翟广顺：凡事都有利弊，对新生事物也应如此吧？

诸贝贝：我们对这样的家长会也进行了反思，思考它的优点和不足。

1. 优点

（1）真诚交流构建了师、生、家长间的良性关系，对每个学习型家庭的构建都有针对性地指导。

（2）不仅满足了家长、学生的需要，更使教师了解了家长，进一步促进了学校与家庭教育的衔接。

(3) 促进任课教师关注、关心学生，以学生为本的理念逐步形成。

(4) 先期举行示范试点，并组织教师观摩，大大提高了探索的成功率。

2. 不足

(1) 教师少，家长多，不能满足所有人的需求。

(2) 加大了教师的工作量，有个别教师任课班较多，连续三天参加家长会，非常疲劳，影响教学。

(3) 学科间不平衡，数学、英语、语文教师咨询处扎堆，且被咨询的时间过长。

(4) 教师平时对学生个案储备及分析不足，对家长的指导在水平、方法上略显肤浅。

(5) 教学能力较弱的教师也在全体家长面前展露，易引起家长对教师的挑剔和不满。

翟广顺：这种形式的家长会你们开过几次？

诸贝贝：我在的这个年级共 12 个班，全年级各个班都开完约要 20 天，且每个班每次家长会都要开 2 个多小时，教师们很辛苦。所以，只组织年级开过一次，而且这一次有 10 个班参与。

翟广顺：诸老师对家长会形式的改革，可谓是教育教学的创举。它的特点是真切交流，有利于搞好师、生、家长的良好关系。实际上，我们的学校就是公益部门，就是服务部门。我清楚地记得《中华人民共和国教育法》关于学校及其他教育机构应当履行的义务中第四项规定："以适当方式为受教育者及其监护人了解受教育者的学业成绩及其他有关情况提供便利。"

学校要想搞得好，离开家长的支持是不行的。这种事就要坚持下去，一年有一次，一年有一个年级，同时进行反思。通过互动形式让家长了解教师的辛苦、不易，成绩差的教师感到难堪是必然的，但同时也是一种促进。通过家长会这个形式，促成教师、家长之间的沟通，或解除误会，弥补平时教师教学的不足。而且，教师敢于和家长沟通，这本身不仅是胆量问题，也是教育的艺术问题。

现在的大多数家长会仍然只是把学生成绩简单地张贴出来，没有效果。甚至，严格从法律上来讲是违法的，它实际上侵犯了学生的隐私。在武汉曾经就因为成绩单问题引发了一起轰动全国的侵犯学生隐私的官司。

解本利：诸老师这种在教育教学中的大胆创新，更确切地说，我认为它体现了新课改和基础教育改革的精神本质，体现了“以学生为本，以家长为主体”的教育理念，也代表了学校教师在教育教学中敢于实践、不断创新的精神，对我的感触很深。另外，我有两点建议：一是家长会要满足学生和家长的某些需要，也要认真研究教师和学校有什么需要；二是家长会能否成为大众化学法交流会，避免学术化，明明白白讲出几个教育故事，并且让家长学会讲话，学会如何真正利用好家长会。我觉得可以在这些方面做进一步的深入探讨。

崔洪生：诸老师作为高二级部主任，她在教育教学中总能不断地探索，这一课题的大胆尝试，是诸老师诸多教学成功经验之一，它的价值研讨空间很大，可以作为今后我们不断研究的课题。

案例 18：我与自己实施同课异构

同课异构多开展于同行之间，我却常与自己开展同课异构。同课异构，是对教学理念科学化的不断探究。我的同课异构，从时间差异看，有时发生在同一学年的教学循环中（即不同班级间教学），有时发生在不同学年的教学循环中（即不同届次间教学）；从程度差异看，幅度有大有小，有的是在原教案基础上的改动，有的是推翻教案重新设计的。本案例就是一次在同一学年、同样一节课、经历三次重新设计、一次比一次改动幅度大的同课异构实验。

（一）原教案设计理念

第一次备课、授课中，我关注学生对教材的理解。

教学理念有三个特点：找出学生不易理解的教材内容；深入浅出讲透它；多举实例说明。但实际的教学效果不理想，因为教学内容探究性比较强，以讲替代实践，学生很难真正理解；所举的实例学生并不熟悉，所以兴趣不足。反思原因：过于重视传授知识，淡化了实践操作，忽视了学生的兴趣。

（二）改动后的教案设计理念

第二次备课、授课中，我关注学生对生活知识的运用。

教学理念发生了两个变化：把学生身边的生活实例搬进课堂；让学生运用学到的知识分析它。但实际的教学效果仍不太理想，虽然学生对身边的生活感兴趣，但因为缺乏了解和生活体验，无法帮助他们更准确地掌握知识。反思原因：学生日常的学习主要在课堂，获取知识多来自教科书，缺少对身边生活的关注，缺少教师的引导。

（三）再次改动后的教案设计理念

第三次备课、授课中，我关注学生主动获取知识的能力培养。

教学理念发生了五个细节变化：设计符合学生年龄和兴趣的探究内容；给学生比较充足的时间熟悉要研究的内容；生生合作和师生合作学习；带领学生分组实施实践探究；最终形成学习成果并交流。这次实际的教学效果比较好，学生主动参与且兴趣高，学与用结合，在与同学和教师的合作学习中完成的学习任务多。反思原因：考虑影响学生学习的因素越来越细致具体，重视实践学习和合作学习。但一堂课占用师生的时间和精力太多，不适合正常的课堂教学。

（四）将多次实践成果持续优化

针对同一授课内容，我至少形成了三个版本的教案且逐一进行了实践。每一版本的教案，又做过不少于两次的修改，尤其是最后的教案。我感觉这种“自找麻烦”的教学行为本身就很有价值，使成果得到主动的、不断的优化，教学成效越来越受学生喜爱。所以，我将这次实践整理形成案例《将地理课堂拓展到大自然》，在经过反复修改后得以发表。

附：《将地理课堂拓展到大自然》

【背景】

人教版高中地理的“旅游活动”一章是很有趣的一部分内容。教材内容涉及如何欣赏景观、怎样评价景观的合理性、我国一些著名的景观有哪些特色。这部分内容看似简单，但与生活实际结合很密切，操作性强，要讲清楚并使学生就此学会欣赏自然景观有一定的难度。

第一次授课时，我借助多媒体，借助教材中提供的许多国内外实例加以解析，但学生理解得一般，兴趣不高。

在第二个班再上课时，我将当地（青岛）景观作为实例分析，听课学生感到课本知识离自己的日常生活近了，有了真实感悟，兴趣和理解力明显提高。但学生对我设计的两个问题——“你能说出青岛10大景点及其特色吗?”“你知道青岛10种特色产品吗?”大部分学生的回答不超过5种。对这个结果，我既感到吃惊，又感到焦虑，同时又觉得在预料之中。吃惊的是上述两个问题，都涉及学生的实际生活，在青岛的报纸、电视宣传、市内灯箱广告中频频出现，在青岛土生土长了十五六年的学生，熟知这些知识本应是轻而易举之事；焦虑的是过后几天我遇到学生再问这两个问题，当时说不出的那些种类，学生仍然不知道，理由是教师没把标准答案告诉大家，而且这也不是考试内容；在预料之中的是学生的大部分时间都用在课堂，读“死书”，“死”读书现象普遍，只要与考试无关的事，学生根本无暇去研究，即使有兴趣也无精力去关心。

在两个班上过这节课后，我反思：身处中国著名的旅游城市——青岛，学生们对自己的家乡了解多少？会欣赏青岛的美吗？作为青岛的主人，尤其是未来的主人，能否利用所学的地理知识，为青岛的发展规划提出自己的见解？从学生的回答中，我们可以看出学生的学习方式存在依赖性和单一性。学习的根本目的是为了最终解决实际问题，但这种死记硬背的学习方式却远离了学习的目的。

青岛有丰富的旅游资源，教师可以组织学生到青岛的一些景区实地考察、感受。将“旅游活动”这章内容与青岛的实际相结合，在开放的、探究的、实践的过程中完成学习，要比让学生坐在教室联想更有趣味性和启发性。

通过深思熟虑，我决定在最后一个班进行探索，把这节课搬到大自然中。于是这一节课彻底变了样，我先引导学生充分预习这部分知识，然后转换学习方式，带学生到大自然中，通过实例示范，让他们自己摸索实践，解决实际问题，落实这部分学习内容。

那么，怎样进行教材的转换设计、怎样组织学生进行野外观察、怎样指导学生完成考察报告呢?

【课堂实录】

为完成这个实践探究主题，我主要分了四个步骤进行，尤其注重课前准备的过程。

一、教师的课前准备

因为这是第一次真正将课堂开放，让学生走出教室到大自然中学习，所以我非常重视课前准备。我利用几天时间，认真设计探究内容、探究方法，让学生分组、预习课的任务和流程，开实地考察前的各小组预备会等。

1. 编排探究内容

地理课程目标重视对地貌景观的成因、景观欣赏方法的分析。根据青岛景观的知名度和学生探究活动的安全性，我们最后确定了四个主要探究景点——八大关、小鱼山、栈桥、“石老人”风景区。确定探究内容：对八大关、小鱼山、栈桥风景区，要求学生说说“是选用什么方法欣赏景观的”“从哪几方面能说明人文景观与自然是协调的”；对“石老人”风景区，要求学生说说“如何欣赏景观的效果最好”，并了解有关“石老人”的传说和“石老人”形成的真正原因。

随着国庆节黄金周旅游热，青岛日益成为旅游的热点城市，所以对青岛旅游资源的开发、利用、保护应是本课研究的重点和难点。因此我又设计了案例式探究内容：为从贵州到青岛的22人（男12人，女10人）“夕阳红”老年旅游团接站（乘火车），安排旅馆住宿，设计两日游合理路线并负责导游；这个旅游团在旅游中发生了许多问题，请学生提出解决问题的办法；对青岛几个景区的开发谈谈自己的见解。

为了便于学生实践操作，我将相关内容编写成“旅游活动预习学案简案”。

2. 设计探究方法

(1) 实地考察法

组织各组学生分别实地考察所选择的景点，指导学生在实践中应用书本知识并获得真实的体验。

学校离火车站很近，利用中午休息时间，学生实地了解进出青岛的火车车次，学会查看列车时刻表，了解火车站附近的公交车通达情况。

青岛前海一线一些著名的星级宾馆与学校距离比较近，如香格里拉饭店、丽晶饭店、海天酒店、王朝酒店、栈桥宾馆等，这些宾馆的服务大厅都有介绍青岛风土人情、自然景观、知名特产的广告宣传册，学生可以到这些场所查阅或借阅资料，也可以向宾馆服务人员了解宾馆的接待能力及入住团队的特点、宾馆如何充分利用青岛地域优势发展自己的服务产业等。

(2) 上网搜索法

对于青岛各宾馆（中档）及饭店的布局及价位、景点的布局、著名特产及主要购物场所等这些不便于学生实地考察的内容，可以上网搜索。

(3) 读报剪报法

发生在青岛旅游过程中的问题案例及解决办法，可以通过阅读《青岛日报》《青岛晚报》《青岛早报》《青岛画报》等的相关报道进行基本了解。

(4) 资料借阅法

有关旅游中的环境问题和环保措施，学生不仅可以上网浏览，还可到阅览室、图书馆借阅相关杂志，如《旅游》《环球》《世界知识画报》《青岛画报》《探索》《Discovery》等。

3. 划分探究小组

学生分组活动是实践探究课的一般形式。本着学生自愿的原则，我在为学生分组时又注意了几个尺度：居住地距某一景点相对集中，大家一起出行便利的分在一组；兴趣相投，便于合作的分在一组；自制能力弱、纪律性差的学生尽量与组织能力强的编在一组，便于管理；能言善辩的学生尽量分在不同组，以便带动各组的方案交流；确定每组组长时优先考虑有协调力、凝聚力的学生，不一定是学习最好的学生。

4. 预习课任务和流程

先用一节课时间，在课堂上专门安排探究实践活动，发给每位学生预习学案，指导大家预习相关内容。然后将探究内容、方法、分组情况告知大家，统一安排各组探究时间：“栈桥”“小鱼山”组分别利用周一、周二课外活动时间，“八大关”组利用周六时间，“石老人”组利用周日时间。最后，每组在组长的组织下，对本组的探究活动进行统一分工。

5. 探究前召集各小组的预备会

在各组野外考察前，分别利用几个课间10分钟，教师对各组学生再重申要求：明确探究内容、应准备的探究学习工具及注意事项，尤其强调安全第一，团结合作。

二、教师组织学生实地考察

按事先安排，我分别带领四个组的学生到相应的景点开展探究活动。学生们带着照相机、摄像机，还有的带着速写本到景区。每到一个景区，他们就借助教材所提供的几种欣赏景观的方法，开始从不同角度选择欣赏景观的最佳位置，有时对着同一个景观，大家拿着相机或近拍，或远拍，或转来转去确定观景点。在景区，常能看到学生围在一个景观前，仔细观察、讨论甚至争论着怎样评价这个景观的色彩、形态特征；几个有绘画特长的学生绘出景区的结构素描；爱好标本制作的几个学生，将收集的植物落叶、小昆虫遗体夹在书本里，准备回学校向生物老师请教……学生回归自然进行生活探究学习，放松了心情。

在八大关景区，几个学生在游人的赞叹声中陷入对景观的思考，前人为什么有如此精妙的设计？今后如何保护这些文化遗产？这些景观何以引得外地游人如此陶醉？……只有实地考察，学生才能触景生情，产生爱青岛、爱家乡的浓郁情感。

在“石老人”景区，学生抓拍涨、落潮时“石老人”的面貌；有学生住在景区附近，熟悉路，带大家到“石老人”脚下，拍到了“石老人”近貌。近距离看“石老人”，学生不由惊叹：原来近看“石老人”，就是一块并不奇怪的石头啊！但为什么它没与周围的岩石一起被侵蚀掉呢？学生的解答妙趣横生，有传说，有戏说，有科普说，有自成一家的独创说……

在实地考察中，师生间不停地探讨问题。学生们兴奋地看、积极地问、主动地记……我注意到了学生的变化：他们愉快、放松、激动、专注、合作，这种在大自然中产生的求知欲在课堂中是极少出现的，尤其是一些在课堂上坐不住、不专心的学生也和大家围在一起积极探究，这是多大的进步啊！我注意到他们的变化，主动和他们讨论研究，看他们的考察实录，鼓励、指导。

三、学生分工合作，形成旅游考察报告

利用3个课外活动时间，每组学生按照组内分工各自行动：有的负责对实地考察带回的第一手资料补充、完善，他们在阅览室编辑、在课件室上网、在资料室查阅，按要求筛选信息；有的负责对实地考察内容做现象分析。学生对自己整理获得的资料非常珍惜，如“石老人”的传说、八大关景致描述等资料，篇幅较长，需要做适当的删减，但学生却舍不得，这种认真劲儿是以前不多见的。最后，由组长将各部分内容综合，编成一份考察报告，具体内容包括：本组考察项目；景点观察方法；问题的解决方法；有价值的考察实录；图片及资料检索；创新的观点或方案；组内具体分工；遇到的最大困惑和主要收获。

学生的考察报告虽然没有多大的科学参考价值，但关键在于他们写出了自己的学习过程和思考。

四、课堂交流及评价

1. 展示式交流。每组将考察报告在班级指定位置张贴，各小组所有同学利用课余时间互相阅读、点评。

2. 互相评析式交流。利用一节地理课时间，每组推选一位学生，对其他组报告进行“创新与不足”的限时点评。

3. 教师的活动总结。教师总结这次探究活动，对每个组的探究特色给予积极的评价。

4. 全班参与式总结。根据这次探究实践活动，班级最后采用多把尺子评价的方法评选这次实践活动表现最佳的学生：最具钻研精神的学生、观点最有创意的学生、考察地点最多的学生、组织社交能力最强的学生、最热心细致的学生、合作意识和能力最突出的学生、学习态度转变最大的学生……

【问题与思考】

在对这堂地理探究课的反思中，我感到我们师生都有了明显的变化。

一、学生方面

1. 实现了学习方式的多样化

本堂课由教室向大自然开放后，学生在教师指导下，学会了运用不同学习方式学习：观察式（在实地景区观察）、查阅式（对所需资料自己上网或阅览室查阅）、发散式（对未来景区的发展规划远景）、合作式（每人承担一定的探索内容，最后合作完成一份考察报告）等。这些多样化的学习形式，培养了学生的实践和动手能力，体现了书本知识与实践经历的结合。

2. 丰富的评价方式激活了每位学生的学习兴趣

本堂课的评价由原来的作业、考试等终结评价形式转向过程评价（考察报告要求）、个性评价（每个人根据特长承担一定的考察内容）、合作评价（师生间、生生间，以及师生的示范式评价等）、情感评价（评选各项学习品质之最）等。不用作业、试卷考学生，而是共同提交一份考察报告，学生没有压力，只有义务和责任，有展示自己特长的情趣，学生乐于接受这种评价。

3. 在团队中合作进取

整个探究活动，实际上是在教师指导下的学生团队活动。每个学生个体的学习，不是简单的相加，而是为了探究目标，心往一处想，劲往一处使，在有序的分工和密切的合作中，学生的学习能力和意识整体提高，取得了任何一个个体单独学习都无法实现的学习成效。同时，每个学生在学习群体中充分地挖掘了自己多方面的创造潜能，获得了共同的、和谐的发展。

4. 学生习惯了教师“填鸭”式的教学，难以适应新环境

探究问题的设计，基本都是我事先拟好的，虽然也考虑了学生因素，但终究不是由学生命题。实地考察时，我发现有几个学生的问题立意很新，于是决定学生可以自主命题探究，但这种“松绑”反而使一些学生不知所措。更有许多学生初到景区时，竟无所事事，不知怎样把预习课的内容与面前优美的景观结合起来学习。

5. 经验不足，探究的效率不高

学生对这种学习形式经历少，效率不高，尤其在观察景点、查阅资料、取舍资料时，表现出犹豫不决、无从下手、依赖别人等现象。

二、教师方面

1. 课前精心筹备是实践探究课成败的关键

我用了近7天时间，对课题内容的设计、组织、评价认真推敲，不断修改、补充，有时自己按设计方案模拟实施感到不合理，就推翻重写，几易其稿。为组织好学生实地考察，自己多次到景点、长途汽车站、火车站、宾馆探路，预测可能出现的种种情况，设想解决方案。在学生预习课和预备会上，除讲清学案的落实外，重点强调了安全，以确保学生的探究能顺利进行。

从1998年我开始尝试实践课的授课模式至今，体会最深的是这种课型尤其要重视教师的课前准备及设计。实践课不同于其他课程，它有授课场所的变迁，或在教室、图书馆、资料室，或在野外。如果离开学校到野外，交通安全、场地安全（山上、海边、湖边等）方面要有指定人员（或同伴教师，或责任心强的学生，或志愿家长）明确负责和防护预案。到自然界这个大课堂开展实践活动，需教师做周密、到位、合理的组织，若课前设计出现

失误，就会影响探究现场的组织和最终评价，这就尤显课前准备的重要。

2. 实地考察时，学生需要教师的积极指导和严格管理

在景点考察时，我始终注意让所有学生在我的视野范围内活动，以便管理。对自控能力弱的学生，除事先约法三章外，我还尽量以合作的方式与他们在一起。开放式教学，学生流动性强，我常在学生间穿梭，或看学生的考察记录，或给予他们积极的评价和正确的指导，使之在有限的考察时间内能记录更多有效的信息。

3. 学生为教学提供了丰富的素材

从这堂课我形成了后来参加省教学能手评比课的基本思路。学生在探究中拍摄的录像、照片和剪报等资料，许多被制成我的教学课件，作为我教学资料的一部分；学生提出的一些问题和设想，许多都被我录入今后的课堂设计中。学生的学习丰富了教师的教学，也使教师的教学更贴近学生。

4. 课时安排不尽合理

这节探究课用了两节正课、5 个课外活动、部分学生的 1 个午休甚至 2 个周六或周日的时间，学生投入的时间和精力太多。有的学生对这种探究学习也很有兴趣，但舍不得时间。所以，这种实验的范围始终未扩大。我一直在思考：如何才能用较短的时间来完成同样质量的探究学习，使探究实践不因耗时长而无法开展，不因时间短而流于形式呢？

案例 19：教学成果从偶有所得到专题优化

研究教材、研究学生是教师备课中日益重视的内容，因此往往能形成一些令人满意的教学设计。这些设计，看似偶然为之，而且相互之间似乎没有联系，但仔细研究，还是能找出一些规律的。如果将这些个别案例进行整理，就易形成更有价值的专题成果。以下案例就是由一则偶然的教学设计不断优化成专题成果的范例。

（一）偶有满意的设计

我在教学设计中发现，教材中有些比较难理解的文字内容是可以通过转换成地理示意图的形式来表达的。如此转换后，学生对知识的理解比较形象、具体，符合其认知特点，效果比之前好。

我将这种比较满意的教学设计在教材中做出明显标记，并将教案认真整理。

（二）积累满意的设计

富有灵感的设计常会再现。随着高考对学生读图能力要求的提高，我也更多地思考教材中重、难点内容与各种地理图的联系，每学期都会形成一两个与此相关的、满意的教学设计。我有意识地积累起这些教案，并把这些满意的设计都在教材中做上标记，在教案中编上序号。

（三）敏锐地发现共性

从教材内容看，这些满意的教学设计基本散落在不同章节中，它们之间的关联性并不强。我对这类教学设计非常珍惜，常在学期总结时以欣赏的心情翻出来看看，不时加以补充、修改。久而久之，我对这些设计已经烂熟于心，竟然发现有些设计之间存在一定的联系，或教法，或学法，有的甚至找到了共性。在这些满意的设计中，我突出了两方面的研究：一是教学生更广泛地使用地理图，尤其是将教材中难以理解的文字转换成图的形式；二是教学生读各种地理图的学习方法。

（四）归类整理，优化成果

以这两个研究方面为标准，我对原有成果进行整理，并依此对教学进行长期反思，寻找教材中还有哪些内容适合这类教学设计。随着成果的日益丰富，我对这些成果再进行分类梳理、反复修改后，优化成《利用图文转换　改变学习方式》专题性成果。

附：《利用图文转换　改变学习方式》

从近几年高考文科综合能力测试题的走势看，地理插图不仅数量增多，而且形式更加多样，出现了许多图像新颖和图像信息隐蔽的特点。在能力测试题中，照搬教材原图的较少，即使照搬，也有了更新的观察视角，而更多的则是将教材文本、图像进行图文转换，图图变式甚至无图考图。这就要求在教学中，教师不仅要对教材提供的每一幅图像充分利用，结合教材和现实生活对部分图像进行变式训练，更要对教材中的一些文字创造性地进行图文转换，重视图像在认知、探究、反馈和测评中的作用，致力于培养学生利用地理图像获取信息，进行综合分析的地理学习习惯。

地理图像的种类很多，有照片和手绘的景观图，有结构图和示意图，有带坐标的统计（扇形、柱状、曲线、折线）图，有地理漫画图和专用地图等。要反映和凸显不同地理事物的特征，需要选用不同表现形式的图形。那么，什么样的文本适合转化成哪一类的地理图像？在转换过程中，学生该怎样体验新的学习方式，提高学习能力？下面是我在高中地理教学中做过的一些探讨。

一、转文本为结构图的合作学习方式

有些描述地理原理、规律、形成过程或结构关系的文本，课文中并未同时配有地理图像，这就为教师设计教法和学法留下了空间。实践证明，如果要求学生将这类知识进行结构图或框图处理，找出关键字词，能更直接、形象地表现出地理现象间的关系特点，有利于学生更好地阅读课文，准确深刻地认识地理事物的发展变化规律，培养学生分析问题、解决问题的能力。因学习要求的改变，学生会自然寻求同学间合作，主动向教师提出问题。而这种学习方式正是新课程极力倡导的。

图文转换是课本中没有的，所以学生在学习的过程中，会与教师和同学反复进行信息交互传递，在各种观点的交融、渗透、碰撞、争论及整合中得出完美的认识和结论。所以，教师在备课中要充分考虑，由文本转换为结构图，学生在哪些环节想不到？哪些环节是思维跨跃？如何在这些方面适度启发、指导？在教学中，教师要组织学生进行合作学习，对拿不准的、不知如何入手的问题，学生互相讨论、商量，用同学的思维启迪自己的思维，形成自己的思维片段，逐渐发展自己较完整的思维。

高中地理中，天体系统的层次结构、地球公转与其地理意义、生物对土壤形成的作用等文本，最后都可以做这种处理。例如，建立天体系统层次结构图，学生也许不能准确反映河外星系和银河系的并列关系，所以教师要预先提醒他们各天体系统间的关系不仅有包含关系，还有并列关系。鼓励、支持学生互相讨论，有的学生看了别人一点“眉目”就能明白自己要怎样做，有的学生拿着作业比对着补充完善。教师在学生自由合作时，要留意学生的作业反映出哪些难点，哪些学生有突破意识，让学生讲解有代表性的作业并利用实物投影展示，重视学生在共同交流中完成学习。学生的思维是发散的，如有的学生会用框图表示这种结构关系（如图），还有的学生将数学子集、并集的图像迁移至此，来表现天体系统的层次。

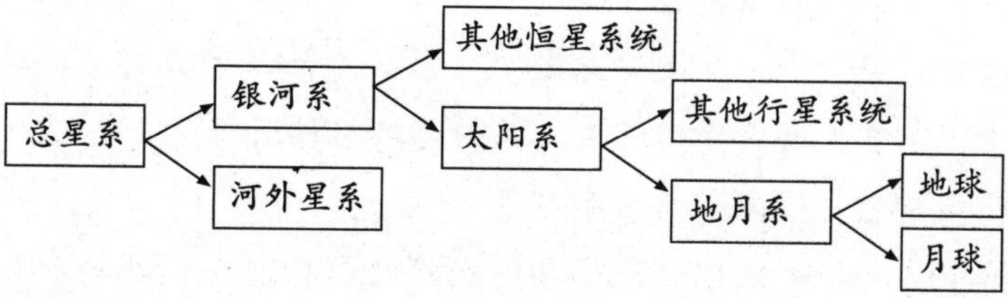

天体系统层次结构示意图

二、转文本为示意图的探究学习方式

对一些信息量较大、知识结构多元、各要素关系较复杂的概念或规律，学生只阅读文本会难以理解。教学中，教师可以尝试利用信息或知识点间的逻辑关系，引导学生构建图像。这样既能把具体的问题抽象、归纳为一般，又能把一般的原理、规律具体化、形象化，有利于学生用联系或发散的思维探究、梳理信息间的关系和结构。如西南季风的成因、水平运动物体的偏向等问题，都可以成为学生进行这类探究的训练内容。

描述西南季风的形成，教材用了55个字，其中包括分布、形成时间、发源地、风带及气压带的季节运动、南北半球水平运动的物体不同偏向等，这样众多复杂的信息关系，用示意图演示会更透彻。要准确绘制这幅图，学生的探究活动中应含有大量的知识复习：世界气压带、风带分布情况及位置；气压带、风带随季节移动的规律；南、北半球水平运动物体的偏向情况；风向的画法；辨认南亚轮廓图。这种探究性复习活动，需要在民主、合作、尊重的氛围下开展，因为学生会遗忘旧知识，缺乏对分单元章节学过的知识的联系，在师生融洽的学习氛围中，学生更容易表露自己的疑问和不足，不用担心受到批评和嘲笑。教师要充分考虑学生的现有水平，鼓励学生提出问题并给予适当的提示：哪些信息可以由示意图表现？需要什么样的底图？还需要哪些学过的图像？在图中怎样表现变化过程？怎样把有用的图像叠加，完整表现西南季风的形成？对西南季风形成过程进行图文转换，虽是对学过的知识的温习巩固，但是设计成探究性活动这种学习方式，是对知识迁移和应用的重视，旨在改变学生死记硬背的学习状态。

学生的探究形式是多样的，可以是独立探究，可以是同位间合作探究，还可以是几个兴趣相投的同学自由组合探究。教师应是探究活动的参与者、合作者和促进者，要耐心倾听学生的探究思路，了解他们怎样发现问题，怎样运用所知所想解决问题，怎样阐述自己的不同见解。教师在探究活动的教学中，要适时总结、归纳，及时肯定学生创新的、正确的观点，恰当更正其错误的观点，使学生的探究能沿着正确的思路持续进行。

三、转文本为统计图的自主学习方式

新教材中，大量的地理统计信息用表格的形式展示，解读表格，重在认识表格中反映出的地理原理和规律。许多表格直接就可以观察、分析到所反映的地理事物的变化规律，但用地理统计（柱状、线状、扇状、饼状）图，则能更直观、准确地反映这些变化的快慢、强弱和大趋势。将表格转化为图像，可以更明确地表现多种地理事物之间的变化规律，更全面地分析变化原因。

因为表格所反映的不仅仅是真实的数据，更是变化趋势，所以将表格转换成统计图，有利于学生的自主学习。绘制统计图，初中数学中已学过，学生会克服和摆脱依赖他人的心理，独立发现、主动探试表格数据与图像点、线间的转换，实现自我学习、自我发展。即使在构建图像中遇到难题，同学间也易于合作逾越。给学生提供这种动手机会和实践机会，目的是为了在教学过程中使学生的知识、技能、情感自主有序、和谐发展。如九大行星基本数据表格和20世纪90年代我国洪涝灾情数据表格，都可以进行统计图像处理。在处理20世纪90年代我国洪涝灾情表格转图像之前，教师应提醒学生共同注意所研究的内容、方法、步骤：哪些数据进行图像处理有意义？坐标图横、纵坐标各代表什么？用什么图形表示更方便、准确？设计怎样的图例？揭示了什么规律？产生规律的原因是什么？在实际教学中，学生根据自己的兴趣，不拘一格着手操作，大部分学生自我选择图例，主动研究、主动绘制、自主总结规律的现象多，学生最大化地利用了向教师请教、同学讨论、翻阅地理课本和数学课本等教学资源，表现了良好的自我调控能力。

手绘简图的方式，可以巩固学生观察和识记的结果，甚至使之达到精确化的程度。学生究竟对观察和识记的内容准确掌握到何种程度，通过绘一幅地理草图就十分清楚了。这种方法是一种非常有效的自我检测方法，便于学生快速找到问题并及时纠正，有利于学生自主学习。

四、转文本为景观图的开放学习方式

景观图是用来帮助理解、说明教材文字的，它能很好地吸引学生，真实地说明地理事物，克服学生不能直接去实地观察的困难。新教材中有许多反映地理事物外貌特征的照片、素描、航片、卫片等，它使教材内容更鲜活生动。

新教材中许多文本从现实取材，具有很强的时代性和普遍性。这些文本中，许多内容可以用景观图表现，如全球气候变化的影响，学生可从画报中选取一些反映自然灾害、动植物生存环境遭受破坏的照片对照说明；20世纪90年代以来我国主要的洪涝灾害甚至可以用教学录像片更真实地反映；长江三峡工程综合决策，可以从网上下载有关水库淹没与移民情况的图片，也可以请到三峡旅游过的同学将他们拍摄的DV或数码照片上网共享。这些景观录像或照片，都将是对文本最好的解读，它们来自现实生活，需要学生走出课堂、走入社会获取。开放式教学需要学校提供保障机制，开放图书馆、阅览室、电子阅览室、校园网、学生电视台，或取得共建单位和社区的支持。尤其目前新闻传媒如此发达，电视节目“人与自然”“地球的故事”“探索与发现”“旅游天地”等，都可以为教学提供大量的影像资料。因此，教师在研究教材的同时，要引领学生冲破教材束缚，创造性地使用教材，鼓励学生到教材之外找“教材”，带领他们走到自然、家庭和社会中，使课堂由封闭变开放，为学生拓展学习时空。

开放式学习是对学生主体的尊重，是突出学生在研究中学习、在实践中学习、在生活中学习的新学习理念，它力求打开学生视野，提高学生的综合素质。这种以活动带技能、以技能带知识的开放学习形式，将地理知识与地理技能有机地结合，有效地促进了知识和能力的转换。

五、转文本为个性化配图的学习方式

新教材的编写，在知识容量上做了大幅度的删减，为教学留下了广阔的空间，利于不同教师根据不同教学内容和学生状况采取更个性化的教学。教师在教材使用中，可以根据事物的发展，用时代性更强、针对性更强、表现性更强的图片更换教材中的图片；也可以根据学生能力的发展需要，改变图像类型，从另一角度反映地理原理或规律；还可以根据每个学生不同的智能组合，将文本转换为与自己的智能强项相适应的图像。在图文转换的教学中，教师应正视并尊重学生的个性差异，因人施教，为教与学的个性化和多样性提供条件。如教材中黄赤交角示意图、二至日照图、六大板块分布示意图和世界洋流示意图等，学生可以在保证知识正确的前提下发挥想象进行个性创新改变；还可以充分调动有美术特长的学生设计人口与环境、城市与环境的标志，设计人与环境协调发展的漫画；有影像编导特长的学生可以拍摄制作城市化过程对地理环境的影响的录像片或数码照片。

黄赤交角图是立体图，二至日照图是平面图，有些学生对这两幅图点、线、面较复杂的关系辨析不清。根据学生对平面图和简化图较易接受的认知特点，教师可以鼓励学生将这两幅图按自己理解的方式绘制。平面几何知识较扎实的学生可以把黄赤交角图进行平面化处理；立体几何知识较好的学生可以把着眼点放在梳理赤道与地轴、黄道与晨昏线的垂直关系上；综合能力和联系能力强的学生可以通过合作找出回归线与黄道、极圈与晨昏线的交合点关系，绘出二至日照图基图。各层次学生都根据自己的思维个性和智能强项找到了符合自己认知的图形，教师在这个基础上可以对不同层次学生进行有针对性的辅导。

学生才是学习的主体，他们的思维方式不同，对课文中的文本或图像只有通过学生自己的咀嚼才能理解、吸收，重新编码进入自己的知识链。在教学中，教师只有尊重学生现有的认知水平，理解其思维个性，才能从学生实际出发，为他们搭建智力的发展平台。

形式是为目的服务的。学生通过学习方式的转变，更好地了解不同图形所表达的地理意义，在今后读图时，就不仅会站在获取地理信息的角度看图形资料，同时也会站在绘图方法的角度认识图中所要表达的潜在信息，这对于提高学生分析问题、解决问题的能力，提高学生的思维水平，都是至关重要的。

案例 20：将课外作业拓展成学校发展的课题

教师布置作业，有的需要写、算，有的需要观察思考，有的需要实践操作。

教师可以布置小作业，也可以布置大作业。这里说的大小，是指作业所研究的范围，可以是仅限于课本的知识，也可以是拓展到书本之外的实践；

可以是仅限于学科内的，还可以是依附于学科但扩展到学校发展的。

地理课的特点就是研究人与自然、人与社会如何协调发展的关系。所以，课后常有些作业需要学生到自然中去完成。有些作业一次就可以完成，有些则可以持续做，并在持续中显出其效果和价值。所以，教师在设计作业时，可以根据发生在学生身边的问题或现象，设计一些更有意义的作业。如果作业设计能与学校发展有机结合，转变学生已经习惯的学习模式，不仅可以增加作业的趣味性、针对性，培养学生基于学科但高于学科的学习理念，培养学生利用学科知识改造环境、美化学校的能力，还能在这个过程中培养学生的合作、探究能力以及责任、使命感等人文素养。

我在班级上课时，发现学生将废本子、资料纸、喝完的饮料瓶、用完的废电池、吃完的水果皮核等垃圾混在一起堆在一个个大垃圾袋里，值日生倒在学校外的垃圾箱，被拾荒者来回翻捡，造成了污染。就这个问题，我布置了一个作业：班级的垃圾是否可以分类？正巧，学校要创建市绿色学校，正在开展各种活动，于是由几个学生发起，借此倡议，请全校各班都来参与这个作业，研究学校垃圾分类处理，在全校开展“学校环保现状调查及对策——学校垃圾分类投放可行性研究与现状调查”的课题研究。

本课题后来成为学校申报市绿色学校的重要材料。因为在市绿色学校创建活动中的突出表现，我被邀请参加青岛电视台“迎奥运　构建生态城市”节日的嘉宾，参加编写青岛市高中教材《环境保护与探究》。随着学校绿色活动的进一步开展，学校又被评为省绿色学校，而我被评为“省级绿色学校园丁”。

一则作业拓展成一个学校发展的研究课题，这显示出学科教育的价值。

附：学生课题研究

学校环保现状调查及对策
——学校垃圾分类投放可行性研究与现状调查（节选）

一、课题确定

……

高一（5）班的20位学生就这样选择了“学校环保”课题，他们决定从身边做起，选择一些既有现实意义又可行的项目。大家经过反复讨论，发现“学校环保”课题涉猎的内容极广，如学校垃圾分类问题、学校粉尘污染问题和学校周边噪声污染问题，等等，这些课题都属于绿色学校应该解决的问题。课题研究必须在实际具备的或通过研究可以获得成效的客观条件下进行，考虑到参加课题研究的学生在人数、时间、经历、知识结构和社交能力等方面都是有限的，这样宽泛的问题不可能在短期内同时开展，也不利于把课题做细致深入的研究，因此，对这些研究课题必须有所选择。经过参与学生多次讨论并请教指导教师，他们最后决定将“学校环保”作为大课题，开展系列研究，循序渐进，并对课题名称进行修改限定，使之既有科学性、趣味性，又具有可行性。上述几个问题也将作为子课题，在不同学期有序开展。针对目前学校现状和学生水平，上述几个问题中，垃圾分类问题是相对突出的问题，急待解决；其研究的范围较集中，较易开展调查研究，并且需要学校投入的建设资金较少；与每个学生的生活实际密切相关，有利于增强学生的环保意识。因此，此课题的可操作性最大。于是，学生最后拟定“学校环保现状调查及对策——学校垃圾分类投放可行性研究与现状调查”为首选研究课题。

二、课题研究计划

（一）研究目标

……

（二）研究方法

1. 调查法：以校内调查为主。

主要调查统计学校目前垃圾分类投放的设施，垃圾种类、数量。

2. 采访法：以采访校外专家为主。

主要了解目前世界上垃圾分类的主要做法。搜集我国及其他国家关于垃圾分类的一些较好案例，并对学校垃圾投放提出建议。

3. 查阅资料法：以上网、查阅相关书籍、剪报为主。

搜集垃圾分类投放的方法，了解校园中可回收的废品在经济建设中的作用。

4. 分工协作法：对课题小组组员进行具体的分工。

每人承担课题的一部分，后期合作完成同一课题。

（三）课题研究进程安排

1. 第一周：听“研究性学习基本过程”讲座，各小组分工并制订计划。

2. 第二、三周：校内调查，校外采访，查阅资料。

3. 第四、五周：分析、整合信息，撰写调查报告。

（四）需学校给予的支持配合

1. 购塑料手套10副。

2. 外访时学校开据介绍信。

3. 对课题小组开放网络服务中心。

4. 提供照相机、摄像机。

5. 外出采访较远单位时派公车接送。

三、课题实施过程

（一）准备阶段

由于学生初次涉足研究性学习，因此确立研究课题后首先需解决以下问题：

1. 举办“研究性学习基本过程”知识及案例评析讲座，共两次。

第一次请崔洪生老师介绍研究性学习的基本过程、基本方法及应注意的问题。要求课题小组的全体成员及有兴趣的学生参加，为开展研究性学习打好基础。

第二次由指导教师进行“研究性学习”案例分析，让学生具体了解研究性学习的基本方法和过程。

2. 召开课题小组工作协调会，由课题小组全体师生共同参与，研究以下内容：

（1）分组分工。

本着发挥学生个人所长的原则，课题小组20位学生推荐3位组长，并自由组成3个小组，每个组自愿承担一项工作。

（2）各小组制订小组工作日程。

……

（3）制订教师指导日程表。

……

（二）研究阶段

1. 设计调查报告，获取直接资料。

（1）完善调查内容。

……

(2) 进程中寻求协作。

学生听了两次讲座，设计了工作日程和调查内容，准备已较充分，调查工作全面有序开展起来。

第一小组共10位学生，在11月7日清晨对清扫后校园垃圾投放做调查，结果却出乎他们意料。虽然事先经过分工，由4位学生负责校园卫生区垃圾种类统计，其他6位学生负责各教室，但实际操作时，这6位学生根本来不及统计，因为高一、高二、高三共30多个班，早自习前后都到垃圾箱倒垃圾，所以最后只记下18个班的情况，甚至还耽误了10分钟上课时间。这让大家认识到，对实际情况考虑得还不够细。有了早自习的经历，大家又思考：课间操到各班调查情况会不会也出现问题？第一节课后，第一组组员们凑在一起，组长要求大家提问题，其中几个女生提出“单个女生去调查受到别班同学讥讽怎么办”的疑问，组长马上与第三组组长联系（因为他们本周没有任务），询问是否可以帮忙。第三组组长与本组成员商量后，大家都很痛快地答应了。午休时，第一组成员凑在一起对第二天的工作又进行了调整，力图把计划做得尽可能周密。

11月7日放学后，第一组成员开碰头会，第二小组还把他们当天的采访记录整理后给第一组做参考，给他们提供了许多借鉴。

(3) 调整心态。

……

附：晓燕随笔

这项工作太难做了，今天两项工作都不如想象的那么顺利。老师虽做了指点，但改变了原来“照葫芦画瓢”的作法，只提示，不给结论，要我们自己去想、去解决，尤其遇到突发事件，全凭自己随机应变，真难啊！

今天工作量并不大，但因时间太紧，我们对早自习倒垃圾形成的高峰现象预测不够，结果统计不全面。

我们几个女生的调查工作成了几个好事男生的笑柄，因为我们一天总往垃圾箱处跑，被他们叫成“收废品”的，我们的自尊心受到了伤害，我被气哭了。

放学后，张尧召集了总结会，提出好多班的同学也想加入这个活动，甚至许多老师也愿给予我们帮助，这些话给了大家信心。宋乾接着又对大家进行了动员，从做研究很艰辛的角度要求大家调整好心态。最后他又重点对下一步工作安排和工作量进行了适当调整，重申了几项要求。

就在要散会时，孙涛送来了他们的采访记录，大家传阅时都兴奋得不得了，对接下来的工作更加有了信心。

一整天都把精力放在了对"垃圾分类"的调查上，我觉得既兴奋又委屈，既充实又疲劳。晚上还要写作业，还要考虑明天的调查怎么做，有很多事忙，我需要调整好自己的心态，反正我不能再掉眼泪了……

(4) 初步成果。

第一天的工作虽遭遇了挫折，但成绩还是显而易见的。11 月 7 日，大家每人做统计时都很认真，但因事先没有统一的要求，所以记录的形式多样，有的按各种垃圾名称统计，有的按垃圾性质统计，有的统计具体数量，有的用"多""少"概括。但 11 月 8 日，在指导教师参加的碰头会上，学生们汇总后的统计表让教师惊喜。

高一（1）～高一（10）班的垃圾种类统计（11.8 课间操）

班级	食品袋类（塑料）	纸包装袋类（盒）	水果皮、核类	废纸类	废文具类	垃圾量（桶）
高一（1）	8 个	4 个	无	若干	3 件	半桶
高一（2）	5 个	5 个	1 个	若干	无	1/3 桶
高一（3）	微机课，无法调查					
高一（4）	8 个	3 个	1 个	若干	4 件	半桶
高一（5）	7 个	5 个	无	若干	1 件	半桶
高一（6）	体育课，无法调查					
高一（7）	10 个	3 个	无	若干	无	半桶
高一（8）	7 个	3 个	1 个	若干	3 件	半桶
高一（9）	6 个	5 个	2 个	若干	无	半桶
高一（10）	6 个	3 个	无	若干	无	半桶

(5) 设计问卷。

对调查问卷大家都不陌生，学生感到这是一项很简单的工作，但待到下笔时，才发现设计一份满意的问卷并非易事。指导教师讲过问卷的质量直接关系到调查结果的可信度，所以大家有空就凑在一起交流各自的设计方案，张尧和林森两位学生连续两个晚上写完作业后就研究这项工作，甚至晚上 12

点多还通电话。虽然对最后的问卷设计还不十分满意，但大家在这么短的时间内做到这个程度，已经非常不容易了。（表略）

（6）不断创新。

在调查过程中，小组学生发现了许多感人的现象，也目睹了许多不文明、不道德的做法。高一（5）班胡佳宁、李钦同学自参加活动小组后，就自觉对班级的垃圾投放进行分类管理；午休调查时，胡维琨同学发现每班都有学生将剩饭倒在教室垃圾桶，有的学生甚至将垃圾丢在走廊上，他想，如果将这些举止拍成录像，在校园电视台播放，该产生什么效果？这一想法得到小组内成员的认同，也得到了校领导和校学生会的大力支持，并很快付之行动。现场录拍的做法也启发了外访小组，他们也保存了许多专家的录音和录像，为后期工作积累了宝贵的资料。

2. 访问专家、学者，明确研究方向。

开展研究性学习，仅靠本校教师的指导是不够的。而请教从事此项研究的专家，则会为学生进行此项研究提供许多有价值的信息和经验，可以使学生获得更大的收获。

（1）充分利用人脉关系选定采访地点、人员。

中国海洋大学、青岛大学是本校许多教师的母校，请那里的专家、教授给予指点的可能性很大。此外，还有不少学生家长在环保部门工作，去采访也较易成行。通过各种渠道与要采访的专家联系好后，学校派车送第二小组学生于11月7日开始了采访。

（2）确定采访内容。

……

（3）资源共享。

第二小组学生返回学校后，马上整理采访内容，并将初步结果提供给第一小组让他们参考，并将采访刘东升教授时推荐的资料抄录一份，第二天提供给第三小组让他们查阅。

第二小组采访时间选得比较恰当：与第一小组同时开始，在第一小组有了调查体验的当天，及时将采访到的信息与之分享，使第一小组能及时调整调查内容，并利用第二小组提供的网址，在11月8日将调查统计发给刘东升教授，请刘教授指导；在第三组之前开始，可以为他们先储备一些资料，待他们行动时可以有目的地查漏补缺。

在这一调研过程中，第二小组起了枢纽、穿针引线的作用。

3. 查阅相关研究资料，寻找理论依据。

在第二周，第三小组对专家推荐的信息资料有目的地进行筛选，获得了不少有用的信息。但仅有这些是不够的，于是第三小组又在第三周分别到书城和市图书馆去搜集关于垃圾分类问题的资料，但收获不大。

后来，网络老师给提供方便，让大家上校园网，登陆教育网搜索“绿色学校”“垃圾”等词，终于找到了一些有关垃圾分类及处理方面的新资料。尤其在登陆上海七宝中学网站时，一些在研究性学习方面的好的做法让大家深受启发。一些学生在日常生活中也比较注意相关信息的搜集，一些剪报内容这时也都派上了用场。

大家通过下载信息、复印资料、传真、拍摄图片等，最后分类汇集了不少文字资料和大量图片。

4. 信息处理、整合及分析，形成初步结论。

这项工作是在调查、采访、搜集资料后的第四周开始的，在这个阶段，教师的指导作用尤为重要。教师要指导学生处理好两个问题：如何整合资料？哪些文字适合制成统计图表？

每个小组的组长参加教师指导的讨论会后，按照教师指导的方法再回各小组内落实，对资料进行处理、整合。经过多次交流、讨论、修改，最后形成结论。

第一小组对调查、采访到的有关校内垃圾种类、数量的文字、数据等进行处理后，绘成“校园垃圾类型及数量扇形图”（图略），并以多媒体课件的形式体现。从图中学生分析得出：我校垃圾主要类型是剩饭、废纸、白色垃圾、饮料瓶、树叶等，垃圾类型较集中且量较大。分类投放可行，且回收利用价值较高。

第二小组根据对校周边废品收购站调查的情况，按收购站距学校远近，绘出了“校园周围废品站布局图”（图略），按废品收购价格绘出了各站点对各种废品收购价的柱状图（图略）。

根据这两幅图及拾荒者对学校垃圾的分类破坏资料的分析，学生得出结论：“垃圾即使不在校内分类，也要在校外分类。在投放垃圾时学生进行一次分类，可减少由学校组织人员进行二次甚至是校园外拾荒者的三次分类带来的多次环境污染及污染范围扩大、程度加深，垃圾分类势在必行。学校周围废品收购站较多且方便，只考虑距离最优，应选范县路站点，只考虑收购价，团岛站的报纸价、书刊收购价都最高且易拉罐的收购价也位于第二。若同时考虑距离最优和收购价最优两个条件，最终应选定范县路收购站，所以学校实行垃圾分类投放是可行的。”

（三）撰写报告

其实在所有课题研究过程中，学生最头痛的是最后课题报告的撰写。报告的要求很严谨，它不同于写作文，有别于实验报告，对学生是很大的挑战。尽管请崔洪生老师办了一次“撰写论文或调查报告”的讲座，但学生还是不确定该怎么写。第二小组的学生想从中国海洋大学、青岛大学的教授那里借几份报告看看，这个主意得到大家的普遍支持。大家看过别人的调查报告后，理清了思路，开始构建自己的课题报告框架。

报告一共分五大部分，分别是：

垃圾分类投放的原因；

垃圾分类投放的前提条件；

学校已具备的垃圾分类投放的条件；

学校目前未进行垃圾分类投放的弊端；

对学校实行垃圾分类投放的几点建议。

学生在报告中先综述这项研究的现实意义，接着从垃圾分类投放的缘由谈起，阐述垃圾分类投放应具备的前提条件，挖掘学校已具备的垃圾分类投放的条件，归纳学校目前未实行垃圾分类投放的弊端，探讨如何更好地实行垃圾分类投放的几点做法，最后把垃圾分类投放的可行性与现状调查联系在一起，做了一番总结。

学生不仅在调查报告中体现了对调查、采访、搜集资料的运用、处理、归纳、分析，更在这个基础上提出了自己的观点。

调查报告（提纲节选）

（三）关于学校已具备的垃圾分类投放的条件

1. 学校领导的积极态度及提供的资金支持。

2. 学校目前已设立废旧电池垃圾箱并已得到使用。

3. 问卷调查反映了同学们较高的环保意识。

4. 学校已有自觉自律的楷模——将班级或个人垃圾进行粗分类投放的同学。

5. 校园垃圾中可回收利用的废品较多。

6. 学校周边有方便的废品收购站。

7. 实现以环保“养”环保的良性循环。

四、评价

……

教师手记（七）

为期五周的课题研究就要结束了，这是我教师生涯的一次全新体验，更是学生们的第一次全新体验。现在想来，这次课题研究开始时有些盲目，多亏后来学校的极力支持、大学老师的全力相助、学生家长提供的便利，才使我不断增加信心，组织学生完成了这个课题研究。通过这次活动，我感到在这种开放的学习生活中我的教育思想还必须转变。

1. 终身学习是每个人的终身需要

当今知识的更新比以往任何时候都来得迅猛，我们若再固守着早期学过的知识已经无法适应现代教育。只有不断学习，使自己的知识不断扩充、更新，才不至于被淘汰，才有资格指导这些不可小觑的学生。

2. 尊重学生，促成学生个性发展

学生都有各自的兴趣、爱好、个性，只要合理，就应鼓励其发挥；即使不合理，也不要简单否定，应循循善诱，帮助他们寻找更好的途径。这样才能使不同个性的学生各有发展，各尽其才。

初次尝试研究性学习，也暴露了许多问题。例如，在协调学生正常学习与研究性学习方面经验不足，顾此失彼；有些调查及分析很肤浅，且逻辑性不强，教师指导水平不高；活动延续时间太长，牵扯学生精力和时间过多，教师规划尚不够合理，等等。

案例21：调研后的反思成果

反思一旦形成习惯，就可以拓宽反思的范围，提升反思的水平，当然也就会促进成果的优化了。

《教学反思中的“六多”“六少”现象分析》的产生过程，引起我的深入思考。

因为我有反思的习惯，已经长时间运用反思，所以反思的面渐广，于是就关注到青年教师的反思现象。

因为长时间运用反思，所以反思水平渐升，于是在对青年教师这个群体的反思调研中能有精细设计：设计问卷调查的内容具体而细致；发放对象广泛而有梯次，关注教龄结构。对调研问卷研究之后，我对青年教师的反思分别形成不同角度的分析判断（共有六方面）。

因为有反思“一得”的整理经验和较科学的方法，我才能在以上不同角度的分析判断中发现不同教龄青年教师的日常反思特点及问题，最终整理形成论文《教学反思中的“六多”“六少”现象分析》，并发表于《山东教育》。

以上过程表述，旨在强调反思的价值。通过反思，可以在更广泛的范围之中，较敏锐地发现问题，并提出具有普遍指导意义的建议。

附 1：部分青年教师在调研中提交的反思“一得”（节选）

教师之一：16 年（指教龄，以下同）

1. 我发现的新生的问题：英语是他们面临的最大挑战（并非猜想中的数学、物理或地理）。

理由：首先，教师语速快，全英文授课跟不上；其次，知识内容与初中有时矛盾，甚至“颠覆”了他们原先的认知。

反思：只关注尖子生，忽略对学生的学情分析与有效应对，历经中考“题海”洗礼，学生听说练习减少，听力水平不高。对此我做出妥协，与学生达成默契，讲词句时加上汉语解释，其他时候使用慢速英语。

2. 我思考的重点：课堂教学是以知识传授为主，还是以能力培养为主？

新一轮（高一到高三）教学开始，我立足本校生源的提升，经过反思上一轮教学经验与教训，决心在教学之初融入新的理念：重知识传授，更重能力培养；重词组句型的强化和操练，更重句群段落的概括推断和篇章布局的设计；重单词，更重文意；重记忆，更重理解……知识和记忆性的东西依旧不敢松懈，这又成为我面对考试的一个妥协。一个月后，学生渐渐领悟到了教师的意图导向，一周两次在自习课上饶有兴致地搬动词典、铺开英文杂志书报来阅读。但是，每当考试来临，大量语法以单项选择和填空的形式被推到师生面前，我和学生都有点发晕，讲不完，也问不完。虽然我坚信从长远看教学方法没问题，但眼前的考试关必须要过……最终只好向考试让步，做出妥协。

教师之二：14年

反思三个渠道：

一、自身角度。注意学生上课的反应，研究预设教案与课堂生成的达成程度，认真写课后记等。

二、学生角度。学生提问的质量，书面或阅读作业的完成情况，学生对课的满意度等。

三、其他方面。听课，查阅资料，接收先进的观念，在自评前提下提请其他点评等。

难题：学生水平高低不等。如同喝粥，有给粥不喝的，有喝半饱就知足的，有喝了这碗还想再喝的。我觉得，粥是必须有的，但要做出各种口味适合各类人品用，是需要不断努力的。

教师之三：10年

教学反思推动着教学水平的逐步提高。

第一，日常教学。教学反思在两个授课班之间进行，更利于在第二个班教学时修正不足。反思的内容有问题设置、提问方式、教学手段、流程安排问题等。在《大佛的沉思》的教学中，我在第一个班问一个问题："请你从文中找出你认为写得最好的文字，有感情地朗读，并说说这段文字好在哪里。"学生回应不积极，也不着边际。在第二个班，我改变询问方式："文中还有哪些地方是表现海通实践信仰、捍卫信仰这一精神的？请找出来，并说说这样写有哪些好处。"结合文章主旨，问题指向明确，学生不仅有话可说，而且会对文章有深入的思考。

第二，来自学生的反馈。让课代表收集学生情况：同类型课中哪种教学方法他们喜欢或者认为收获最大？本周，学生采用小组合作的方式修改同学作文，就收到了较好的效果，学生普遍感觉比原来教师讲评的方式收获更大，师生之间单独交流的机会也多。

第三，加强自身的学习。听课、阅读优秀课例之后，要吸取优点，模仿或改进教学方式，不断引入教学新理念，摒弃个人旧有的模式化教学形式。

教师之四：10年

反思的形式：在与学生或家长谈话、书信、班报交流中反思，在读书中反思，在整理材料写论文的过程中反思，在博客中反思。

解决不了的问题：学校教育与家庭教育的不同步，或者说与社会大环境的"不和谐"，使得学生基本素质（如礼貌）的培养比较薄弱，感觉知识传授是在比较薄弱的道德基础上进行的，因此会时时产生苦恼，感觉所做的工作意义不大，思想上很纠结。

教师之五：10年

1. 教材的把握：理解把握学科知识体系，挖掘教材正文、例题、课后题的设置用意，结合新课程标准和高考考纲的要求，在基础学习中将两个要求最大程度地统一，重视基础，抓准重难点，由面及点，由简入难，分层次、分阶段进行知识传授。

2. 学情的把握：依据学生整体、个体的水平，强化学生难理解、易混淆、易疏漏出错的教材内容，注重分时段、分层次进行化解。经常性地巩固复习知识是必不可少的环节。

3. 导学案的运用：认真备课，课堂上注意随机调整，用红笔在导学案中及时记录课堂困惑，以备今后参考。

解决不了的问题：学生自主学习的能动性和积极性不知该怎样才能更大程度地调动起来。

教师之六：9年

我在两方面进行反思。

第一，我发现学生读书的时间越久，学习热情越低，或者是节假日和活动月之后，学生的学习热情都会降低，到了高三，有的学生对学习竟然产生了消极心理。针对这些情况，我会结合教学实践，及时对学生消极、浮躁的心理及成因做一些分析，试图找到解决问题的方法，以便在课堂和课后对学生进行疏导。

第二，课后反思。对课堂上出乎备课中设计的情况，我会在课后进行反思。反思最难坚持的是"写下来"。在课后或教学某一阶段常能产生一些教学体会，但如果不能写下来落实到纸上，那就很难对今后的教学产生指导作用。

教师之七：8年

一、反思课堂上出彩的、能引起学生共鸣的地方。

二、失败的地方：比如对本来以为学生会很难理解的知识点做了大量准备，结果一讲学生就明白掌握了，之前的准备没用上；教学时有一些教学疏漏，成了今后再教学中的障碍。

三、课堂上临时发挥。新授课时，经常会出现一些临时发挥的东西，而这些往往又是平时备课时很难备出来的。

四、学生在课堂上提出的一些独特的见解，可以补充进教案，作为以后教学的丰富材料。

五、检查作业、进行检测后，反馈、发现共性的问题，找出授课中的相关点，找到症结所在。

六、困惑：放手给学生，时间不够用，课时完不成，进度跟不上；收手自己讲，又觉得是“满堂灌”，没意思，师生都不兴奋，少有闪光处。课堂上发挥学生的主体作用与时间有限产生了很大矛盾。数学的很多知识都是非常严谨的，不是学生讨论出来的，必须要教“给他”。

教师之八：8年

教学在某种程度上，是一次性的过程，不能重复。但是人无完人，课无完课，再加上课堂生成的多样化，所以每次授课后都会感觉还不够完美，或者是课后才发现换个方法处理，或许会更好。这个时候就需要写点教学反思，反思课堂思路构成，反思成功处，更要反思需要改进的地方。这样的反思，才会对以后的教学有益。

反思中最大的问题在于它只能是反思，而无法改变已经上过的课，也无法立即验证反思修改后的思路会不会有更好的效果，只能留下遗憾和猜想。所以，课前充分备课，甚至是预设到课堂上可能出现的每一个细节就显得尤为重要。

教师之九：2年

去年我教特长班和普通班，我在这几个班的教法完全一样，但是效果不佳，经老教师点拨和自己反思，后来决定对普通班、特长班有针对性地设计了两套教案，教学效果不错。

附 2:《教学反思中的“六多”“六少”现象分析》

教学反思，在教学中无时不在发生，无处不在发生，无人不在发生。但教学反思如何操作更有效呢？我与资深教师进行过较深的交谈，然后有意和接触到的不同省市、不同学校的几十个不同学科、不同教龄的青年教师做了交谈或问卷调查。结合相关的调查和交流，我归纳分析后形成六个问题与大家研讨。

一、课后反思多，课前、课中反思少

反思，就是在事情做过之后，回过头再思考它的过程，研究其中的对错、优劣。目前，教师采用的教学反思多在课后，这是正确的。但是，课后反思依靠什么才能更深入呢？

应该采取课前、课中与课后反思互补的策略。事情还未做，课前怎么进行反思呢？其实，有经验的教师在课前撰写教案前后及过程中，都是有周全的反思的：过去上这一节课或者这一类课时的经验哪些有用？哪些可以补充完善？等等。这种课前反思，是体现在写教案前后的反思。

教案完成以后，有经验的教师也常有反思。因为教案不会与课堂实践完全吻合，其中一些设计似乎还拿不准，例如，教法是否有太大的跳跃性？学生凭借原有的知识基础处理这一节课的知识会存在哪些障碍？诸如此类很多问题，在反思中都可能再有修改或者在课堂中着重研究。尤其对自己设计的特别重要的问题，在课上要用心观察学生的反应。这种反思，对推动课堂实施的深入是大有益处的。

课中反思是指教师在讲课时，也许会有瞬间的感悟，发现了亮点或者是不足；也许会有瞬间的灵光闪现，发现了巧妙所在或是问题的障碍……这些都是有价值的。

还有一种反思叫作课间反思，即两个授课班连着上同一节新授课，在课间 10 分钟教师进行的一种反思。教师在上一个班的课堂实施中已经感到有不合适的教学流程，必须要在第二个班马上修正。比如，有些课堂提问学生回应不积极或者回答不着边际，这就必须在随即上课的第二个班中修改，将问题的指向性表述得更为明确，让学生对教材有深入的思考，有话可说。令人可喜的是，在与青年教师的交流中，我发现已经有青年教师在课后记中做到了这一点。

二、“思”“想”的多，坚持“写下来”的少

教学反思，首先是基于“思”“想”，但是这种反思是内隐的，也是瞬间的，如果不用文字记下来，很可能就一闪而过了。

“思”或“想”不可避免地具有随意性，但要写出来，就要考虑它的合理性、逻辑性和可操作性。相比之下，形成文字的反思更趋向理性。教学反思，仅限于“思”“想”是不够的，对已经产生的深刻反思，必须立即记录其内容。当然，反思可长可短，有话长说，无话就短说。

有价值的教学反思，不能只停留在脑子里，必须形成文章。其实，在一次次的即时反思中，反思的文章最初可能都是一些小感悟、小课后记、小故事或随笔。在这个基础上，经过积累就有可能发展形成大文章。

要想把反思写出来，就要努力让自己想得更多、更深、更远。坚持认真写反思，会使自己反思的水平发生质的变化。反思写得是否认真，不在写多写少，而在写的时候用心“思”、反复“思”，表现在文章上就是反复修改；反思要想写得更好，还要督促自己去查看别人怎么写，或是上网筛选信息，或是查阅相关杂志、图书。在学习中反思，能更好地提高自身的反思水平。

三、个案反思多，归类反思少

多数青年教师谈的都是自己对某一节课的反思，听课教师也大多如此。这是必要的。但是只对一节课的个案进行反思是不够的，教师还应该把反思拓展开去，形成对一类课、一个专题的反思。

在课后交流时，青年教师在研讨中或课后记中都有对自己这一堂课的反思。而当一个单元、一册书的教学结束后，却少有教师把每一课时教案后的课后记的若干反思连贯起来进行“类”的反思、专题的反思。如果能在单元结束时对该单元中所形成的若干课后记进行整合分析，如果能在一册书讲完后对整个教材所包含的所有单元的全部课后记进行整合分析，那么我们的反思就能摆脱零散的形态，而上升为整体的、呈系列的体系形态。

教师应该对教学进行归类反思，课后记中的片段性反思只是一个方面，或者还处于肤浅状态。通过归类反思，可以发现很多更有价值的、隐性的、根源的东西。比如，经过归类反思一个一个片段，会形成极其全面的规律认识，会形成相关相连的系列化的成果。

四、片段反思多，系统录像分析少

包括我自己在内的多数青年教师的多数反思，都是针对某一节课堂教学的重要片段进行反思，因为重要片段的反思可以对整个课堂有比较准确的评价，而忽略了一些“不重要的片段”。这种反思常常容易忽视一些细节，甚至忽略一些教学上瞬间的精彩、技巧和智慧。

有时要清晰、全面地记住并写下一堂课的实录是很难做到的。但有了课堂录像，就有了再现真实课堂的可能，也为反复反思研究提供了可能。研究录像课具有随堂听课所不具备的便捷性和选择性，它既可以选择人员，邀请不同教学层次的教师共同分析录像；又可以选择时间，避开自己过于忙碌或同伴、专家不便之时；还可以选择教学片段，对关键的、有价值的、最值得研究的环节反复回放，对无需研究的内容快进省略，集中精力和时间反复品味、深刻思考我们所关注的内容，使一堂完整的课堂教学反思有了准确、真实、细致、可操作的研究内容。

教师在研究教学录像时，既可以研究自己的，也可以研究同学科与不同学科、同年级与不同年级教学有特色的教师（不一定是名师）的教学录像，形成有价值的比照；既可以独自研究，又可以与同伴互助研究，如与同集体备课组教师们，与不同学科的有教学研究兴趣的青年教师们，或邀请专家指导点评，尤其是自己在教材处理、教法、学法、学生课堂评价艺术等方面的表现，在与特色教师的比对中发现自己的优势和不足，找到解决的方法。

每位教师每学年（或2～3学年）应该留有一堂录像课，一般校级、区级、市级公开课都是可以录像的。如果学校做不到由专业人士录像，也可以在同事听课时，用家庭摄像机、带录像功能的照相机甚至手机录拍。另外，大部分学校的现代化教学设备都很齐备，几乎每个教室都装有监控，监控能更快捷、省时省力地完成录像，可以把你的每一堂课录下来，只要你愿意，随时可以到监控室回放自己的课堂教学实录，也可以复制录像带自己保存以便研究。

五、反思实践多，相关理论学习少

教学反思的实践性很强，也贵在实践。教学反思虽从实践中来，但教师还是应该带着反思中的若干问题进行相关理论的学习，争取在科学理论的指导下，提升自身的反思水平，提炼出反思的内在价值，然后再去指导自己今后的实践。

教学反思是为需要而反思，是为提高而反思。如果仅仅是形式的、片段的反思，并没有对教学现状的改变产生作用、提高自己的教学整体水平，那么这种反思的指导意义就不大。要把教学反思做好，就要在反思中加强理论学习，因为受个人水平、视野等的限制，常常仅凭教师自己“思”，容易使自己的反思显得片面或肤浅。所以，教师要借助理论以及专家、教改先行者成功的做法，来指导、丰富自己的反思。

尤其是沿用一种模式反思自己的教学感到没有收获时，教师就应该查看一些专业杂志，寻找成功的反思案例，用别人的经验指导自己；当对反思结果不知如何整合分析时，教师就应该查阅书籍学习相关理论，以此来提高对反思的认识水平；当对日常反思产生的各种困惑使反思难以有所进展时，教师就应该寻求理论支撑，有针对性地研究应对策略，以求得到问题解决的方法。

六、独立思考多，同伴互助尤其是学生参与的反思少

教师的课后记，多数都是自我反思、独立反思，许多人对反思的认识也多从自身谈，站在“我”的角度认识。

独立反思易操作，也方便，应该坚持。而同伴互助式的反思，就像是多借了一双眼睛，站在多个角度、处于不同层次对教育教学进行观察与反思。即便同伴互助后得出的反思结论依然是自己原来的观点，那也是经过辩驳、思想碰撞、推翻与重建的过程才得出的，结论虽然相同，但内涵大大丰富，认识也更加深刻。因此，同伴互助的反思结果一般是要优于独立反思的结果的。

同伴互助有以下几种形式：

1. 相同学科教师互助

这种互助形式强调对教材的分析，相同学科教师在教材处理上的差异性是比较明显的。这种通过听课、评课实现的互助，最常见也最容易做到。相同学科互助还可以分为同年级同学科、跨年级同学科互助形式。

2. 不同学科同伴互助

在这种互助形式中，变化的是教材，不变的是学生。所以，学生的学法、教师的教法方面的特色是研究的中心。这种互助强调关注学生远大于关注教材，这种互助可以使一些有效的学法、教法跨学科推广。

3. 学生应该成为反思的新生力量

学生参与反思的主要形式是学生评价教学。借助学生评价，教师再来反思自己的这堂课，可能就会与教师自我评价的结果有出入甚至大相径庭。课堂的主角是学生，站在学生的角度反思一堂课才具有真正的价值。学生参与教学反思，可以通过课前备课时师生的谈话、课下师生聊天、自习课作业面批、课后调查问卷或学生座谈等形式进行。学生参与教学反思，教师应该将获得的信息真实记录，这种教学资源具有不可重复性，因为每一届学生对每堂课的同一个问题的认识是不同的。

教师的教学反思是一个很有意义的教学活动，随着教学反思的不断发展，还会出现很多值得推荐的做法，也会不断出现新的问题。只有能提出问题、发现问题，才能在寻求解决问题的道路上求得突破和提高。青年教师在专业发展中经验不足，更应该重视对教学反思的研究，应该把研究的视角放得再高一些、再远一些、再深一些。

第四章

反思，要借助学习持续开展

学习，会形成专业的制高点，可以登高俯瞰自己的专业发展。

学习，对每个人都是极其重要的，更何况以指导学习为职业的教师。

学习，是千古以来圣贤论述的重要内容。对于学习的重要性，应该在扎实、持久的学习中体悟。学习应该成为每个人生活、工作不可须臾或缺的一项内容。

学习，人人都有计划，只是由于学习理念的确立、学习方法的选择等方面有差异，才造成学习的效果不等，甚至影响了教师学习的积极性。

学习，要先建立科学的学习理念，进而在持续的学习中形成适合自身的方法。

第一节　对学习的认识与方法简介

一、科学的学习理念

1. 终身学习的理念

这是在时间维度上提出的，要求教师要坚持终身学习。尽管教师都能认识到学习的重要性，但是认识尚显空洞，所以学习的动力不够，终身学习缺乏持久性，以至于学习起来时断时续，盲目、杂乱。我在案例 26（见正文 176 页）、案例 27（见正文 190 页）中，贯穿始终的一个理念，即我的成长因学习而起，靠学习而展。

2. 全面学习的理念

这是从全方位的角度提出的，要求教师能建立覆盖教师工作需要的全面学习。从书本到实践、从主观到客观、从古代到当代、从学校到社会、从技法到修养、从教学到教育、从课堂到课外，等等，凡是教育需要的、相关的，都应在我们学习之列。

3. 与教育教学相结合的理念

这是从运用的角度提出的，要求教师要学以致用。中小学教师都属于教育教学的实践者，而不是理论工作者。因此，这些教师一方面必须学习理论，另一方面，又必须能将所学用到自己的工作中，尤其是参加培训，更要将所学用心提炼，服务于自己在学校的发展。我在美国参加培训和宁波挂职学习期间，把所见所闻都尽可能地与自己在学校的教育教学工作结合起来，形成有助于自己在学校发展的反思报告，如案例 13（见正文 68 页）、案例 24（见正文 167 页）。

4. 资源优化的理念

这是从资源掌控的角度提出的，要求教师要整理个人的学习资源，包括个人拥有的书刊、剪报，学习过程中形成的材料，如读书笔记、培训记录及光盘、教学音频视频、教案（也包括班会案、家长会案、各种教育活动方案等）、论文、发言及总结、网络下载文章等，对这些学习资源要进行归类整理。

另外，对自己所能接触的、可相互交流学习的外部人力资源（如资深教师、培训专家、教学一线名师、特色班主任、书友、家长、学生等）要尽量做到如数家珍。

资源优化的原则：如有需要，就能找得到。找到的资源，一定要整理形成纲举目张、条分缕析的状态。

以前我的资源管理比较简单，按照年度整理，分为教学、教研、班主任三类，把资料装袋并注明内容。但后来逐渐发现这种分类太粗，资料也越来越多，装在一起杂乱无章，查阅很不方便。而现在有了电脑，我对新旧资料进行电子等级分类，分门别类建文件夹，将过去比较有价值的资料全都整理成电子稿存档，新的资料全部电子化入档。随着资料的不断丰富，随时可以增加类项，进行科学管理，方便日后使用。

二、建立并优化适合自己的学习方法

学习，在广度、深度上都是无穷尽的。在学习过程中，要渐渐形成适合自己的方法，这样才可以提高学习的效益。

1. 以自己的思考成果作为进一步学习的起点

在教育教学实践之后，教师一般都会进行及时反思，认真评价自己的教育教学，并把这种即时的心得体会用文字记录下来。如果教师认为这些心得体会或简短，或肤浅，或片面，那就容易产生学习的欲望和动力，自然就会督促自己到书本中学习，或在实践中通过听课、求教、咨询等方式，不断反思完善。

有了思考，读书、求教就有了依据，就容易在学习中形成比照，引起共鸣，从而使各种形式的学习产生收益。只有不断形成思考的成果，才能产生学习的动力，促进初步成果的不断优化。

这种方法，涉及独立思考与广泛借鉴的关系问题。有些人遇到问题或要写论文，会先到网上搜索相关内容、资料。开始我也如此，但后来我发现，这样做容易受网上资料的影响，使自己的思想被“牵着走”，原来积累的资料只能作为证据使用。于是，我先以自己积累的资料为主要研究内容，进行归类、分析、论证，得出自己的结论，然后再到网上或者书刊中查询资料，对其进行补充、完善。如此，先进行独立思考，然后再多方借鉴，更容易形成有自己特色的成果，如案例 9（见正文 51 页）。

2. 在学习中将单一研究与专题研究结合起来

任何研究起始总是较单一的，但是研究一旦深入，或者在形成较丰富的积累时，就可以把自己的研究整理形成一个专题，再进行研究。本书中的反思、“一得”、成果等都属于专题研究。这些研究，一开始内容很单一，只是研究课堂教学中的“课后反思”。后来，我认识到反思的重要性，便决定做专门研究。结果，动笔论述反思这一问题时，竟然发现下笔数句之后，就无话可说了。在与同行交谈中，有老教师说：“我不只进行课后反思，我还常常进行课前反思。”我想：那怎么能称之为反思呢？应该冠之曰“前思”吧？通过进一步的交流我才明白，这种反思，尽管是在课前，但仍属于反思，因为它是借助于对以往这类课的教学经验进行的反思……我恍然大悟，反思的分类由此变得丰富了。

我顺着这个思路继续思考，把反思的内容记录下来形成“一得”，“一得”经过积累整合就能形成初步成果。于是，我列出反思、“一得”、成果三个专题，抓住了课堂教学的主脉。再深入思考，这三个方面又可以冠之以更大的专题：课堂教学研究的方法系列。可见专题研究起于单一，坚持并经过若干阶段方能形成专题，这个过程有效地推动了学习的深入，促成自身学习能力的提高。

3. 借助小型研讨活动推动学习的深入

当前，各学校举行的大型教育教学研讨会，多数是台上一人讲，台下众人听，听众也多以听为主，少有人记，极少数人能边听、边记、边思考。

其实，小型研讨活动效果相对要好一些。参会人数 3～5 人或 7～8 人，事先约定研讨主题，大家都进行充分的准备，会上发言轮流进行：第一轮各自陈述，第二轮明确参会者论点的相同相异之处，第三轮再分别研讨同异之处，会后由专人或者分工形成新的文稿。如我参加的市教科所的教育面对面访谈，就是在专题性互动交流中展开的。

如有必要，教师还可以进行两人对话式研讨，事先约定要研讨的文章，明确主题，交流中可以直奔主题进行反复研讨，意见相同之处，就进行整合补充；意见相异之处，进行充分的讨论、评析，被说服者进行换位思考，向对方观点靠拢。有些内容置后再议，也许可以形成新的研究方向。如我与资深教师关于资助贫困生的案例、本书编写如何定位和取材等，就多次借助这种研讨，如案例 16（见正文 103 页），效果很好。

小型研讨活动，因为人数少，每人发言充分，互有启发、互有收益；又因为事先有充分准备，发言针对性强，没有空泛之议，容易引向深入。这种小型活动，一般注重与会者的学术素养、性格等因素。

4. **广交书友**

学海无涯、书山有路，勤苦是唯一手段。但是，如果想尽量避免选择书籍耗费太多精力、时间，可以及时将各自读过的或了解的好书推荐给书友。经过书友筛选，可以既读好书，又省择书之难。

不同的人因阅历、爱好等不同，在阅读范围、阅读取向上有很大的差别。但广交书友，会有效开阔自己的阅读视野，并在交谈中提升自身水平。

(1) 弥补自己的知识残缺

可以说，人都有自己的知识盲区，但书友可以弥补这一点。我就文稿《资助贫困生应该高扬人本精神》，向一位资深教师请教一些具体的人文概念，他立即向我推荐了夏中义主编的《大学人文读本》一套三卷，我翻阅部分篇目之后，感悟颇深。之后，我从图书馆借齐三卷书，时常捧读，它帮我建立起较完整的人文知识体系。

(2) 让交往和言谈增强书卷气息

我加入了一个书友读书沙龙，成员是我的同学、同事、朋友，我们商定在生日那天互相以赠书为礼。开展这项活动是受学生的启发。一次教师节，一位已考入大学的学生给我寄来一本罗曼编写的《海菲的羊皮卷》作为礼物。开始以为他是偶尔为之，但连续几年坚持下来，才感到他的与众不同。他选送的书籍，既体现他的风格和对教师的一种"希望"，也表达了他对国家、社会、人生的关注。

每年为朋友选书真不容易！既要了解这一年度新书的情况，又要查看畅销书；既要考虑对方的职业和兴趣爱好，又要考虑其人格和精神的需求；既要体现自己读书的喜好，又要不拘泥于固有的阅读范畴。这既考验自己的品味和视野，又考验对朋友的责任心和“知音”度。这项生日赠书活动增加了友情，也督促自己要广泛读书、深入思考。所以，每逢过生日，我最期盼朋友送的书，因为这是一份别样的生日礼物！我读的梁文道的《常识》《我执》，熊培云的《重新发现社会》，大前研一的《专业主义》，彼得·德鲁克的《21世纪的管理挑战》，加里·D. 鲍里奇的《有效教学方法》（第四版），佐藤学的《学校的挑战》等书，都是书友相送的。

这些充满书卷气息的人际交往使我受益匪浅。频繁地进行书籍的推荐和交换，必然伴随对阅读的描述、评价。有时候，我们会从网上相互传阅各自的读后感；有时在交换书籍时，会有三言五语的介绍和评论；有时时间较充裕，就会有长篇大论，甚至唇枪舌剑，辩论不休，如读杨绛的《我们仨》、资中筠的《资中筠自选集》、刘瑜的《民主的细节》。虽不像研讨会那样正规，但总是言之有据，具体而真切，思想激烈碰撞。这种借助图书的交往，既彰显较浓厚的书卷气息，也有益于提升自我水平。比如，单就语言水平这一方面来说，在交往中运用介绍式的语言，有利于叙述能力的提高；运用评论式语言，有利于评析水平的提升。交流因为具体而自然，所以少有空话套话。

（3）扩大交往面并提升交往质量

我的书友，虽有长幼之分、文理之别，甚至职业也有不同，但我们之间却通过书刊产生了经常性的、有质量的交往。

从年龄上分，我的书友可以说是“祖孙三代”。长幼不同的书友，让我借助不同的书籍，认识了不同的世界，学会用不同的方式理解这个世界。年长者深沉，介绍和评价厚重，使我沉静、稳重了不少；年轻书友推荐的书时尚、新潮，让我思想活跃、紧跟时代的脉搏。其中，有一位年轻的化学教师，过去我只觉得他沉稳深邃，成了书友后，才得知他既对传统经典文学广泛涉猎，又不乏对当代国内外前沿思想的充分了解，读书极广极杂，让我对理科教师的人文素养刮目相看，也对自己有了更多的思考。

通过广交书友，你能感觉到一种文化的熏陶，也能深深地体会到它在育人方面的感染力，于无声中听惊雷，和风细雨见功效。

5. 提升职业敏感

职业敏感，与其说是一种能力，不如说是一种素养。有这种素养的教师能够敏锐地发现有价值的现象，经过思考、学习，会形成有价值的成果。职业敏感可以有效地增强学习效果。

（1）职业敏感决定于职业的兴奋程度

一位热爱本职并对职业时刻保持兴奋的人，往往能因此而产生一种职业敏感。这种敏感度不仅表现在本职工作中，而且也表现在其他领域中，如案例 25（见正文 174 页）。

（2）职业敏感有利于提升职业水平

有职业敏感，就容易发现有价值的细节，并能主动地整合若干现象，在联想中有所突破和提高，对此我深有体会。日常工作、生活中，我发现了很多家长、教师、朋友的好的子女教育经验，甚至极有价值的事例，经过有意识地观察和积累，我选择了“教师发展”这一主题，提出了一个新颖的概念——“教师发展的后花园”。新颖，不是异想天开、胡思乱想，而是基于职业敏感，在丰富生动的积累、联想后形成的灵感。

（3）为自己也为别人着想，强化职业敏感

对个人的专业发展有敏感度，则可以形成经验方法，既丰富自己的成果，又惠及更多的人。如在自己专业进步中，我敏锐地发现资深教师对青年教师成长的价值，这促使自己在与资深教师交往中，一方面努力提高效率，挖掘这种宝贵资源；另一方面在自身获益的同时，又积极思索总结有效的交往方法，整理形成《在与资深教师的交往中提升自己》，使其产生更大的影响。

职业敏感度高的教师，由于始终保持一种职业兴奋，不仅能在日常实践中敏锐地捕捉到有价值的现象，还能独自形成若干的初步想法，并在读书中快速发现有利于自己发展的文章，洞察同行甚至其他领域可借鉴的东西，出好的成果是必然的。

第二节　学习的案例与成果

案例 22：子女教育，一门永远需要学习的课程

学习任何东西，当学习内容较丰富之后，要善于整合资料，形成有价值的成果。

在高三毕业生保送工作中，我曾遇到一位母亲，她向高校面试学生的教师出示了一宗资料：女儿自小的成长录像。我敬佩这位有心的妈妈。她的女儿以排在我市第一名的位次被保送进一所名牌大学。学校有两位老教师保存了孩子从学龄前到高中毕业的所有习作及他们做的评析，并把孩子大学四年的所有家书装订成 8 本册子（每学期一册）；2010 年我去美国培训，看到 Lyons 校长珍藏的由他母亲为他建起的成长册，这些都让我深受感动。后来，我读到《好妈妈胜过好老师》（尹建莉）、《来吧，孩子》（池莉）、《目送》（龙应台）等子女教育类书籍，让我产生了不少想法。

这些家长的成功做法是相通的：坚持科学地教育子女。我把这些典型事例及方法进行整合，形成家长学校课程，这是一种成果；又结合教师培训，向学校中青年教师推荐尹建莉的书，引导教师思考如何教育自己的子女，这又是一种成果。以这些成果为基础，经过不断反思、完善，我写了《关注教师发展的“后花园”——家长学校建设的新探讨》一文，并发表。

“后花园”建设这一概念的提出，具有一定的新颖性；“教师发展”这一概念，具有较强的普遍性。这一成果能够得以发表，原因在于内容是别人未曾涉及的。期间，我既对实践中的教学进行认真观察，又收集有价值的事例进行评析，也对所收集事例相关的大量资料进行阅读，比照反思，还不断对初步成果进行了再实践、反思。

附：《关注教师发展的“后花园”——家长学校建设的新探讨》

教师发展已经越来越引起大家的重视，不论是以教师个人为单位的，还

是以学校为单位的，在这一研究上，都呈现出累累硕果。但是，在日常工作中，我还发现一种被忽视的“教师发展的后花园现象”（以下简称为“后花园”），值得关注。

一、如何界定和认识教师专业发展的“后花园”

1.“后花园”是针对“前花园”而言的

我们通常理解的教师专业发展，是指教师在学校环境中，面对学生，不断提高教育教学水平。尽管是教师个人努力，但是因为职业的缘故，这种专业进步，尤其是课堂教学的进步，必须通过公开课、评优课或者参加评优晋职的方式公开展示出来。因此，这种专业发展追求公开性，希望在不断展示中得到行政人员、专业人员、同行的认可。教师的专业发展，是面向很多学生、牵扯到很多家庭的一种职业行为，也是对国家、对社会有大益的事情。所以，它一直被重视，并已呈现出百花齐放的态势，形成了一片美丽的、公开的“花园”。我把这比喻为教师专业发展的“前花园”。

而教师专业发展的“后花园”，是指教师在自己的家庭环境中，面对自己的子女，精心研究并实践教育的一种现象。和教师的学校教育相比，这是很私人化的一种教育行为。很多教师在自己的家里愉快地、精心地做研究，就像营造私人“后花园”一样，自我营造、自我陶醉，尽管这里也花红柳绿，但极少展示给大家看。当然，也有少数教师偶尔会邀请三五知己，到这“后花园”观赏一番，指点、议论一下，仅此而已。学校管理者可能也会到此一游，但因没有和教师专业发展联系起来，所以并没有引起重视。其实，如果我们能重视并研究这种现象，必定会开辟出教师专业发展的另一片新天地，极大地提升教师专业发展的动力和幸福指数。

2.“后花园”，是一种有极高价值的文化现象

在“后花园”里，教师在业余时间，亲子之间，愉悦地进行教育教学。在这里，施教者不会感到教学是一种严肃的学术行为，受教者会在欢愉之中受到教育，有所长进。其休闲文化色彩使“后花园”的工作极具情趣性，教师往往乐在其中，而这恰恰是我们的教师专业发展所缺乏的。

目前，这种家庭式的子女教育已经有了不少成功的案例，如尹建莉的《好妈妈胜过好老师》、池莉的《来吧，孩子》、杨文的《和儿子一起成长》。这些成果生动而具体地记录了孩子从幼儿园到大学一个完整的成长过程。这

些书虽然都是谈子女教育问题的，但因孩子的性格和成长环境不同而方法有所不同，情感表述也迥异，对做家长的或将要做家长的都是大有裨益的。

3. “后花园”的现状不容乐观

据我初步调查所知，我所在学校中，很多教师在专业发展方面有过不同程度的努力，也形成了一些初步成果，比如，在电脑中保存了孩子成长中一些有代表性的视频、音频以及文字资料。教师之间偶尔也会有自发的交流，但是，多数交流属于非学术性的，交流内容多是极具情趣的，范围较小。

“后花园”发展得不平衡。虽然几乎每家都有“后花园”，但有的“后花园”好看，有的一般，也有不少家庭的“后花园”很不理想。不科学的教育常常因亲情原因，更容易给孩子造成不利影响。所以，需要我们认真研究，扬长避短，促进所有教师的“后花园”花红柳绿，竞相斗艳，与学校教育的“前花园”相辅相成，互为补充。

教师这个群体受教育程度较高，应该在子女教育上做出应有的贡献，因为教师的行为一旦形成经验，对其他家庭就会产生示范价值。《好妈妈胜过好老师》一书的作者尹建莉是教育工作者，其子女教育的成果已经显示出巨大的示范价值。我校的家庭教育工作以及大多数教师在这方面虽有过涉及，但是与《好妈妈胜过好老师》相比，尚显零散、肤浅，积累没有持续性和典型性，方法仍有若干不成熟、不科学，甚至不妥当之处。总之，目前尚没有形成有普遍实用价值的成果。

在家庭中，长幼朝夕相处，在时间、空间上有更多的教育机会，若机会利用得当，有利于孩子进步。但是，有些教师由于职业身份的惯性，往往把课堂上的不科学的方法带到家中，比如，过多的唠叨、过多的管束，给孩子造成压力，不利于孩子的成长。

特殊的亲情关系，可以形成教育的愉悦欢快氛围，而这恰恰是目前学校教育所缺少的。但是，有很多教师在家中施教严多慈少，气氛并不融洽。

家庭成员的固定联系，足以形成个例长期的成长资料。在学校的教育过程中，任何一位教师都只能形成学生一个学段（如高中、初中、小学）的成长资料，一旦学生毕业，教师就难以追踪其成长。而唯独家长（尤其教师身份的）有这方面的便利条件。如果家长有心努力积累，就可以形成一个孩子从婴幼儿直到大学的一整套资料。据我所知，目前在我校，有年长教师已经积累了孩子从小到大的成长资料，但多数教师仍处于一种随意状态。很多教师虽有积累，也多数是重视幼儿期（可能是因为在这一时期，孩子依赖性强，初做父母迸发的一种激情）的成长，积累了一些孩子成长的花絮（比如，能模仿大人的表情、能做大人的事情、童年的稚趣等），而缺乏初高中时期（可能是因为在这一时期，孩子独立性强，亲子之间交流减少）的资料。另外，关于孩子心理和精神成长的记录（比如，成长的烦恼、逆反、对前途的困惑等），几乎没有涉及。

先进工具的普及为教师的教育教学带来了方便。很多教师以电脑为载体，保存了许多视频、音频、文字资料，这是很有价值的原始资料。但是，很多教师也只是将其作为一种情趣资料，随心随意地积累，并没有认真地加以分类，也没有从教育规律上去进行评析，所以也就没有形成有价值的、具有普适性的经验。这种积累资料的初衷决定了资料的特点。当然，这也与缺乏有效的管理、缺乏专家的引领有关。

4. 教师专业发展的“前花园”“后花园”的关系相得益彰、相辅相成

教师若能把握好“前花园”“后花园”的发展，自会促进其专业发展得更广、更深。这应该是教师专业发展更成熟、更现代的表现，是视野已经超越学校，更关注社会的结果，是对社会和国家更负责任的表现。教师关注了“后花园”建设是否就会贻误“前花园”的耕耘？或教师关注了“前花园”的建设是否就会贻误“后花园”的建设？我认为，二者存在必然的联系，这是如何把关注个例与关注群体的关系处理好的问题，是可以协调解决的。

二、学校管理中如何推进教师专业发展的“后花园”建设

1. 精心研究教师现状，充分利用已有的成果

目前，我校在这方面有以下几个特点：

从子女年龄上分析：学校青年教师占多数，所以他们的子女处于婴幼儿及小学阶段的比重大，这方面的初步成果较多。只有少数中老年教师有初中、高中甚至大学的子女的教育成果。

从成果形态上分析：目前，多数为资料堆积，规律总结较少，点评议论不够，或者说，多是教师从兴趣出发，从爱心的角度留存了若干丰富的资料，缺少对具体类项的研究、反思、提升。

从教师性别上分析：学校女教师较多，而家庭中，母亲管教孩子比较

多，女教师聚在一起谈孩子的几率很高，兴趣很浓，这是一个很好的开展子女教育研究的团队。

从子女成功案例上分析：学校有的教师对子女的教育非常成功，并且在许多学段或类项方面都有比较突出的成功案例。比如，阶段性的典型案例，小学的、初中的、高中的、大学的；或是某个年龄区的发展变化案例，如性格完善的、叛逆期解脱的、意志力培养的，等等。

挖掘这些成功案例的过程，也是对教师的引领，让他们把更多的精力转到对教育的研究上，促进了教育的发展，何乐而不为呢？

2. 精心研究学生和家长现状，促进学习型家庭的建设

教师在建设自己“后花园”的过程中获得经验，并将其推广到自己执教班级所有学生的家庭教育中，会使学生受益。

每班至少有50个学生，这就涉及50个家庭。教师通过与家长的交流，启发那些在家庭教育中有方法和经验的家长整理他们的教子经验，使其经验得以传播，影响更多的人。教师利用自己的教育优势，形成一届学生中不同班级家长教子方面好的经验，也可以积累若干届学生家长教子成功的好经验。这种经验既可以是孩子某一专项但不同家长的许多成功做法，也可以是在几届孩子身上体现出的有规律的一些经验做法。教师可以将这些经验放在自己孩子身上再实验，甚至传授给同事，或者传授给自己授课班级的学生家长实验，使更多的人受益。

教师“后花园”的建设关系到全社会学习型家庭的建设，在这个建设过程中，学校既可以发现许多成功的家庭教育案例，又可以形成许多学习型家庭，还可以发现能够承担学校工作的好教师和家长。

3. 精心设计出有效而不增加教师负担的促进工作

首先，积极收集老教师的成功教子资料，积极开发中年教师的潜力，形成示范性案例。学校可以按照教师子女的年龄分组，将有兴趣参加“后花园”学习建设的教师编组，比如，学习型高中组、学习型初中组、学习型小学组、学习型学前组，等等。这些小组成员要先了解哪些教师对这个阶段的孩子的教育是成功的，继而找到这些教师，也编成相对应的小组，比如，经验型高中组对学习型高中组，经验型学前组对学习型学前组，等等。请经验型小组的教师形成在这一阶段教子专题的回忆录，或请经验型小组中的老教

师口述，学习型小组的成员进行笔录，整理出成功的教子案例。

由拥有成功案例的中老年教师举行案例讲析，或讲座形式，或沙龙形式，以休闲、自愿为主，每一次活动主题要鲜明，针对性要强。

引发参与教师的思考和行动，以便形成更多的、有价值的教育研究行动和案例。参与的教师应该自觉自愿地书写自己的实践感悟，对教育过程中的疑惑和困难可以在沙龙活动中提出，大家共同研究，获得成功人士的指导。

最后，充分发挥青年教师的积极性，整理形成各种专项或专题的、呈阶段性的成果，使之具有可流传性和指导性。比如，按子女的年龄分组，分别形成幼儿园前阶段、幼儿园阶段、小学阶段、初高中阶段的资料与评析。当然，也可以把现有的视频、音频、微博等整合成为有价值的资料，然后组织网上或面对面的交流研讨。以中小型交流（按年龄段、按专题等）为主，争取形成分阶段的、专题性质的系列性资料。

4. 通过关注教师专业发展的“后花园”建设，提高教师的幸福指数

教师专业发展的“前花园”受益的是学生，而且教师往往因为把精力多放在学校工作上，忽视了自己孩子的成长和教育，使自己的幸福指数受到影响。关注教师专业发展的“后花园”，就是关注教师子女的成长，关注教师的个人利益和家庭的可持续发展，是让教师家庭欢愉的一件好事，是提高教师幸福指数的有意义的工作。

学校如果能开辟一片区域，搭建一个平台，让教师交流自己关于子女教育的困惑和经验，让有成功经验的教师甚至学生家长参与指导，就可以让更多的教师体会到学校对教师更深层次的人文关怀，以及更高层次的理解和关心。

教师对学校工作的付出，有时的确影响了教师对家庭尤其是对子女的付出，教师对事业的追求，有时是以家庭的可持续发展为代价的。如果学校注意到这一点，并且不是默认这一切，而是在这方面有所作为，那教师会是何等的幸福?！如果教师退休之后，不仅仅骄傲于自己教的学生有多么成功，同时又自豪于自己和学校为子女的成功做出了贡献，那教师怎能不感到幸福?！如果教师在每年的学生祝福中，可以分享他们取得的辉煌，同时又有来自子女的成功可以分享，那教师享受的将是怎样的天伦之乐?！

所以，教师“前花园”“后花园”共同建设，这是一个教师完整的人生

之路。“后花园”建设得好，可以极大地促进教师工作的积极性，减少教师的后顾之忧，使“前花园”的工作更高效。我们不应提倡教师只顾学校工作而不对家庭担当责任，更不应当过于关注教师为学校培养了多少大学生，却对教师子女不成材之现状视而不见。

案例23：充分利用资深教师这一稀有资源

资深教师，在各个学校都有。他们不仅有丰富的阅历，有历经时间验证的经验，还有对教育的责任和主动思考。这部分资源，从目前看，利用尚不充分，尤其对于青年教师来说，因种种原因，还未能从这些教师身上获得更多、更有效的指导。

我有幸遇到多位诲人不倦的资深教师，并在与其中一位资深教师的长期交往中获得了持续、极有价值的指导。我作为求教者，精心思考自己的需要，抓住甚至创造机会主动请教，一边向资深教师学习，一边不断地总结与之交往的经验。对资深教师的认识，集中体现在下面这篇论文中。

附：《在与资深教师的交往中提升自己》（节选）

教师专业发展要想尽快见到效益，必须在不断强化自身内驱力的同时，善于借助外力推动。这个外力有很多种，在此，我只介绍如何在与资深教师的交往中提升自己，希望青年教师能充分而有效地利用资深教师这份宝贵的资源。

一、认识资深教师的价值

1. 资深教师的界定

我所说的资深教师，不单单指特级教师等各种荣誉称号获得者，还包括那些未必有各种称号，但是已经在教师岗位上积累了丰富经验的其他教师，如有品德、有能力且专业研究上有自己特点和见地的，有胸怀又乐于帮助他人进步的专家型教师。

2. 注重资深教师宝贵的经验

在教师发展中，教师都注重出成果。而成果的优劣高下，往往与自身的经验有关。经验，是一种历经反复验证的经历。而青年教师往往经历不丰富，或者虽有经历，但因种种局限，反思较肤浅或较片面，形成的经验带有些许局限。这时，资深教师的价值就突显了。资深教师的阅历比较丰富甚至坎坷，反思深入且经过长时间的修正，经验比较成熟。青年教师如果能借用这些资源，会少走弯路，少经坎坷。

3. 注重与各类资深教师建立联系

要广交资深教师，不仅要与本学科、本校的资深教师建立联系，还应注重与跨学科、跨学校的资深教师学习交往。

我联系最频繁的是青岛一中的省语文特级教师崔洪生老师。从学校教案改革开始，我就主动请教于他，到后来我参加全国、省、市优质课评选，省、市教学能手评选，省、市特级教师评选，等等，在这几个大的发展阶段，我几乎都受益于崔洪生老师的指导。有时我为了形成一篇有价值的论文，会与崔老师反复研讨，修改稿件十几遍。崔老师有丰富的教学经验，为人大气，为学严谨，即使退休在家也极善学习，每天的阅读量和写作量都很大。我们是书友，相互推荐好书，我也常常与他交流自己读书的体会。崔老师依据他的经验，常为我指出好书的精妙布局和写作技巧，并以他的著述《学校学习 6 环节方法指导》，具体解读写作理念和技法。在他的熏陶下，我的专业发展实现了快速、高效、较全面的发展，教育教学成果不断优化。

青岛二中的省地理特级教师刘敏老师是我学科专业发展的导师。我常常利用一起参加培训的机会，与刘老师交流我的一些成长困惑和教育教学思考。她理性、客观、耐心地指点我，以自己的经历示范，帮助我理解教师成长的艰辛和漫长。刘老师持续一年在全市教研活动中举行公开课，为全市青年教师进行教学示范，毫无保留地公开自己的教学成果，让我们一批青年教师受益匪浅。

二、善与资深教师交往

善与资深教师交往，是指心态与方法。在心态上，要尊重但不盲从，要充分吸收符合自身特点的东西；一定不要急功近利，要有长期扎实学习的心态。在方法上，不要只把眼光盯在技术上，要注重理念、道德同时并举，科学的方法才有效；要从细节之中学习方法，并落实到自己的教育教学实践中。

1. 聚焦成果，重点交流

最有效的交流，不是空谈，而是建立在成果之上的交流。因为有具体的学术成果，双方可以有共同话题，交流更容易深入。

（1）交流独立完成的成果

对独立完成的成果，因为有了丰富的经历，所以感受比较深。但因自身的局限，虽然有了深入反复地思考，但仍然有表述不清甚至错误、困惑的地方。我以这样的成果与资深教师研讨，其丰富的经验和其从客观角度的分析，能使我得到具体有效的指点。

比如，我精心准备了公开课，上课前会与资深教师有如下交流：本堂课实验的主题是什么？满意的设计有哪些？有哪些困惑？后来，我在听课前会主动阐述这些问题，形成听课后重点研讨的具体内容。因关注点高度统一，课后研讨的效果有了极大提高。

再如，我把写好的论文请资深教师指点。刚开始，我只是严格按照修改意见进行修改，改完了事。后来在资深教师的指导下，我认真研究修改范例，从不同方面进行体会，在修改中学到了若干有价值的思想和策略。

（2）交流独立完成的半成品

独立完成的半成品，是指已经形成了成果，但是自己并不满意，想进行修改而又力不从心的一些成果。比如，地方媒体报道的我资助贫困生的事迹，让我一直有一种感觉：事情的过程是清晰的，但是重点、中心不太明确；议论也是对的，但是所选的角度又不合我的初衷。所以，我认为这属于半成品成果，有待于进一步研讨。在这种背景下，当资深教师来采访我时，我把事情的经过和想法和盘托出。经过几次真切地对话式交流研讨，在之前半成品成果的基础上，我最终形成了真正能表达主题思想的精品成果。同时，我在成果优化过程中，有了以下体会与收获：

第一，以案例形式写作，更有利于对事件的思考与议论；第二，要善于提升主题，资深教师抓住资助贫困生要尊重学生这一点，启发我形成资助贫困生要高扬人本精神这一主题，使事件从一般的好人好事角度，有了时代的新意；第三，记叙事情的过程中，要强化与主题相关的细节；第四，好文章要反复修改。

2. 坚持在日常工作中交流

（1）把日常工作中的交流作为主要方式

日常工作中蕴含着无数有价值的研究课题，所以，我常常请资深教师参与我的具体工作，选择其中的问题，形成协作研究。这种方式，我认为对我的提升是全面的、有效的。

1999 年我担任班主任，举行有关减负增效的主题班会，邀请资深教师和家长代表作为嘉宾参加班会。这次班会我觉得很不成功，因为在班会上没有形成共识，家长、学生各执一端，提出的问题根本无法解决。但在资深教师的分析引导下，我认识到：不能期盼一次班会就可以解决减负问题，这次班会准确地反映出师生、家长对减负的不同理解，这也是一种学术成果。于是我整理了录音和每次研讨的成果，最后形成文章《实话实说——谈减负》，发表在《青岛教育》上。时间已经过去了十几年，至今减负问题仍在艰难地徘徊。

（2）在协作过程中拓展研究视野，形成广泛的课题

2002 年，我开始担任年级主任工作，与资深教师有了更广泛的工作联系，我请他们到年级参与、指导各项工作。在资深教师的即时指导和点拨下，年级师生受益颇丰。

第一，举行学生学习方法指导。我安排资深教师对高一新生进行系列化的学习方法指导：开学时举行“高初中阶段的不同与对策”指导；期中、期末复习前，举行“复习方法指导”；期中、期末考试后，举行“试后总结”指导等。这种指导在 2002 年—2005 年持续了三年，从中我真正领略了学习方法指导的系列化操作。这位资深教师在任班主任时，利用班会进行过通论式学法指导（后来形成《学校学习 6 环节方法指导》），在任教的班级进行过学科学习方法指导，之后才在我们年级实施学段式学习具体指导。我也因此认识到，只有进行系列化的学习方法指导，才能促进学生学习方法的科学化。

第二，举行教师培训。我任年级主任时，一直重视对教师的培训，但是往往系统性不强，理论支撑不够。在与资深教师的不断交往中，我们形成了同一主题下的若干专题的系列化操作。比如，关于教师培训，我形成了以学段为序的教师培训和以职称为序的教师培训。

第三，进行家长会改革实验。家长会是学校的常规工作，有固定的操作，但家长会既需要传承，也需要改革。从 2003 年开始，年级实行家长会改革（见案例 17 附录），之后，在资深教师指导下形成了论文《新形式家长

会实施过程中的教师培训》，发表在《山东教育》。

第四，进行以年级形式参与学校“十五”课题的尝试。资深教师在较广泛地参与我们年级的工作中，发现我们的工作几乎全部涉及了学校的“十五”课题，于是与我一起拟定了课题“青岛一中整体改革在2002级的运行”，并且在课题阶段总结中与我进行了答辩，指导我进一步推进课题。

丰富的工作内容，为教师提供了广阔的研究平台，但常常做了工作，甚至有了初步成果，却因总结不及时而造成了资源流失。资深教师因其丰富的阅历，容易预见到有价值的成果。所以在日常工作中，主动与资深教师建立广泛的交往，听取他们的建议，及时总结，会有不同的效果。

案例24：培训后，提交有价值的学习报告

走上教坛，教师会参与各种培训，有时是听大学或科研院所的专家做专题报告，有时是听教学一线名师的实践经验介绍，有很多教师都积极参与这种活动。随着教龄的增长和培训层次的提高，我发现精心组织的各种培训活动，都是非常难得的学习机会，它可以改变我教育反思的角度、高度和深度。因此，参加培训时，我都比较积极主动，力争能产生有价值的成果。

（一）认真记录，有所积累

我不仅积极参与学习，而且还认真记录、积累资料，不放过培训中任何对自己有价值的东西。

（二）事后反思形成“一得”

参加培训之后，我一定会对有价值的部分进行整理，形成“一得”。比如，我在参加宁波培训和赴美培训时，注重两个方面：第一，明确关注的重点；第二，参照自己的实践进行深入反思，写就若干“一得”（或提升完善已有的“一得”，或形成新的研究角度）。

（三）注重专题整理

一般培训学习的内容都比较多，即使针对一个专题，也会有多方面的阐释，所以，参与培训时，要注重在自己最关注的点或方向上展开研究。研究过程中，要善于将之前在这方面的思考与这次学习中的感悟结合起来，形成新的、有所提升的认识。进行专题研究，无须面面俱到，只要抓住几个问

题，把每一个问题讲深、讲透、讲全面。

专题整理可大可小。可以是综合性的较大的专题，如赴宁波培训后形成的报告中的教师专业发展专题；也可以是小的专题，如赴宁波培训后形成的报告中对学校文化建设之教师教态的简单表述，等等。把大、小专题组合起来，就形成较全面的考察报告了。

附：《宁波教育，我们距离你还有多远——赴宁波挂职见闻及思考》（节选）

2010年10月11日—11月5日，我参加“青岛市名校长培养人选暨部分中青年校级干部赴宁波挂职”活动，参观走访了十几所学校。在这期间，我特别关注宁波学校国际化的办学理念、民主科学的育人氛围、规范精细的课程管理与研究、主题鲜明的校园文化建设、专家引领的教师专业发展等方面。以下我仅从教师专业发展和校园文化建设两个方面谈谈自己的所见和思考。

一、在教师专业发展方面，宁波的经验和启发

我们经常参加宁波学校的各种集会及校长、教师的小型座谈会，他们对山东高中教师暑期远程培训很感兴趣，而我们也更关注宁波在教师专业发展方面的先进做法。

1. 教师培养形式多样化

宁波的教师专业发展可谓多元化。既有分层培训，又有整体推进；既有面向全体的提高，更有高端的培养；既有宁波教育局有组织的培训，又有中学各自的校本培训。

分层培训有几个特色。

第一种是分教龄段的培训：其中0～3年教龄段，安排有青年教师岗位成长通识培训；3～10年教龄段，安排有课程研讨会和教师反思会等培训。

第二种是职称级培训：有为职称晋升的专门培训，比如，对未来一级职称、未来高级职称等教师的培训。

第三种是高端培训：一是高级后培训，专门针对高级教师之后的发展，比如，培养目标为市名师、省市特级等；二是特级后培训，专门针对特级教师之后的发展，比如，成为省级名师、正教授级高级教师、享受国务院津贴的专家等。

第四种是优秀教师带徒弟：教育局利用全市省特级教师资源和名师资源，选拔其中一些教师当师傅，师傅有权利自主选择徒弟。

那么哪些教师可以成为优秀教师的徒弟呢？符合教育局制订的相关条件的教师，自愿报名参加笔试、面试，过关的教师有权利自己选择师傅，实现双向选择。这种双向选择，不限定师傅或徒弟一定要选本校、本区的，打破了学校界限。

如果出现某位特级教师被多个徒弟选中，而另一位特级教师又没有人选择，怎么办？这就需要教育局出面协调，因为每位师傅最多只能带3位徒弟。教育局制订了相关计划和考核标准，每年对师徒工作要进行考核和检查，师傅带徒弟一带三年，最后徒弟是否能出徒要经过考试和答辩。

我挂职的学校（海曙区）的一位数学特级教师就带了一个瀛洲区（跨区带徒弟）的青年教师。特级教师与徒弟除完成教育局规定的工作外，特级教师之间也经常相约带着各自的徒弟一起搞学术活动。比如，到其他省市参加教学研讨，轮流指导徒弟写论文，以专题研究形式进行公开课展示或开展教研论坛，尽可能把自己专业的经验知识及技能传授给徒弟，并为其搭建展示平台，重视徒弟在实践中的提高。这些徒弟在评优、评先中都有适当加分，他们进步的速度远远要快于其他人。这项工作在宁波青年教师中影响很大，很受欢迎。

2. 以评优、评先和职称晋升相结合的形式推动教师专业发展

教龄0～3年的青年教师，因为全市会定期举行教学新秀评比、青年教师新五项基本功评比等，所以学校要求新青年教师定期举行校级公开课，通过评课、研讨，促进青年教师专业进步。

教龄3～10年的教师，有市骨干教师评选，根据一级教师评定的标准进行相关类项的评优，还有从优秀青年教师中为名师选徒弟、教学能手的选拔等促进教师专业发展的行动措施。

宁波的多种专业称号或职称的评审，比较重视笔试、面试和课堂展示。

我在宁波挂职期间，正巧遇上举行宁波市高中数学优质课比赛，这次比赛与我所经历的优质课比赛有所不同。这次宁波数学优质课比赛进行了三试，从做题、说题、编题、讲题能力方面进行了评比。

一试：参加优质课比赛选手报名后，市教育局先进行现场抽签，选手经

过半小时准备后，进行做题考试比赛，在规定的时间内，看谁做题又快、又对、又巧妙、又多解。

二试：一试过关的教师，按照市教育局要求，再进行说题比赛的抽签，准备半小时后，逐一参加考试，看谁说得有逻辑，且精炼。

三试：通过二试的教师，按照市教育局要求，再进行编题、讲题比赛的抽签，准备一定时间后，逐一参加考试，看谁编题思路新颖，能较全面地考查学生的能力，既重基础又重创新；讲题中是否关注教师和学生的差异并重视学法培养。

这种优质课评选导向，就是关注教师日常课堂教学，关注教师基本功，反映教师常态水平，避免把功夫用在包装上。

3. 学校重视教师专业发展的主动性

我挂职的学校校长在办公会、教工会上描绘学校“十二五”规划的发展目标时，建议教师可以预先制订自己的“十二五”规划，然后再结合学校规划，修改自己的发展规划，尤其强调教师应将参加评优、评先、职称晋升纳入自己的发展规划中。

校长亲自承担对干部、教师的教育教学技巧的培训。比如，在办公会上，校长与年级主任交流深入开展期中总结的方法，归纳总结召开期中家长会应注意的几个容易忽视的问题，要求年级主任在家长会前对教师进行专门培训。

校长对召开家长会前教师们的指导也非常具体、细致、周密：任课教师在家长面前应该怎样指导家长解读孩子的考试分数？不同班级得分高低，怎样分析更能使家长、学生积极地解决所能解决的问题？怎样顾全大局保障班级、学校一盘棋？等等。另外，提醒教师们尽量不要指责学生和家长，即使有不对的地方，也应该客观评价，等等。“其实学校有那么多的好，但你不引导他认识，他怎么能说好呢？”校长的话语重心长，大家都深以为然。

4. 与国内外学校和教科研单位的教育教学交流频繁

我们挂职的人员分布在10所学校，在挂职学习的4周内，几乎每个学校每周都有外出培训的干部和教师。有时候一个学校的校级干部相继外出培训，学校工作一样有序运转；各个年级教师和班主任到全国知名高校、科研院所、先进中学培训也是司空见惯。在日常教学中保持教师不断外出培训，边学习、边提升、边实践，也是宁波教师专业培训的一个特点。

……

5. 启发

(1) 教师培训涉及部门多，合作与协调很重要

教师培训可以多种形式、多管齐下；职称评审、评优、评先可以采用笔试、答辩相结合的方法，并且要密切联系常态教学。随着对教师专业发展的认识的不断深入，进行专业培训涉及的方面和部门会越来越多。所以，做好统筹安排，制订科学的规划和计划很重要，应成立相关组织机构统一管理，并负责具体督导和考核，关注培训的实效。

(2) 未来学校的竞争力涉及校长和教师的竞争力

人们常说，一个好校长就是一所好学校。随着社会竞争的不断加深，现在谁率先提高了教师队伍的水平，谁就具备了整体竞争的实力。灵动的教师才是学校中能对学生产生深远影响的人。高楼大厦、庭院场馆、现代化教学工具怎样才能表达其文化的内涵与育人的价值？只有穿梭于其中的师生才能让它发出文化的音符。

(3) 每一位教师的职业规划同等重要

每一位教师都应该有自己的专业发展设计，这个设计应该与所在学校的发展规划相吻合，教师要把自己的发展与学校的发展结合起来，个人发展才能体现其价值。如果个人规划与学校规划不相匹配，或学校忽视教师的个人发展规划，或教师过于依附学校发展规划，都将影响学校和教师的发展。

二、在学校文化建设方面，宁波的经验和启发

1. 彰显学校的历史

宁波第二中学、宁波中学、宁波效实中学都是百年老校，都曾为国家培养出众多的栋梁之才，这些学校都重视对校史的宣传。比如，他们把学校的校训、校歌刻在学校广场的石柱上，或装裱在教学楼大厅内，位置很醒目。这些先辈留下的成长轨迹，通过广泛宣传，对今天的学子具有强烈的震撼力和感召力。

2. 关注教师的素养

我们参观了大约十几所学校（包括初、高中，公立、私立），平均每天至少听3节课，或参加相当于3课时的会议，或相当于3课时的沙龙。在这

期间，我们发现了宁波教师的几个特点。

第一，宁波教师的教态比较沉稳，课堂中，教师善于娓娓道来，对学生很和蔼。

第二，宁波教师的教学行为比较规范，课堂的板书、绘图很工整，也很系统，环节步骤清晰，语言精确。

第三，宁波教师的教研比较独到，突出表现在对教法的灵活使用、注重学法的效果、自己对教材的认识等方面的研究。比如，我们在某校听高二语文课，教师讲司马迁的《报任安书》时，常常说到自己对司马迁某段文字的不同于别人的理解，对若干问题常有比较个性的认识；听高一物理课，教师讲摩擦力，根据自己的研究来启发学生的想象力，20 多分钟里，师生在黑板上和练习本上共同编出了与此相关的十几种类型题目，甚至教师编已知条件，让学生接着编由此引出的各种问题。

教师为什么会在标准答案之外思考那么多？这也许与宁波人创业的精神有关：宁波人吃苦耐劳，宁波人自强不息，宁波人善于在创新中寻求更稳妥的发展。

3. 规范学生的品行

我们常常在一起谈论自己所在的挂职学校的情况，尤其是青岛和宁波两个地区的学生之间的不同。宁波学生的特点，归纳起来以下几点特别突出。

第一，文静善思的学生较多。在宁波的学校里听不到学生的嘈杂声，甚至在课间学生也能比较安静，几个学生在一起聊聊天、写作业，或围着教师问问题，极少看到追逐打闹、大声喧哗的现象。

第二，有独立见解的学生比较多。我们在听课中发现总有学生要提出自己的见解。在某校听高三数学课，一个女生在教师讲到抛物线的求极值问题时，提出自己的解法，并到黑板上连画带讲，非常精彩；听高三历史课，教师复习资本主义金融体系问题，一个男生就美国的货币政策走向发表自己的意见分析，条理清晰，极有见地。

第三，重视个人信誉的学生比较多。也就是学生比较爱面子。在我们挂职的学校，我们没有发现学生被罚站或被赶出教室的现象，也没有发现教师在公开场合批评某位学生的现象，这也许与这些百年老校的文化底蕴有关，师生都很稳重，有涵养，教师比较维护学生的自尊，学生也懂得自制。学校特别重视学生的诚信教育，一次期中考试，只有一个学生违纪（拿出手机看时间），竟在学校的办公会上专门研究对他的处理，非常严格。也许江浙一带自古多生意人，知道诚信的重要吧。

4. 重视地域文化氛围的影响

教师、学生善思，也与学校民主科学的氛围有关。从宁波的发展历史看，民主科学精神在宁波源远流长，很多学校正是在这种氛围中为国家培养了众多科技人才。直到今天，宁波各个学校的管理氛围依然洋溢着浓厚的人本气息。如教师坐班比较弹性，参加学术交流的地区比较广泛，参与学校决策的积极性比较高；教师的业余生活比较丰富，学校专门设有展厅给师生办书画展，还时有教师自发组织一些业余活动。

5. 突出学校文化的内涵

慈城是一个孝慈文化历史悠久的地方。慈城中学充分利用了这一优势，把学校打造成慈文化和孝文化的基地。学校从中国历史中挖掘有关孝慈文化经典的文章、故事，把一些会议室、长廊、景观碑刻等都用这种文化元素装点，一些建筑的命名也含有孝慈文化的特色，效果突出。高风中学也注重打造孝文化，如在学校塑造了中国古代24孝故事景观，开设孝慈文化选修课，形成校本课程。

6. 拓展课程的外延

我挂职的学校尝试将课程延伸到班会和实践中，用课程中的实践（即“做”）代替“说”，让学生在“做中学”，在“做中悟”。比如，考试前的动员班会和考试后的分析总结、心理疏导班会，被学校转变成心理课，采用心理课程中的游戏设计和团体辅导形式，让学生在班主任和心理教师的帮助下设计班会，并由学生组织、主持召开。我有幸参加了两次期中考试后的班会公开课，在班会中，全班学生围绕一个主题，通过参与游戏、倾诉释怀、感悟人生、乐观行动等活动，明辨道理，使试后的种种心理问题得以缓解。这种效果是班主任、家长的说教不能达到的。将教育融入课程中，听课师生皆有收获。

7. 启发

（1）珍惜校史，它是文化传递、涵养心灵的源泉

学校的文化虽有多方面体现，但校史是学校文化的渊源，其感召力是其他文化难以替代的。所以，挖掘校史的文化教育意义很有价值。我们参观宁

波的学校后，感受最强烈的就是宁波这些百年老校的厚重的文化气息。

(2) 教师的素养是重要的文化资源

看一个学校的教师说话办事的风格，就可以看到这个学校的文化，这种风格与教师的素养有关。教师的素养体现在言传和身教，体现在日常教学生活中的点点滴滴。教师在学生面前会无意识地流露出本色，而学生也在不知不觉中会效仿教师。教师的素养，影响着学校的文化品位。

(3) 学生的品行是学校最真实的宣传

宁波的高中学生比较善思。浙江的高考压力也很大，学生和家长对学校的期望值都很高，倾向到上海和杭州上大学、创业。

学生将来想做什么？要成为什么样的人？这个目标会影响学生的言行，符合他所表现的文化修养，学生走到哪里就会把这种文化宣传到哪里。所以，一个学校有什么文化特色，文化有多厚重，看学校的学生在想什么、做什么，基本就能清楚。因此，塑造学校文化，还要重视用学生的职业规划和人生目标改变他们。现在许多国内学校学习国外经验，帮助学生建立人生职业规划，是具有长效价值的。

(4) 发挥课程在文化建设中的作用

课程是文化的载体，要打造学校文化不能脱离课程。其实许多学校已经在探索课程与学生教育、活动的关联，提高学生教育和活动的科学性、文化性。学校在学生社团与指导教师的配置、校本课程的开发、课程和校园文化建设如何结合等方面都遇到了难题。提高这些研究的实效性，整合有效资源，使热热闹闹的活动背后有文化溯源，提高科学性，减少随意性，这些目标的达成需要我们继续向国内外有经验的学校学习。

我们珍惜在宁波挂职的每一天，我们努力通过自己对宁波各个中学教育教学的参与、观察、思考，将其好的经验带回青岛，为青岛教育的发展贡献力量。挂职学习结束了，但我们会不断反思宁波与青岛教育，在我们学校现有的基础上大胆尝试变革，使我们的学校发展得更强，教师发展得更高，学生发展得更好。

案例25：不动笔墨不读书

“不动笔墨不读书。”这句话的意思是说，读书就应该手中有笔，或点评，或摘录，或掩卷之后写点感受体会。

我在阅读专业书籍时，常常与自己的教育教学相结合，边读边思考。有时会发现自己的想法和书中内容相比有些肤浅，于是我就会立刻对照书中内容来丰富它。有时对某一问题，自己已进行过多方面的分析，但书中分析展开的层次还要多，角度和观点又有不同，我会立刻修订、补充，使自己的认识全面起来。有时书中的一些论述，自己也有过思索，其准确的文字运用有时能激发我的灵感，我会对自己的思考再进行补充。这样的阅读既有趣又有效，而且对自己的初步成果有很大的影响。

“不动笔墨不读书”还可以引申为“不动笔墨不学习（听课、听学术报告等）”。我在听课以及听专家讲座时，都会认真记录，记录下自己感兴趣的、陌生而可能对自己有用的东西。

在记录的过程中，如果涉及自己曾经感兴趣的思考，可能立刻就会受主讲者的启发产生新的想法，我会立时在笔记中记下，并做出标记，显示这属于自己的原创。随着电脑的广泛使用，许多笔记都可以直接以电子版保存记录，把自己的即时反思用简单词句记下并标注不同颜色，可以为后期的再整理以及进行文章创作提供阅读背景和延展素材。这些反思文字积累起来，就是“一得”的素材，在实践中调研实施后，就可能形成新的成果。

下面这篇青岛市教科所推荐我为《问说》写的导读，就是我随读、随感、随评的例证。

附：《问说》导读（节选）

……

阅读增长智慧，《问说》教给我们询问的智慧，反复阅读，受益匪浅！整理出来，形成以下关于询问的系列智慧。

询问的智慧之一：明确了问的价值。在教师专业发展过程中，常见的教师行为是反思，而反思就是一种“学以致疑”“问以广识”的过程。教师专业要进步，“舍问，其奚决焉”？

询问的智慧之二：明确了问的对象。无论“贤于己者”“等于己者”“不如己者”，也无论“圣人”“庶人”“狂夫”“愚人”——其中原因是“理无专在，而学无止境也”。

询问的智慧之三：明确了问的内容。不问“天下之异文鄙事”，因为这类似于小道消息，小而言之，只能“以快言论”；大而言之，甚至能蛊惑人心！不故弄玄虚、卖弄小聪明，因为这实在是与专业进步无关！我们的询问应该是十分广泛的：有关“尊德性”——益于师德高尚之种种问题，有关“有益于身”——可以丰富自身、完善自我的种种问题。总之，凡是“切于身心性命之事”——关乎教育大计、关乎自身发展之类的问题，都要询问“以收善之益”！

询问的智慧之四：要在教育团队之中形成询问的氛围，充分发挥询问的作用，这是我阅读中拓展形成的想法。学校、教研组、集体备课组、教师之间，要充分询问，“以资切磋”，“以求‘一得’”。教师之间、上下级之间要“交相问难，审问而明辨之”，在团队中努力追求“理明”进而“达于事”，“识其大”进而“知其细”的境界。

询问的智慧之五：教师要以自己的善问为学生示范，教给学生会提问，鼓励学生多提问。由于种种原因，目前我们的学生在询疑问难这方面的表现与新课改的要求极不相适应。学生问的意识淡薄、问的智慧缺乏，需要教师认真引导，反复训练。尤其是对学生提出的或难，或易，或肤浅，甚或莫名其妙的问题，教师要耐心细致地解答、引导或共同讨论，切不可讥讽、回绝，要努力营造“疑义相与析”的好氛围。师生之间、生生之间，相互问询，“以资切磋”，“交相问难”，渐渐形成“劝善规过”“以义理相咨访”“孜孜焉唯进修是急”的新关系。在学校中、在家庭中、在社会上，大家都能“以问为美德”，努力追求“道之所成”的境界——这才算是对得起先辈刘开的《问说》啊！

案例26：我的成长，五阶段发展历程

这是一份特殊的案例。所谓特殊，主要体现在三个方面：一是从教师个体角度展现了教师的发展；二是时间跨度大，历时27年之久；三是引发了系列化的教师专业发展感悟。

（一）一份以个人的真实经历展现教师发展的案例

关于成长，我着重强调以下几个方面。

成长，是所有生命的自然过程。人作为万物之灵，在自然成长中，理应

保持更多的理性，因为成长对于我们只有一次，不能重复，理应珍惜这一过程。于是，在成长的渐进过程中，我们要学会精细策划，使成长变得更完美、更丰富、更有价值。在我的成长过程中，我一直坚持了勤奋耕耘，勤奋思索，追求“没有最好，只有更好”。我从成长的过程中体会到了快乐，我耕耘过的地方出现了丰硕的成果，我体验到了成功的喜悦；成长过程中，我也遇到过风浪、荆棘，一路走来，我充满劈风浪斩荆棘的豪情，又有回顾往事的满足与欣慰。

《我的成长》以分阶段叙述的方式呈现，在成长的每一阶段中，认真把握“昨天、今天、明天”：反思总结“昨天”，做好“今天”日常之事，为“明天”打好基础，显示出成长的规律性。叙述之后，附有按时间为序的成果目录，尽管成长初期的成果显得有些生涩、粗陋，但是我也展示出来，因为那是我起始的足迹。叙述中偶有涉及成果，也只是简单地叙述其产生的过程。为了强调成果的价值，我在反思、“一得”、成果、学习四部分论述内容中，精心选择了一批成果进行具体介绍与评析，来显示成果的产生与优化规律。我把自己的成长当作案例来叙述，追求真实简洁，以便让读者读后可以见仁见智，又不浪费读者的时间。

(二)《我的成长》属于一种大跨度的阶段反思案例

教师的成长，应该贯穿于任职全程。这篇《我的成长》，时间跨度 27 年之久，时间长，内容多，要想写好、写全比较困难，不可能一次成稿。成长都是呈阶段进展的，精心做好每一阶段的成长总结，可以为后续的发展打下良好的基础。回忆《我的成长》的成稿过程，也是有一定价值的。

第一稿，大约 2001 年前后，为了申报高级教师，我完成了《我的成长》第一稿。因为是一次关键、重要的申报，我提前做了充分的准备，抢先试验，为反复修改留足时间。有了成稿，就有了推敲、修改的依据，最终八易其稿。在初稿中，我太看重自己显性的成绩、成功，而淹没了成绩背后教育教学思想的提升过程。八易其稿，让我对撰写专业成长成果有了若干深刻的体会。第一次回顾，涵盖了 15 年的专业成长跨度，既充分梳理了以往的种种阶段总结，又为今后撰写专业进步成果打下了基础。

第二稿，2003 年，学校教科室征集教师专业发展案例。在第一稿的基础上，我多次修改形成第二稿。学校征稿的目的是为青年教师提供示范，所以我以自己3次获评青岛市青年教师专业人才称号为主要内容，强调积小进步，致大成功（顺利晋升高级职称）。

第三稿，2007年7月，为了申报青岛市特级教师，我在前两稿基础上又修改形成第三稿。这一稿，我强调了教师成长的阶段性，初步形成四个阶段的认识。

第四稿，2009年，为了申报第二期齐鲁名师工程人选，我又在前三稿基础上修改形成第四稿。在这一稿中，我增加了对自己的教育理念的梳理，对各阶段的典型事件和成果形成过程、评价都进行了更加准确、真实的论述，同时又补充了新取得的成果。

第五稿，2010年，为了申报省特级教师，我又完善形成了第五稿。以上第二至第五稿，因为有新进展、新成果的补充，就形成了前后文稿之间关联的思考，使我对文稿的修改水平有了明显的提升。

第六稿，2012年底，为了参与齐鲁名师出版计划，我又修改形成第六稿。在这一稿中，我依照各阶段职称的内容，重新梳理了所有成果和典型事件，把成长感悟抽取出来单列为《我的感悟》，并加以丰富完善，突出了自己在专业进步中的若干理念。

之所以不厌其烦地罗列成稿过程，是想显示一种规律和方法。这种大跨度的阶段反思，需要若干日常的阶段反思为基础。要早成稿，反复修改，并听取资深专业人员的指点。

自2001年第一稿形成，到2013年第六稿截稿，其间历经12年。十年磨一稿，对自己学养的完善与提升起了极大的推进作用，对成果的进展、不足等方面的评析也越来越得心应手。这种进步得益于我27年反思的长期坚持。

附：《我的成长》

自1986年我参加工作至今，已历经27年的教师生涯。回顾我这27年的从教经历和取得的成绩，这个发展历程大致可分为五个阶段。

一、初步成长阶段（初级职称，工作5年内）：扎实地了解教育教学，属于“入门”阶段

在这个阶段，我担任初中地理教学工作，从初一到初二经历近三个轮次，1988年晋升为初级教师。刚任教师，我没有经验，但是在教研组里，我

努力做最勤奋、最肯钻研的人；在课堂上，我努力做最用心组织教学、最了解学生的人；在年轻人中，我努力做最虚心、最好学的人。

1. 独立写教案，是关乎课堂教学质量的重要环节

在教学中，我反复、认真研究教案，不断提高教案的科学性，认真修炼这项教师基本功。那时撰写教案，都是采用“四步”方法。

第一步，独立完成教案。认真钻研教材，虚心向组内老教师请教，甚至跨学科找同事请教。写好教案后，认真参加集体备课，在集体备课后再修改形成新教案。

第二步，积极主动听有经验教师的课。在教案上添加听课时学到的新内容（尤其是方法上的）。

第三步，注重自己的课堂实施。在讲课中关注学生，尽可能补充一些与授课相关的、学生喜欢的趣味性知识，激发学生学习的积极性。

第四步，注重课后修改，完善教案。一般是立即修改教案，把当天自己和学生在上课时出现的一些新颖的创想以及生动的事例简单补进教案；对于课堂教学中遇到的障碍，课后重点反思；一时想不出好方法，也在教案中做记号，以备后期实践研究。

2. 注重教学反馈，是保证、提升教学质量的重要环节

教学反馈是改进教学的重要依据。教学效果如何，仅凭教师的感觉和学生的表面反应是不准确的。我注重日常反馈、阶段反馈这两种教学反馈方式。

（1）以课堂测验、作业批改、学生写反馈纸条等形式，关注教、学的日常反馈

第一，课堂检测有两种形式：一是提问，随时检查课堂学习效果；二是在下课前或刚上课时，由教师编题，进行几分钟的小测验，检查学生对重点知识学习掌握的情况。

第二，作业批改反馈有四种：一是学生按时交作业，教师当天订正并下发，学生纠错；二是给作业中有突出问题的学生指出问题和要求；三是对作业问题比较严重的学生面批；四是对自己纠错比较困难的学生个别谈话，并定期进行辅导。

第三，学生课后写反馈纸条，了解教师教的情况。在下课前要求学生用

小纸条写出这节课不明白的问题，或对教师授课的建议、要求等。实施一段时间后我发现，这种方法尽管快捷易行，但是，反馈信息比较分散、随意。于是，我从教材内容、学生能力等方面，分列出重点类项，进行有针对性的重点反馈。这是学生问卷的雏形，后来（中级职称后）被渐渐地改为学生问卷调查，注重比较全面、深刻地了解某一专题或某一阶段的学生学习问题。

（2）借助综合反馈改进教学

各种大型测试属于综合反馈，我重视测试后的试卷（或检测）分析。一开始只是简单地在全班对答案，对普遍出错的试题不厌其烦地从头讲。后来，我逐渐改进方法，落实到对学生能力及层次水平的分析上。我用心分析不同层次学生错题的原因，从教和学两方面研究改进方法，将日常反馈和综合反馈中的问题联系起来分析，把学生分为几个层次，进行分层次教学和指导。

为了获得更多有效的教学信息，我还利用全市教研活动或大学同学聚会的机会，广泛了解他们的情况，交流切磋教育和教学的方法。

我的教学受到学生喜爱。1989 年，我获得学校青年教师评优课一等奖。

3. 当好班主任，是教师的又一项基本能力

参加工作的第二年，我中途接手班主任工作。刚开始，就是凭着一股热情，和学生打成一片，后来才渐渐地朝着优秀班主任方向努力。

1989 年，北京市优秀班主任任小艾的一篇文章对我的教师生涯产生了深远的影响。任小艾老师对学生循循善诱，倾注了真情，注重学生品格的培养和学业的方法指导。我在工作中不断地模仿再现她的一些教育教学方法，取得了很好的教育效果。这一年，我带的班级获得了青岛市先进班集体称号，并在全市表彰大会上介绍经验。我反思了从教 3 年的教育工作，形成论文《师严与师爱》，在青岛市论文评比中获二等奖。

获得教师中级职称后，我又担任了高中班主任。接新班时，为了走进这些接近青年的未成年人的心里，我及时调整自己的心态及工作方法，设计了就职演说，效果非常好。平时教学中，我也尽量做到“内严外宽”，努力做学生的良师益友。

我的初步成功，既有与广大教师的相同之处——甘于奉献，虚心好学，也有不同之处——因为年轻，所以更加努力；因为缺少经验，所以更加用心

学习；因为初涉教坛，所以更加主动思考，积极借鉴他人经验，采百家之长，丰富自己的教育观念和方法。

二、见效成长阶段（1991年—1996年，初级、中级职称）：在初、高中全程教育教学实践中，熟悉专业知识、技能

这个阶段是我专业发展的转折期。我完成了初中、高中两个学段的地理教学，顺利晋升中级职称。

1. 第一次独立带高中会考（即高中学业水平测试）

1991年，在我拥有5年初中教学经验的基础上，学校调我到高中部任教，由我一人担当高一年级全部6个班的地理教学，准备迎接第二年的全省第一次会考。我感觉，这是学校对我5年教学成绩的肯定，也是对我的信任和培养。

为尽早掌握高中教材的内容，尽快熟悉高中教学的方法，我虚心向老教师学习，尤其是积极地向师傅姜衍华老师请教。这一年我就像她的学生一样，天天跟着听课，边学习边教学，夯实了教学基本功，让我终生受益。1992年，我带领的学生参加全省第一次地理会考（山东省高中会考自1992年开始，地理是会考的第一门学科），取得了优异成绩，为学校赢得荣誉。我的付出让更多的人认可了我的教学能力，从中我也深刻体会到：担子虽繁重，但能锻造人、成就人。

2. 第一次参加市优质课比赛

1994年，我参加青岛市青年教师优质课比赛，最终取得一等奖第一名的成绩。成绩的取得与我个人的努力和坚持分不开，更与我师傅的常年严格要求和培养分不开，与教研组教师团队的帮助分不开。有些自身很努力的青年教师就是因为缺少师傅的严格指导和团队的支持，才没能及时发现自己的不足而错失了发展良机。所以，我由衷地感激在我成长中给予我无私帮助的前辈们。

三、显效成长阶段（1996年—2001年，中级教师职称）：教学由熟悉进入熟练的境地，经验不断丰富，开始形成各种方法

在这个阶段，我对教学工作初步有了得心应手的感觉，教学成果的质量有了显著提升。

1. 获得省优质课比赛一等奖

因在市优质课评比中获第一名，我被推荐参加省优质课评比。1998 年，在山东省高中地理优质课评选中，我获得一等奖。多年后，与那次省优质课评选的评委再相遇，他们仍对我参赛那天的表现记忆犹新。

2. 开市活动课示范课

我的钻研和好学引起了学校内外同行们的关注，1998 年，我担任了教研组组长。初中活动课（即后来的综合实践课）这时刚刚兴起，属于新课程，少有成功的课例，市教研室感到我任教学科与活动课有密切联系，让我执教一堂初中活动课——“模拟旅游”的示范课。虽然我已任教高中，但我还是欣然答应且兴奋不已，我觉得这是尝试教学改革的一次难得的机遇。为此我做了大量的准备：带领学生选取有探究价值的旅游活动内容，观看学生自主组织的探究，指导学生修改设计方案，提高活动质量。经过扎实努力，这节全市示范课获得听课教师的一致好评，取得了成功。

3. 首次参加省、市级教材编写

1997 年，我参加了山东省《活动》课程优秀教材设计征集活动。这是我第一次编写教材，期间我阅读了许多国内外探究类的青少年科普读物，并结合学生年龄特点和自己多年的体会，最后编写出了《为学校设计招贴画》教材设计。这个内容不仅符合学生活动的实际水平，而且立足学科，引导学生了解学校，增加学生对学校的热爱之情。经过省教材组评审，这个设计被录入山东省《活动》课程第五册教材和教师用书。

2000 年，我编写的《初中活动课“三步五环节”教学模式》，被市教研室收入《中学理科课堂教学模式》丛书（山东教育出版社）。

4. 首次在省级刊物发表文章

1999 年，我对自己教学中比较有效的教学方法进行了认真的反思和梳理，感觉自己在课堂上讲得兴高采烈，学生也听得津津有味，但检测时却时有出现成绩不理想的现象，与我付出的努力不一致，原因之一就是学生对一些基础知识的课堂强记没有找到办法。于是我又认真研究、梳理、归纳了自己在教学中培养学生记忆的诸多方法，并在课堂教学中反复实践，改善学生的课堂记忆。我将这个研究形成论文《如何提高学生的随堂记忆》，并在《山东师范大学学报》发表。在十几年的教学中，我逐渐积累起不少有利于学生学习的方法，形成多篇论文，并在省、市获奖。

四、成果优化阶段（2001年—2006年，中级、高级职称）：成果的整理和优化进入到比较宏观的层次

进入这个阶段时，我在中级职称上已经有了6年的积累，形成了若干初步成果，2003年我被评为高级教师。在教育教学中，我一方面持续地优化已有成果，另一方面开始尝试进行课题研究，使研究成果呈现出比较宏观的特点。

1. 利用学科特点，积极参与学校和城市发展

这个阶段，我注重理论引领实践，同时也更多地向教改前沿的先行者学习，开始尝试站在理论的高度俯瞰自己的实践。无论是对自身经验的总结，还是对他人经验的借鉴，都进入了一种较理性的状态。

这个时期，我的学科教学已经进入一个熟练的阶段。我发现地理学科中有许多与学校、城市发展有关的内容，于是我将学生的课后作业进行拓展，与创建市绿色学校活动联系起来，巧妙地把课程与学校发展建设相结合，带领学生开展学校环保调查及对策的研究。这一活动影响和带动了学校其他班级的学生和教师，更多的人加入到创建绿色校园的活动中，促成学校获得市、省“绿色学校”的称号。

2. 参加国家级教学比赛

这一阶段的课堂教学中，我尝试逐渐向学生开放课堂，从要求学生认真听讲，到指导学生自己研究教材，尝试在讲台上讲出自己对教材的理解；从让学生独立讲教材的某个片段，到几个学生承担讲一节课；从由教师点评学生的讲课，到学生自评和相互点评。学生在尝试备课、讲课、评课甚至出检测试题等教学活动中，学会了自主学习、主动学习。在这个过程中，我充分实践了课堂教学以学生为主体的理念，掌握了学生自主学习的教学设计和管理方式，提高了教学指导水平，形成一系列研究成果（见文后成果目录）。

3. 在教师团队建设中发挥作用

2002年—2007年，我担任年级主任，开始突破班级管理的微观视角和个人发展的局限，把自己的意识形态提升到年级的中观管理视角和带动团队发展的层次。我以自己班主任工作和教研组长工作的管理经验为基础，结合工作中的观察与思考，认真研究教学管理、学生教育管理、教师发展等方面

的问题，在新的岗位上接受新的挑战。

（1）我将自己专业成长中的经验运用到团队中

第一，重视教师的理论学习。以学习推动专题研讨，带动教师共同关注理论与实践前沿的成果，提升教师的教改水平。第二，特别关注青年教师的发展。对青年教师，我坚持每天听课、评课，帮助他们找准个人发展的优势、不足，谋划改进方法。第三，主动向青年教师传授经验。我抓住一些教学研讨契机，给青年教师剖析自己的专业发展经历，交流课堂教学的经验、教训及教育教学成果。第四，在全年级建立制度化的教学专题研究。对教学方法、教学管理等专题定期进行扎实、细致的年级交流；开办如何听、评课讲座，组织听课后的教师评课交流，促进教学质量有效提升。

（2）关心年级每一位教师，爱护每一位学生

一个学期，我通常会家访学生30多名、教师20多名。元旦，我会通过送自己亲手书写的贺卡向全年级每位教师恭贺新年，感谢他们为学校、为学生付出的心血。我把教师节定为自己的访师节，到老教师家送感激，到生病教师家送温暖，到班主任家送关心；与家在外地的青年教师的父母通电话，报告他们的儿女在学校的发展情况；我记住了每一位班主任的生日，有时间，也去班主任家看望，没有时间，就会以书信的形式表达自己的祝福和感激。每次全市统考前，我都会有计划地给那些学习成绩有浮动、心理不稳定、学习信心不足的学生写信。几年来，给学生、家长、教师写了近千封信。随着电子设备的普及，我还不失时机地运用手机短信和电子邮件，与师生积极沟通，及时交流思想。遇到师生间、教师间或学生间产生矛盾，只要需要我协调帮助的，我都会积极主动地承担，从不推诿和应付。

4. 承担学生教育和管理的课题研究

我充分利用资深教师的资源，提升教育教学的质量。在家长会改革中，较好地实现了家长、教师、学生面对面的互动交流。后来，就家长会改革的实施，我与青岛教科所专家进行了面对面的交流访谈，内容被收入《教育科研访谈——面对面》（中国海洋大学出版社）。在家长会改革推进过程中，我设计了一系列班主任培训，并将相关内容整理成论文，在《山东教育》发表。

我通过班级家长会、年级家长会，向家长介绍如何构建学习型家庭，使

更多的家长为了孩子发展，逐渐重视营造有利于孩子健康成长的家庭氛围，2003年《青岛日报》曾给予报道。在心理、行为等问题的学生教育方面，我和班主任一起，努力运用心理学知识，将科学规范的教育与关心爱护相结合，对学生的问题深入研讨，收效显著，2003年我被评为“青岛市家长学校先进教育工作者”。多年来，学校与不少教师都在进行贫困生的帮扶工作，我对资助贫困生也有长年的、深度的思考，2004年我的研究成果获“中国教育管理案例研究优秀成果”一等奖，我被评为“青岛市学雷锋、志愿服务先进个人”。

2002年，我与年级教师一起主动参与“学校整体改革在年级中运作”的课题研究，将年级工作与课题接轨：在班级管理方面，重视学生学习品质培养的研究，班会课程的系列化设计，不同指标分类下的学生教育和管理研究；在课堂授课方面，重视教师指导下的学生主体学习的教学方法、学习方法研究；在与家长合作方面，重视家校沟通渠道的畅通，努力构建家校立体教育；在教师专业发展方面，重视教师个人规划与团队培训相结合的研究。正因为有科学的研究和管理，年级师生团结，工作学习扎实努力，在三年的发展中，教育教学工作取得了丰硕成果。

五、成果持续优化阶段（2007年—2013年，特级教师）：不断形成教育教学精品成果

经过20多年的教育教学探索和提升，2007年我评上首批市特级教师，2009年评上第二期齐鲁名师建设工程人选，2010年评上省特级教师。这期间，我参加了国家、省、市级的高端培训和教育论坛，从教育行政主管部门官员、高等院校学者、科研院所专家、优秀的中小学一线教师那里，学习了教育教学改革前沿最新的理念和实践经验，开阔了眼界，深化了自己对教育教学的理性思考，使我的教育教学能力有了极大的提升。

1. 成为市特级教师

2007年7月，青岛市评选首批特级教师。为了参加市特级教师评选，我将自己从教以来的所有成果进行归类整理，并按照课题研究、论文发表及评奖、著作参编、选修课和研究性学习课程开设、班主任及学生教育工作、荣誉称号等几个方面，进行一一登记归类，发现自己在每一个类项里都有大量的实践积累，其中不乏有价值的成果。经过积极准备，我顺利通过了各项测

试和评审。

评上市特级教师时我已经41岁，辛苦的工作也常常让我感到疲惫，“不年轻了，别争强好胜了”的想法也时有产生。但是，看到耄耋之年的前辈仍倾心于自己钟爱的研究并不断推出自己新的成果，我就会深深地感慨并产生了动力；老教师对我的培养、青年教师对我的信任、学生和家长对我的期望，都激励着我不能停滞，要继续对教育的探索和追求。

2. 参加国家、省级研讨和培训

2007年后，我常常参加国家、省内外的学术研究活动和各种培训，我的视野变得更加广阔，思考的深度有所延伸，新的思考和解决问题的方法不断涌现，使我对一些教育教学问题形成了新的认识。

随着自己理论和实践水平的逐步提升，2009年1月我在《山东师范大学学报》发表了论文《将地理课堂拓展到大自然》，2010年1月在《山东教育》发表了论文《教学反思中的“六多”“六少”现象分析》。

3. 成为青岛市中小学教师科研站访问学者

2009年，我成为青岛市教科所中小学教师科研站访问学者第三期学员。科研站要求学员每隔两周集中研讨一次，每人担任一次中心发言人，阐述自己的教育教学理念，展示自己最成熟的实践研究成果，其他学员进行点评，分享成果并为完善成果提出建议。我充分利用这个来自全市范围的、超越自己学校和任教学科的交流平台，督促自己读书、思考，对自己的教育方案、处理过的疑难问题审视、修改、完善。一年的科研站访学是我成为高级教师后团队学习持续时间最长的阶段，学习收效极大。

4. 成为齐鲁名师建设工程人选

2009年8月，我有幸成为“第二期齐鲁名师建设工程人选”。这个团队，集中了我省有追求、肯实干、业务精湛的教师。这个队伍中有老资格的省特级教师，也有青年才俊，每个人都有丰厚的教学成果，在我省各地市都是享誉一方的教学、教研专家及教学能手，每人都有不同于他人的教学风格和特色。在每次培训交流中，我都认真倾听同伴们的实践经验和思想感悟，他们的创新意识和开阔视野，让我频频受益。

2010年1月，我随齐鲁名师建设工程人选赴美培训。期间，我深切地感到来自异国教育和培训同行的冲击，每天都会形成几千字的教育随笔。回国后，我整理了其中一部分，在青岛《魅力教师》杂志连续刊登，与同行交流对中美教育的思考。

齐鲁名师建设工程人选开通网上研修，我每天都要登陆齐鲁名师网络平台，或阅读其他名师的文章，或提交自己的教育教学研究成果，或指导、评价青年教师的授课等。这些虽然增加了我的工作量，但我也能通过这种任务驱动，随时观摩同伴的日常教学生活，共同研讨同一教育教学问题，互相切磋交流，实现资源共享。在这些勤奋钻研、成果层出的同伴们的带动下，我不断前行，寻求提高。

5. 成为省特级教师

2010 年 7 月，我通过了省特级教师评审。我又一次反思、审视自我，认识到自己虽然在校内外参加过多次学科、教师发展等方面的交流活动，有些想法、做法甚至被推广，但大部分的案例和感悟尚处于零散状态，有的甚至还很肤浅。在对青年教师的培养方面，我虽然在各种座谈会、网络、谈话中有过专业发展的建议和指导，但在系统设计、方法总结、案例解析等方面还有不足。作为特级教师，我觉得自己应该在这方面要有所突破。

省教育厅曾建议齐鲁名师建设工程人选每人完成一本教育专著，于是我就以此作为新的目标，系统反思自己的成长历程，并形成成果。

6. 书写自己的教育专著

2010 年成为省特级教师后，我有了书写自己教育著作的想法。2012 年 9 月，在接到省课程中心关于编写教育丛书的邀请后，开始了自己的写作，历时 10 个月，于 2013 年 7 月成稿。这一阶段是我专业发展极有价值的一段经历，对此，我在本书的后记中有论述。

专业发展阶段成果目录：

一、初步成长阶段（1986 年—1991 年，初级职称）

1987 年考取山东师范大学函授本科；

1989 年获校青年教师评优课一等奖；

1989 年论文《师严与师爱》获青岛市论文评比二等奖；

1989 年所带班获青岛市先进班集体称号；

1990 年山东师范大学函授本科毕业。

二、见效成长阶段（1991年—1996年，初级、中级职称）

1992年带领学生参加山东省地理会考并取得优异成绩；

1995年获青岛市高中地理优质课比赛一等奖；

1995年获青岛市“青年教师优秀专业人才”称号（第一次获得）；

1995年评为一级教师。

三、显效成长阶段（1996年—2001年，中级职称）

1997年编写山东省《活动》教材和教师用书中《为学校设计招贴画》篇（泰山出版社）；

1998年7月举行青岛市“模拟旅游”活动课公开课；

1998年9月7日《青岛晚报》刊登《这是我的奢望吗——班主任就职演讲》；

1998年获山东省高中地理优质课评选一等奖；

1999年11月1日学生在《青岛晚报》上发表文章《阿诸祝你好运》；

1999年在《山东师范大学学报》第2期发表《如何提高学生随堂记忆——优化课堂教学探索之一》；

1999年获青岛市“青年教师优秀专业人才”称号（第二次获得）；

2000年编写的《初中活动课“三步五环节”教学模式》收入《中学理科课堂教学模式》丛书（山东教育出版社）；

2000年担任青岛市初中地理教师暑期培训教师；

2000年3月论文《教学的序列化探索》获市论文评比一等奖；

2000年4月在《青岛教育》上发表《实话实说·谈减负——主题班会述评》；

2000年8月论文《活动课教学法的探讨》获全国论文评比二等奖；

2000年9月举行青岛市高中地理公开课“宇宙环境”；

2000年9月获“青岛市中小学德育先进个人”称号。

四、成果优化阶段（2001年—2006年，中级、高级职称）

2001年1月22日在《现代教育导报》上发表《浅谈初高中阶段的衔接教育》；

2001年5月获“青岛市教学能手”称号；

2001年11月13日在《青岛日报》上发表《落实纲要　以德治教》；

2002年9月获青岛市“青年教师优秀专业人才”称号（第三次获得）；

2002年10月获全国高中地理优质课比赛二等奖；

2002年9月2日《青岛晚报》以《守了三年的秘密》，报道我资助贫困生的事迹；

2003年3月获“青岛市学雷锋、志愿服务先进个人”称号；

2003年4月获“青岛市家长学校先进教育工作者”称号；

2003年7月9日《青岛日报》在《师爱无声》报道中介绍我资助贫困生的事迹；

2003年7月在《家教信息》上发表《小学、初中衔接教育五环节》；

2003年8月7日《中国教育报》以《爱在星光灿烂时》报道我资助贫困生的事迹；

2003年8月20日在《现代教育导报》上发表《地理案例题、信息题及自编练习题》；

2003年11月被评为高级教师；

2003年11月获“山东省教学能手”称号；

2003年12月1日《青岛日报》在《让家长与教育活动零距离》报道中介绍我设计的家长会改革方案；

2003年12月获“省级绿色学校园丁”称号；

2004年7、8月在《山东教育》上发表《怎样激发学生主动参与课堂探究》；

2004年8月编写高中版《环境保护与探究》教材中第1、2、7章（青岛出版社）；

2004年9月《教育科研访谈——面对面》收入《互动式家长会案例》（中国海洋大学出版社）；

2004年11月在《中国教育管理》上发表《资助贫困生应高扬人本精神》；

2004年11月《资助贫困生应高扬人本精神》获中国教育管理案例优秀成果一等奖；

2004年12月编写的《初一首次家长会构想》收入《全国家长学校推荐实用性教材——不输在起跑线上》（人民日报出版社）；

2005年7月编写《海洋地理——教师教学用书》第四单元（山东教育出版社）；

2005年9月获“青岛市学科带头人”称号；

2006 年 2 月在《山东教育》上发表《利用图文转换　改变学习方式》。

五、成果持续优化阶段（2007 年—2013 年，特级教师）

2007 年 6 月在《山东教育》上发表《新形式家长会实施过程中的教师培训》；

2007 年 9 月获首批“青岛市特级教师”称号；

2009 年在《山东师范大学学报》第 1 期上发表《将地理课堂拓展到大自然》；

2009 年 9 月入选第二期“齐鲁名师建设工程人选”；

2010 年 1 月在《山东教育》上发表《教学反思中的“六多”“六少”现象分析》；

2010 年在《魅力教师》上连载赴美考察报告《违反“常规”的美式教育》；

2010 年 2 月为《青岛教育》特刊《青岛市中小学教师“十一五阅读工程”每周一读》中《问说》选篇撰写导读；

2010 年 9 月获“山东省特级教师”称号；

2010 年 11 月在“青岛市名校长培养人选暨部分中青年校级干部赴宁波挂职”总结会上，代表学员做《宁波教育，我们距离你还有多远》汇报；

2012 年 1 月在《青岛教育》上发表《教师应有丰富的精神学养——读李镇西〈我的教育心〉有感》；

2012 年 5 月在《山东教育》上发表《关注教师发展的“后花园”——家长学校建设的新探讨》。

案例 27：我的感悟，十二则理性反思

感悟，是成长中的理性思考，思考贯穿于成长全程。我的感悟有三种状态：第一，成长中的即时反思状态；第二，各阶段中的集中反思状态；第三，这次成书形成的升华状态。

文中共梳理出十二则感悟：一至四点感悟，是从宏观角度着眼，针对成长中四个方面的特点，从大处思考形成的感悟；五至十点感悟，是从微观角度着眼，针对成长中的一些具体方面提出的具体的方式，方法；第十一、十二点感悟则有了较高的抽象性。在教师发展中，这些感悟都有其重要的价值。

因为感悟在这次成书过程中有了极大的丰富，所以单列出来。

离开成长的具体描写谈感悟，十二点感悟就成了无本之木；离开感悟的

真知灼见谈成长，持久的成长就失去了理性的光彩。

感悟，是一个过程：在不断地反思中，渐渐有所悟。感悟，必定有一种结果：幡然醒悟，眼前出现一片新天地。感悟，是一种境界：在实践与学习之中，有所感、有所思，成为一种习惯，苦思之后的顿悟，也就成为一种常态。感悟，常带给我们愉悦：在"山重水复疑无路"之中深深感知、苦苦思索，当悟得"柳暗花明又一村"的境界时，其欣喜欢愉是非经历之人难以体会的。感悟，要落在日常：不要只寄希望于从大事中悟出大道理，做好日常教育教学，把心思放在日常的细小工作上，从中悟出切实可用的小道理，再在日后的实践中继续感悟，必定会积小悟成大悟，积成若干大道理。

我把这些写出来，希望能为自己，也为年轻同行的专业发展提供些许帮助。

附：《我的感悟》

一、长期性与精细策划

1986年，我初登讲台，9年后晋级中级职称，又历经8年，晋级高级职称。虽然当时从教已有17年之多，但仍然深感教育教学水平还有极大的提高空间。又经过7年的努力，我被评为省特级教师。展望未来，感到不努力尚不能完成作为教师的使命。教师的专业发展要穷尽教师终生的精力，教师应该有精细的策划，以保证能事半功倍。

1. 依序列做好阶段策划

在最初的十几年，尽管我尽心尽力从事教育教学工作及研究，但是以现在的水平回望当年，还是可以清晰地看到那时的努力存在很多盲目性。2005年前后，我才悟出：针对教师发展的长期性，在教师专业发展的起始阶段就应该有一个按阶段、呈序列的策划。

所谓"序列"，不是生编硬造的，而是根据学校实践中已有的序列设计的。

教师专业发展应该依据的序列有两种：一是学段序列，二是职称序列。

(1) 以年级、学段为序列的策划

任何学校的教学都呈现出阶段特点。一般来说，教师任教多是由低年级往高年级教。如教师从七年级教到九年级，初中学段就结束了，执教教师就有了一个完整的初中学段教学的初步经验。但是，教学的复杂性告诉我们，真正的突破，想追求教师发展的全面性，是较困难的。

理解人、尊重人是重要的现代理念。因此在研究学生时，教师要精心研究一门工具学科：心理学。首先，要有心理学的基础知识，进而研究青少年心理、青春期心理、学习心理等；其次，为了与家长建立良好有效的沟通，要有对当今社会的充分了解，进而对家长心理、家长生活的大环境等有基本研究；最后，还应该基本了解青少年关注的内容。对学生心理及心理学相关知识的了解与把握要尽可能全面，这样才能有效地进行教学和教育。

(3) 以教师个人修养为中心

每个人的个人修养都应逐步完善和提升，更何况教师这一重要的职业！这是一个极其严肃的问题。

2. 形成重点突出、重点先行的全面发展

说到“全面”，很多教师常常因其所涉及内容的丰富而手足无措。因此，以重点突出、重点先行来带动专业的全面发展的安排，是较好的策略。

(1) 以课堂教学为重点带动专业的全面发展

学校的常规工作是课堂教学，这是教师的每日必修课。因此，以课堂教学为重点带动教师专业的全面发展，是扎实的，也是最容易见效的。

教师可以在课堂教学实践中，对教材、学生进行研究，进而研究教育教学的理念，提升教育教学理念的科学性和可操作性，也可以通过教材研究教学法等。课堂这一常规实践场所，必定有我们实施研究的广阔天地，必定会在研究之中有效地提升我们的能力水平。反思，要贯穿于教育教学的全程，要以课堂教学为中心，向课堂前、后延伸研究，以期提升课堂教学水平。

(2) 以指导学生为重点带动专业的全面发展

一般来说，学生的学习能力、道德层次反映着教师的执教水平，学校、社会也常以此评价教师。因此，对学生的了解、指导等应作为教师专业发展要求的重点，以此带动教师专业的全面发展。

指导学生是教师教育教学的首要工作，这个工作做好了，一定会极大地带动教师专业水平的提高。在此，仅以分层次指导学生谈几点看法。

第一，各学段全程分阶段安排设计。以期从宏观安排上持续不断地促进学生的提高。第二，学生群体研究。从思想品质、学习程度等方面研究不同的学生群体。第三，学生典型个例研究。以个别学生为例，选择不同类型代表进行研究并形成案例。第四，学生最近发展区的确定及帮助促进。从学生个性的角度，分类确定学生的不同起点以及如何在最近发展区中科学发展。第五，学生良好习惯、心态的稳定与优化。从学生容易出现“波动”这一现象出发，所有教师都要时刻关注学生水平的稳定与优化。

以上只是从五个角度对分层次指导学生做了大略的安排设计，在实践过程中，每一项都应该按实际再进行细致的分解与设计。

三、艰巨性与健康心态

教师专业发展的时间长、内容复杂，决定了这项工作的艰巨性。因此，教师应该保持健康平和的心态，积极地对待自己的专业发展。

保持平和的心态需要若干条件。首先，要有适当的期待（或者说是憧憬与希望），避免因期望过高而失望，或因期望过低而消极；其次，要懂得满足，这里的满足是指对自己的一些成果要抱有一种玩赏的心态，以形成愉悦的心情，这样有利于增加自己的信心；最后，在满足之余，要不沉迷于现状，能敏锐地发现自己的缺陷与不足，并努力改进。于是，在不断地改进之中，又获得新的愉悦和新的憧憬。在这样的过程中就极易形成一种平和的心态。

1. 心态平和，首先是不急躁

新教师往往急于求成，容易产生焦躁情绪，一旦遇到挫折，容易灰心丧气。比如，有关教学方法的研究，有的教师教了几年后，就认为已经形成了自己独具特色的教学方法。一旦别人对此评价不高，或者有所否定，就立即放弃不再进行实践。

以课堂上师生适度、有效的互动为例。让学生提出问题、讨论问题，可能会出现“放”过了的现象。比如，我讲初中地理“新疆”一课，让学生先谈谈对新疆的认识，结果有学生起来表演了一段烤羊肉串的情景，班里学生哄堂大笑，乱作一团，占用了正常教学时间，降低了课堂效率。后来我改变方法，结果又矫枉过正，成了“一言堂”。我一直在寻找把握“放”与“收”的平衡。

精心设计课堂提问，可以较好地把握问题封闭与开放的“度”。通过适当的修饰，使教师提问有较明确的指向，不至于使学生的回答不着边际，这只是方法之一。要形成行之有效的教学方法，我历经10年左右才登堂入室，

20年上下才基本成形。历经20多年的研究，我的课堂提问方法才基本成型。成功的经验，需要再根据学期、学段甚至学段轮次的反复实践，不断精雕细刻，不断完善，才能找到符合学生发展规律的、有价值的教学方法。

2. 心态平和，需要有宏观策划和近期运作设计

“预则立，不预则废”，就是要有各类长期、短期的预案设计。“长期”是一个相对的概念，三年预案，相对于十年预案就是短期，而对于一个学年的预案，就又算作长期了。主体计划可以持续多年不变，但是对具体细节的改进，对若干具体成果的完善，则要作为每学期、每学年计划制订中的主要内容。

3. 努力追求一种愉悦的工作心境

教师专业发展如果有一个愉快并令人兴奋的过程，这样的境界是令人向往的。

教育教学实践是充满挑战、时时充满新意的。如果心态健康，又不断求新，会使我们心情愉快。因为只要努力，终究会有成果，而成果又总是令人兴奋的。尽管初步成果常常是粗糙的、不完善的，但是我们却可以在步步完善成果的过程中享受到成果优化的喜悦。在实践反思中，一方面脑海中浮现着刚刚结束的、自己亲手操作的教学情境，另一方面又不断加入自己的评价、思考。在这个过程中的感受应该是极其丰富的，既享受着成功的甜蜜，欣赏着改进的喜悦，又品评着不足，甚至失败的痛苦。

在反思过程中，还会不断出现各种灵动的想法，要立即写下来。有时下笔如有神，会不知不觉形成几百甚至上千字的成果；有时却只有短短的三言两语，就再也写不下去。但是这种写不下去的心得，常常能使自己魂牵梦绕，思来想去，一旦有进展，就会对那三言两语进行补充或修订。我常在入睡前想到一个好的教学设计或学生活动方案，就会立即记录在手机中。这柳暗花明般的豁然之感，怎能不让人兴奋和愉悦！对心得进行整理归类时，忽然有了新的发现，或者几个不起眼的心得竟然能形成一篇长长的论文，洋洋洒洒几千言，怎能不让人兴奋！这样的专业进步，怎么会只有辛苦！

四、阶段性与衔接

学校工作呈现出明显的阶段性：学期、学年、学段。教师专业职称也有初级、中级、高级三个阶段。所以，我们应该充分利用这两种阶段分类来安

排设计自己的专业成长。

回顾我的专业成长，我有如下体会：第一，个人成长的每一个阶段都非常重要，都将为下一阶段打下基础；第二，要科学策划每一个阶段的专业进步；第三，要注意阶段的衔接。教育周期比较长，教师成长时间更长，所以，只有既做好每一个阶段的工作，又注意阶段的衔接，使成果得到持续优化进而达到科学化的程度，才能持续促进教师专业发展。

关于教师专业发展的阶段性及衔接，现状不容乐观。学校要求教师写计划及总结，教师虽然按要求撰写，但多内容空洞，应付了事，不能对教师专业发展真正发挥作用。此外，阶段衔接不够科学，成果不能持续优化，教师专业发展受到制约。

1. 重视最基础的阶段设计

学校中最基础的阶段是学期阶段，教师必须重视每个学期中的日常教育教学，如课堂教学、班会、学生活动等，有计划地选择并确定自己的研究问题。任何研究都离不开最基本的教育教学实践，只有在每个学期中精心进行阶段设计并反复认真实践，才会有持续的成长、发展。

学科不同，每位教师每个学期大约有 20～80 课时课堂教学，如果有计划地在每节课中精心实践，一定会有收获和提高。当然，一定不要寄希望于一个或几个学期就会解决问题。教师一方面还要耐心地反复实践和研究，另一方面要研究学期之间的衔接，以保证自己的研究能持续进行。比如，我指导学生全程参与教学这项研究，先进行了一个学期的实验，记下心得体会(哪怕只有三言两语)，期末对这项工作做一个小结，梳理积累的教案、心得等，然后整理出初步成果并研究实验的成绩与不足，再制订出下学期实施的新目标和计划。如此这般持续实施，成果得到不断优化，自己的专业水平也在不断提升。

有些学生活动，如新生教育、常规文体活动等，对每届学生都要安排。有经验的教师，在反复实践中已形成比较固定的设计，如活动前的动员、过程管理方案、特色项目设计等，甚至对可能出现的问题都有预案。但许多教师还只停留在个人经验的层次，没有在反复实践中形成有价值的成果，如不断完善的方案设计或文本等，这是一种普遍存在的资源流失。

2. 有计划地实施大跨度的阶段性研究

有很多研究不是经历一个或几个学期就可以成功的，甚至历经几个学年都不能尽善尽美。比如，2002—2005 学年我担任年级主任时，进行了一次高中学段学生学习方法研究。我聘请资深教师，从高一开始进行学生学习方法指导，其中一项是复习方法。复习能力是学生应该具备的一种能力，但是学生的复习多由教师直接实施，没有转化为学生的复习能力。学生接受的复习指导也多来自学科的零散的操作，少有学段性、通识性的指导训练。

如果在初高中阶段有计划地实施大跨度、阶段式的复习指导，对学生复习能力养成必定会有很大帮助。初高中学段都各有 6 个学期，每个学期都有期中、期末两次大的复习。如果从第一个学期的两次复习开始，教师都精心地进行指导设计，并认真实施操作，学生应该能够形成复习的初步知识，掌握基本的方法。到第二个学期，教师继续设计复习指导，让学生积极参与复习，经过反复指导，学生应该能够养成初步的复习习惯并掌握较系统的复习方法。经过第二学年的复习训练，学生应该已经具备较强的复习意识，并且在复习的过程中能提高复习的科学性，甚至形成符合自己特点的个性化复习方法。这样进入第三学年毕业复习，学生应该在复习意识与能力方面达到较理想的水平。

对于一个教师来说，教了一届学生，完成了一个学段的复习指导研究，应该形成一些初步成果。如果接手新一届学生，还可以开始第二轮次复习研究，甚至进行第三、第四轮次的持续研究。这种以学段为轮次的反复指导研究，必然会使复习指导越来越科学化，学生必然会有更大的收益。

在上述过程中，一方面，每个学期、学年结束时，教师都要精心进行阶段总结，有效设计阶段性衔接，以便持续优化自己的复习研究；另一方面，学段结束时也要进行总结，以便在下一个轮次进行更加严谨的实验。一个学段结束后的总结，就属于以学段（三年）为单位的衔接。这种以轮次为单位的总结，很多教师做得不够，甚至没有进入专业发展的计划。忽视了轮次的衔接，将极大地影响教师水平的提升。如果能够一轮一轮实施下去，成果必定会出现质的飞跃。

3. 注重不同职称阶段的衔接

教师的初级、中级、高级三级职称中，从教育教学上说，可以分为“了解”“熟悉”“熟练”三种境界。这三种境界既有明显的阶段性，也存在有机的衔接。只有充分地了解，才能进入熟悉境地，而熟练也必定以熟悉为基础。另外，在三个阶段中，三种境界也有程度的不同，且呈现衔接紧密的状态：初级职称阶段，在“了解”这一方面，只能算作“初步了解”或“相对了解”；到了中级职称阶段，仅就“了解”这一方面，会有了解面的开阔和了解程度的深入；随着了解面的开阔和深入，就进入“熟悉”的境地。“熟悉”“熟练”之间也没有截然的分界线。

单就“了解”讲，教师的教育教学也必定需要不断地开拓，对于某些局部重点应有更深的钻研。作为阶段之间的衔接，要在明确已有的了解范围基础上，开拓新的了解范围；同时在认真梳理的基础上，对某些方面做更深层次的钻研。这样，才有可能持续推进，实现“了解”“熟悉”“熟练”在层面上的拓展和程度上的不断深入。

五、标志的确立与整理

很多教师把发表、得奖的论文看作个人专业发展的标志。其实，专业发展的标志既是多元的，又是分层次的，并且与个人的日常工作有紧密联系。但很多个人专业发展的标志被忽略了，因此造成个人资源的流失。在我们日常教育教学中，有很多这样那样的细微的努力，曾经产生过一些细小的标志，那都代表了当时的专业水平。日常工作中一些细微的努力，是我们前行的足迹，也能作为一种标志。这些足迹，标志着自己曾经走过、做过，回首审视，应该会有思考，产生心得、感悟，记录下来也是一种标志。这种种标志极其丰富，不可忽视，要认真及时地整理，也要进行分类研究，经过整合形成一些初步成果。

1. 对标志进行分类

由于各种标志是随着教师专业发展的进程分散在日常教育教学之中的，所以要进行研究，首先就要对这些丰富的、零散的标志进行分类整理。

(1) 几个主要类项

我认为，所有的日常工作一旦进入操作状态，都会产生显示专业水平的种种标志。如果教师心中有数，在今后的专业发展过程中才可能有所整理，有所完善，否则，就可能造成个人成长资料的流失。日常课堂教学、班会、学校重要的实践课程、学生的重要活动、家访、家长会等，教师事先应有规划和设计，运作后应有简要小结、感悟和心得。有原始记录，就会真切地反映出教师当时的专业水平，成为当时水平的标志。

现在是电子信息时代，与学生及其家长的短信、电子邮件等信息，既可以记录教师当时关注的内容，又能反映出教师的思想深度、文字水平，也是一种专业成长的标志，甚至也可以认为是反映当时社会动态的一种资料。许多班主任和青年任课教师用手机短信、QQ、网络组群、微信等与学生、家长进行频繁、快捷、生动、亲切的交流，对及时、有效地解决学生问题、提高家长教育能力、与同行共享资源等起到非常积极的作用。我将自己与教师的网上交流信息建立了一个文件夹，定期归类整理，其中的许多思考常常被我引用到谈话、报告或文章中。

以上罗列的内容，不仅涉及教学，还涉及教育、与学生及其家长的交往等。另外，所有记录下来的东西，几乎都涉及教师的自我修养，如对重要信息的捕捉与研究，对成功、挫折的即时感受与思考等。这些资料丰富、复杂，但对教师自身的全面发展很有价值，所以应认真分类，教师自己心中要有一个大的分类框架，保证能把显示自己专业进步的方方面面尽可能完整地保存下来。很多教师只重视论文形式的标志，或者只进行教学方面的积累，而造成专业发展标志在积累方面有所欠缺。其实，只要参与了学校工作，每位教师都会有自己的努力与实践，都会记录下专业发展的点点滴滴。

(2) 多层次、多角度分类

对于某一类标志，还必须进行多层次、多角度的分类。比如，教案是最重要的教学水平标志。在这一类项之中，还应有教案设计（文字稿、电子课件稿等）、课堂实施、教学评价、教学感悟心得、精彩细节记录及评析、欠缺与不足等内容的记录与改进，这项分类必须很细致。

2. 标志的整理

整理专业发展标志，就是把日常工作中积累的种种资料及时评析、整合，把散乱的资料整合成有序的资料，把内容相关的若干资料，整合成一个有明确主题统领的初步成果。

(1) 以班会为例

班会列入课程表，就应该属于学生的一门基本课程。班会课，不应该只是教师总结班级一周工作，表扬、批评学生的一节课。教师应该如同上其他课那样，按照科学的进度，依据学生在本学段的发展规律，精心设计教案，认真实施，并且反复实践、不断改进，让班会显示出课程的作用。班会的实施能够反映出教师的水平，然而，班会课程方面的成果并不太多，因为很多教师虽然精心实施了，却没有把班会确立为自己的一项成果标志，许多好的经验也没有得到流传。

把班会课程作为成果标志进行整理，可以从以下两方面进行：一方面是一次班会的成果，另一方面是成系列的主题班会。一个学期认真整理1～2个班会课程，一年就有2～4个，10年就会有20～40个！

（2）以心得为例

心得，也是教师个人专业发展过程中数量极其丰富的一项标志。因为它属于一时一事式的记录，所以具有零散的特点。如果不经整理，这些杂乱堆积的资料就体现不出其价值，产生的效益也有限。因此，梳理这些个人专业发展的标志性资料，提炼出初步成果，应该成为日常整理工作的一项重要内容。

六、专业发展中扎实努力与细节关注

扎实努力，是一种心态；细节关注，更多的是技术方法。只有心态平和，才有可能在细节关注等技术方法上有所突破。扎实，关键是一个“实”字，是指教育教学的环节安排要精细落实，要从细节上显示出教育教学的智慧。基本功扎实，就是从细微处见功夫。与扎实努力相反的，是浮躁、懈怠。心态一旦浮躁，总想几年就出有影响的成果，成为名师，就会看轻日常教育教学。这种短期行为所产生的成果，是经不住推敲的。因此，始终保持平和心态，努力关注工作中的每一个细微之处，才有可能扎实推动自己的专业发展。

1. 在教学程序中扎实运作

扎实，是在教育教学的全过程中，一方面要把全程具体、细致地分解为较科学的环节，另一方面要在每个环节中关注更具体的细节。

（1）大环节设置

每项工作都要逐步操作。所谓“逐步”，是指精心地设计一个一个较科学的大环节，这样的环节设置，既是为了有序地操作，也便于分环节地发现问题，有针对性地改进工作。比如，课堂教学可以设计为四个大环节：课前教案设计、说课、课堂实施、课后评价。这样的设计，通过流程分解更便于具体操作。班会、家长会以及各种活动都可以仿此进行设计。

课堂教学运作的四个环节会依次产生教案、说课案、课堂实录、评价。第一环节的标志性产物是教案，教师都比较重视，都有具体教案，但是其他三环节往往只是做了，而没有或者少有标志性的产物，原因是没有时间、精力，结果导致许多宝贵的成长标志轻易地流失了。我们教师要做的太多，都写下来几乎不可能，心有余而力不足，这是一个矛盾，但可以想办法解决这一矛盾。

记录要有所选择，有所取舍。比如，说课，可以选择体会最深、最精彩或最令人不满的内容记下来，哪怕只言片语，也会对专业发展有所启发。再比如，课堂实施，可以只选择部分课程，甚至只记下某一情节；评价，可以只评论关键内容。

（2）环节中的细节关注

细节关注的精致程度反映了教师教育教学的基本功和专业水平。比如，课堂实施这一环节可以细分为实施准备与具体实施两部分。课堂具体实施又分为导入、新授、检测、作业等小环节。导入环节时间虽然不长，但也大有文章可做，如如何利用学生已有知识，如何利用或营造良好的课堂氛围，如何激发学生的激情等。课堂实施中的细节关注是一个大问题，几乎每个小环节都有一篇大文章可做。课堂教学的其他环节都应该进行精细的分解、扎实的操作，才能有更多充分显示教师专业发展的标志产生。

课堂教学各个环节的一些细节不只能反映教师的专业发展，还能反映一种课堂文化是否真正体现以学生为本，甚至体现教师的修养和师德。比如，教师提问时，是简单地用手指着学生说“你说说”，还是面带微笑、伸出手掌、注视着学生说“请某某为大家解答”，或者是为鼓励智力水平一般的学生参与，真诚地说：“某某同学，可以让大家分享你的思考吗?”教师应该抓住契机，引导学生建立尊重、宽容、包容的课堂文化，这些细心而得体的设计，都是教师专业发展的标志。

2. 在不同的职称阶段扎实进步

一般来说，初级、中级、高级三个职称阶段各有明显的专业要求，我们一定要重视这三个职称阶段中那些重复的内容，它们往往呈现渐进性的特点。所以，在不同职称阶段扎实运作，既要特别注意各个阶段该做的事，还要注重职称阶段之间的衔接，扎实地研究那些在下一阶段应该做得更好的工作。

(1) 初级职称阶段

教师在职业的起始阶段，必须扎实、具体地了解教材、学生及学校工作。

教师初登教坛，对一切都有兴趣，但又不能面面俱到。此时比较有效的做法就是先从一件自己有能力做好的工作做起，扎扎实实地实验一年或几年。有一位年轻女教师教授初中数学并担任班主任，她热爱班里的每一位学生，从初一新生入学就和学生约定，用日记形式进行师生交流。她坚持三年对全班四十多位学生的日记精心阅读，并写下得当的批语；学生也喜欢老师对他们这种精心而持续的关心，也坚持写日记三年。这位教师总结了这三年的这项工作并形成论文，在学校论文评比中获得一等奖。一位数学教师在担任班主任期间，能坚持进行师生日记交流，这样扎实的努力，怎会不出现成果？

(2) 中级职称阶段

中级职称阶段时间可能较长，所以更需要扎实地安排这一阶段的专业发展。我把中级职称分成前、后两个阶段，分别研究在这两个阶段如何扎实努力。

中级职称前段的教师一般都经过五六年的教学实践，对学校工作已经有了一定的了解。在这一时段，就是要扎实关注细节，学会在细节上做文章。比如，在教育教学中精心构建框架，并能在各个框架中精雕细刻，落实细节。我们一定要明白，质量在细节上显现，水平在细微处闪光。中级职称教师的水平提升，一定要落实在细节上。

在这一时段，教师应该扎实撰写心得。心得写作在起步阶段一定要杜绝大话、空话，讲究具体；不搞花拳绣腿，讲究实实在在，有什么就写什么，坚持心得写作。有开始，有坚持，通过一篇篇心得为教师的专业发展构筑起坚实的基础。

中级职称后段的教师已经有了五六年中级职称经历，对教育教学有了更加充分的了解，在某些方面达到了熟悉的境界。这一阶段，特别要注意克服焦虑心理。

这一阶段的扎实工作体现在课堂上，就是不断出现生动的细节，或者显示教案设计的科学、精细，或者显示教师教学的机智；体现在心得中，就是心得的质与量有了明显的提高，评价得体、准确，感悟深刻、具体，小结承前启后。

（3）高级职称阶段

此时，教师历经十几年的磨炼，对教育教学渐渐由了解、熟悉达到熟练，相当多的教师在教学中接近得心应手的境界，工作也渐入佳境。我认为，评上高级职称之后，在很多方面，教师只要进一步研究，就容易出现成果，了解问题也可以进入一种更深程度，或者把深层次的了解推向多个方面的拓展性研究，在得心应手的工作实践中关注关键的细节，并在若干细节上产生更多更好的成果，品尝到成功的喜悦。

七、按部就班与积极主动

专业进步既要按部就班，又要积极主动。

积极主动是教师专业进步的内因。教师有强化自己专业发展的内在需求，才可能在按部就班的教育教学过程中积极主动地利用外在条件，使自己的专业发展不断完善、不断提高。

按部就班是一种程序，做任何工作，都需要按照应有的步骤去进行。积极主动是一种心态，要求一个人时时处于一种进取的状态：既按部就班地遵循阶段或者环节设计，又在每一阶段中千方百计追求更好的效果。积极主动是一种较高的境界：一方面，要积极做好当下的工作；另一方面，又要主动为下一阶段的工作打下更扎实的根基。这种积极主动的按部就班状态需要有宏观、微观两方面的设计。在学期、学段和职称晋升中按部就班，就需要宏观设计。而在这里，我只介绍微观层面上如何积极主动地按部就班。

积极主动地按部就班主要体现在在教育教学的每一个环节中精心进行微观层面的设计与实施，积极扎实地做好一件具体的事情。有一次，我参与中考直升学生面试工作，因为学校第一次实行直升学生面试，我积极主动并按部就班做了准备。

第一步，充分调研。我在编制工作程序之前，先充分了解其他学校的做法，研读并借鉴施行直升工作学校的有关资料及经验，然后又从不同角度对本校部分师生做了有关直升问题的问卷调查，以开阔思路。第二步，精心编制工作程序。在这个过程中，我注重细节，保证每一环节不出纰漏。第三步，模拟实施。工作程序编制完成后，我做了模拟实施，以一个参加直升测试学生的身份按程序走了一遍。在每一个环节中，我心中反复思考程序的设计、要求等，不断地寻找已有设计中的错误，然后一次次修改、完善工作程序。比如，为了保证面试题不外泄，原程序设计中结束面试的学生都要在一个教室内集中，待整个直升面试工作结束后才能离校。我在模拟实施时，意识到较长时间的等待不仅浪费学生时间，而且还会加重学生的焦虑，应该让他们做一些有意义的事情来分散他们的注意力。于是，我把这个集中的地点改在了学生阅览室，让学生在这里阅读书报杂志，直到面试工作结束。第四步，实施过程中，我再次检查全程，争取及时发现问题并进行补救。在阅览室，我发现有的学生没有心情看书，似乎还在反思刚结束的面试，有的还在交流。我想，为什么不趁机让学生对刚刚结束的直升面试及题目进行评价呢？于是，我立即设计了问卷，并迅速印发给每位学生，让学生写出面试题的答题思路，对面试题、面试环节提出意见和建议。及时增加的这一项调查活动，既是我们对所有参加面试的初中各校学生的一次调研，也为下一年直升出题提供分析素材。我们发现，这一问卷调查的确发挥了很好的作用。

在这项工作中，所谓的按部就班有两方面含义：第一，大环节设计按部就班，包括调研、编制工作流程、实施三个步骤。第二，在具体步骤中，还有按部就班的小环节设计。如调研，又分为对外（其他学校）、对内（本校教师、参加面试学生）两部分；实施环节又具体落实到学生准备（第一准备室：签到后的准备；第二准备室：面试前十分钟的准备）、学生面试（评委操作的原则要求）、面试后休息等。

所谓的积极主动则体现在两个方面：第一，在工作流程编写后、正式实施前，我设计了模拟实施。事实证明，这一环节非常必要。当我坐在面试后的休息室，以面试后学生的心态体会这份等待的心情时，才感到时间漫长、无所事事，觉得枯燥和焦虑。于是我修改了学生的集中地点，让学生在阅览室等待，以舒缓学生的考后压力。第二，在实施过程，我随学生从第二准备室走向面试教室，计算时间；然后陪同他们进入阅览室，看到学生有的在看杂志，有的在反思或交流刚才的面试。这时，我感到应抓住这个契机对面试学生进行一次考后问卷调查，于是马上设计了简单的《直升推荐生面试后调查问卷》，印发给他们。

按部就班，要求一步一步扎实操作；积极主动，要求为了提升工作质量而积极改进、完善。

八、评价分类与实施

评价，是教师专业发展中的一个重要方面，是教师经常用到的一种能力。提高评价能力和正确对待评价，应得到教师的重视。

1. 评价的认识及分类

(1) 对评价的价值和现状要有准确认识

评价，在教育教学过程中运用得当，会有效地推动教师的专业成长。对于教师来说，这是一项重要能力。然而，很多教师的评价能力与其执教能力相比，有一定的滞后性。尽管我们天天教学，但并不经常运用评价，或者虽然运用评价但做得并不扎实。能力只有通过运用才可能得到提高。

要提高评价水平，一要经常实施评价，二要认真研究他人尤其是资深教师和专家学者的评价，以此为榜样，提高、完善自己的评价能力。

(2) 评价的分类

我从实用的角度把评价分为以下四类：自己评价自己，自己评价别人，别人（包括专家、本校和外校教师、家长、学生等）评价自己，别人评价别人。以上四类，凡是牵扯“自己”这个概念的评价，都应该高度重视并有深刻认识。

第一，高度重视对自己的评价。自己评价自己和别人评价自己相比，前者，只要自己积极主动，随时可以进行，有经常性的特点；后者，有一定的偶然性，必须别人亲临自己的教育教学现场才可以形成，一个学期甚至一个学年只能遇到几次。前者，因为自身水平或视野所限，评价可能片面或不够准确；后者，可能对自己执教的课提出精到的评价，但也可能轻描淡写或多说表扬，少说甚至不说批评。基于以上认识，我有以下体会：首先，要经常“自己评价自己”，如果深感自评水平有限，那就应注意研究“别人评价自己”，这样既能从中发现自己执教中存在的问题，又能学习别人运用评价的独到之处、巧妙之处；其次，及时认真整理，形成评价的文字资料。

第二，评价别人。自己评价别人和别人评价别人相比，前者，有自己的参与，只要自己积极主动，就具有经常性的特点；后者，是自己处于旁观地位，具有相当大的弹性。基于以上认识，我有以下体会：一方面，积极实施前者，锻炼自己的评价能力；另一方面，深入研究后者，获得有益借鉴。

第三，别人评价别人。这与自己无关，但是，如果别人水平较高，比如，执教者是资深教师，评价者是专家学者，他们的课以及评价往往在高度、角度和深度上都大不相同。基于以上认识，我有两点体会：首先，要重视，一定要认真听、认真研究；其次，要分别记录，听课时，记下自己感受最深的地方并形成具体的评价，在评课时，对比专家学者、资深教师的评价，找出自己的差距，提升水平。

2. 评价的实施

由于评价水平常常滞后于执教水平，教师应该引起重视，坚持认真实施评价，有效提升评价水平。

(1) 坚持规范的自我评价

自我评价应该是教育教学过程中的一个固定环节，任何一个教育教学行为结束后，都应该进行自我评价。

第一，将自我评价形成习惯并整理成文字。

目前，大部分教师都会这么做，只是不太规范。很多教师的自我评价很随意，只在头脑中想一想自己的长短优劣，不形成具体的文字。这样的评价很快会淡忘，以后的研究就失去了比照分析的依据。自我评价应该形成文字，可以先三言两语，再形成三五百字的小评论。这种评价，可以算作自己成长的阶段性标志，因为它依附于教育教学的设计与实施，既能反映出当时教育教学的状态，又能反映出当时的评价水平。

把自己的想法整理形成评论性文字，能推动思考的深入和连贯。我们常常有这样的经历，在头脑中的评价想得很精彩，写下来却不能令人满意，还需要进行不断的思考、修改、完善。因此，这些写下来的文字能够推动教师进行深入思考，从而促成教学水平的提升。

第二，自我评价的文字稿要尽量规范。

自我评价文稿可分为全面式评价和重点式评价两种。所谓全面评价，是指相对全面，一般包括教学（或者活动）的背景、目的以及主要设计介绍、优点、不足等。重点评价，是指只选择一处（最得意、最出彩、重点实验或最不满意的）进行评价，直奔重点。

另外，为了坚持长期、反复实验，可以对同一类实验项目或同系列的评价加上序号，以利于整理。

（2）坚持有选择地进行评价

因为教师的时间、精力有限，应进行有选择的评价。一是评价最有价值的，避免事事评价，保证每周进行 1～2 次评价；二是评价感受最深的，保证评价深入扎实，避免面面俱到而失之浅薄；三是评价鲜明主题的，用评价推动某一主题研究的系列化和科学性。

（3）坚持学习高水平的评价

在实施过程中，要善于及时对比，发现自己的不足。第一，把自己积累的评价进行前后比照和评析。通过前后的比照评析，发现自己的不足之处以及水平提升所在，这种比照研究有利于提高评价水平。第二，把自己的评价和别人（资深教师、专家等）相比照。自己形成大量的评价性文字，就可以和别人已有的评价成果相比较，因为自己已经有了扎实的努力和真切的体会，再看别人的评价时就容易更好地吸收。第三，在经过全面比照之后，将自我评价资料整理形成专题。

（4）认真对待别人的评价

认真对待别人的评价有两方面的含义：一方面，冷静地研究别人对自己的评价中有价值的内容，以利于自己取长补短；另一方面，精心分析并吸收别人评价的技巧和方法，以提高自己的评价水平。

九、不懈追求与认可

教师专业成长的长期性必然要求教师进行长期、不懈的追求。可是很多青年教师也有困惑：我一直在不懈地追求，但并没有获得认可，为什么？其实，对于追求和认可，应该有一个正确的认识。

1. 被认可，有一个漫长的坚持过程

1995 年、1999 年、2002 年，我共三次获得青岛市“青年教师优秀专业人才”称号。这份荣誉的含义是，每 3 年至少应举行一堂市公开课或在市级（及以上）优质课比赛中获奖，发表一篇论文或论文获市级（及以上）奖项，获得一次考核优秀。被评为高级教师前，这一份经历显示了我专业发展中的坚持。

从我的专业发展历程看，第一阶段只是对教育教学的了解、熟悉，第二个阶段才有能力对自己的教学进行初步研究。尽管当初研究层次比较低，但我在教育教学实践中，坚持读书、听课，参与各种交流，并且在这些活动中，一边积累自己的经验、教训，坚持不断研究、反思、改进，追求“没有最好，只有更好”，一边认真地吸收别人的经验，决不简单模仿，而是思考将别人的优势与自己的特点结合，形成自己的风格。1986 年到 1994 年，我没有在全市举行过公开课，没有优质课获奖，也没有在市级刊物发表论文，论文评奖也没有获过一等奖。8 年时间，似乎没有成果，但我从未放弃，而是不断地反思总结，坚持在已有成果上下功夫，持续促进成果优化。

在 1995 年，我的专业发展终于有了突破。我后来的一系列成果，几乎都受益于自己坚持不懈的努力和勤奋学习。我珍惜自己的初步成果，并分门别类，持续优化这些成果，坚持每年至少完成一篇文章，精选其中自己满意的成果寄到报刊或参加论文评选。我积极主动参加各种评课活动，举行公开课，参加优质课评选。到 2002 年，我已累积了数量较多、质量较高的专业发展成绩，这为我后期评选省教学能手、高级教师、学科带头人等奠定了基础。

从青年教师的成长看，在 13 年内，理论上具有连续获得 4 次市“青年教师优秀专业人才”称号的可能。但实际上能达到这个标准的教师很少，因为这不仅考验一个人的能力，更考验一个人的毅力以及与教育改革前沿衔接的意识。现在评选市“青年教师优秀专业人才”称号，除对公开课、论文和考核有要求外，还增加了“对有突出教育教学成绩的青年教师破格推荐”条件。这些条件，都是评选高级教师或其他称号必需的，也就是说，成为市青年教师优秀专业人才，只是教师发展的初级阶段，但又是必要阶段。现在青年教师自身条件都比较高，应该在专业上善于学习、积累和钻研，力争获得这一称号。

2. 认可呈现一种拾级而上的状态

外界对我的认可，呈现出一种台阶式递进。先是本教研组的认可，也就是学科内部教师的认可，后来有了学校的认可。以上两级台阶属于学校内的认可，对于青年教师来说，是必有的程序。此后，我又经过多年持续努力，才获得市级的认可，又有了省级、国家级的认可。很多教师对市级的评比很积极，而对学校内的评比不积极。然而没有学校内部的认可，又怎么能推荐一位教师到区、市参加各种教学比赛呢？另一方面，认可是分阶段进行的。在初级、中级、高级职称的不同阶段，我分别参与了不同的评比。在中级职称阶段，我参与青年教师优秀专业人才评比，而且三次当选，为我的后续发展搭建了良好的平台。在高级职称阶段我继续努力，才创造了获评齐鲁名师、特级教师的机会。

3. 认可的根基，首先是自我认可

关于认可，我还有一个独特的体会：所有认可之中，首先应该重视自我认可。在自己专业发展过程中，自我认可是第一位的，理应先于其他各级的认可。试想，对一份成果，如果拥有者自己都没有充分认可，又怎么要求别人甚至专家认可？对于自己反复实践形成的成果，常常要有自我欣赏、自我陶醉的感觉。在欣赏之余，要对这些初步成果进行整理，在精雕细刻中，持续享受创新的喜悦。正是这种自我认可，使我充满了信心，进而追求使这一成果更好、更精致。这种心态抵消了疲劳，防止了厌倦，避免了将成果置之一旁，保证了几年后我还有阅读推敲这些成果的雅兴。

有些教师获得一件成果后，就将它束之高阁，然后开始写新东西。现在，青年教师都有较高的学历，他们起点相当、竞争激烈。报刊对发表与评奖文章的要求都提高了，青年教师被认可的难度增加了。青年教师需要具有这样的心态：在长期的坚持之中，要保持“没有最好，只有更好”的追求；在这个过程中，发现自己最有价值或者最适合实验的成果，并在不断完善中增加自信，享受这个过程带来的喜悦。这样，才可以在快乐中不断追求。

十、个人特色与兼收并蓄

一次听课后，一位青年教师沮丧地对我说：“这位教师教学真有激情，效果也好，但我实在学不了。”原因是这位青年教师性格较内向，而执教教师授课热情澎湃，课堂气氛热烈非凡。我认为教师在学习的过程中，不应轻易模仿，应该确立和形成个人特色，明确并发扬自己的长处、优点，为自己的专业发展打下基础，在不断学习中，形成自己的特色、风格。

1. 个人特色的确立与形成

个人特色的形成，需要一个漫长的时期，所以，我们要分阶段研究并完善个人特色。我们要准确认识，认真梳理，深入研究，渐渐地形成个人的特色。

(1) 对特色要有准确理解

既然是“特色”，理应在“特别”上下功夫。每位教师都应该研究自己教学的特别之处。比如，现在很多教师忽视平和型教风，认为它低声慢语、平铺直叙，不如热情澎湃型教风，执教教师如大江大海，激情汹涌，能激励学生。但如果所有教师都如此这般，学生也会厌倦。其实，平和型教风如小溪流水，明月朗照，对学生也有极大的吸引力。任何风格的形成都不是一日之功，教学特色需要教师内外兼修，其外在体现主要在语言以及氛围的营造上，其内在体现主要在教师个人的学养、素养以及对教材和学生的理解程度上。这一切都需要狠下功夫，十年八年，甚至穷其毕生，才有可能形成自己的特色。

(2) 以我为主，张扬自我，形成特色

在学习过程中不要迷失自我，即不放弃自己的特色。个人特色鲜明，是教师的一种境界。青年教师应该在三五年的实践中，认真分析自己的性格，形成自己的个人特色。青年教师应该先认真研究基本功，因为不论是热情澎湃型，还是冷静平和型，在教学基本功上的要求是一致的。如在语言上都要求准确、鲜明、生动，甚至具有幽默感、抑扬顿挫的节奏感及亲和力等。基本功扎实了，风格才有可靠的依托。

(3) 分阶段逐步形成特色

在初级职称阶段，教师可以先认真研究自己在教学方面的特点，确立特点之后，再反复研究、实践，渐渐突出自己的特点。然后，以此为基础，使自己的特点渐渐全面起来。一般来说，初级职称教师不必过分强调特色，可以先专心研究并强化自己的特点。青年教师应特别注意，一定要借助基本功的提升去更好地展现并突出特点。

在中级职称阶段，尤其是中后期，教师应该研究并渐渐形成自己的特色。这时，中级职称教师历经十多年的实践，应该整理总结自己的教学资料，从中抽象出自己的特色，对特色进行具体的表述，并在实践中不断改进并强化这种特色。

在高级职称阶段，教师应该进一步整理与教学特色有关的资料，对照自己的教学特色，进行进一步完善、丰富。我认为教学特色的完善需要一个漫长的实践与强化过程。

2. 在兼收并蓄中强化特色

所谓兼收并蓄，就是教师要在广泛的学习中反复比较研究，精选那些对自己有益的东西作为自己特色的补充，使自己的特色更加丰富、完善，进而彰显出独特之处。

(1) 注重相同、相近风格的学习

我特别注重对相近教学风格的学习。对于这一类教师执教的课，我精心研究他用什么方法突出了特色。在研讨评课时，我认真听专家如何表述特色，如何联系具体的内容评价特色。认真听课后，结合专家的总结、评析，我有很大的收获。

(2) 关注其他特色的学习和研究

对于与自己特色不同甚至完全迥异的课，我也认真钻研，思考教法、学法，专注那些对我有所启发的教学设计环节和教学细节。开始，我很注重教师的高雅特色，语言处理上规范严谨，教学姿态稳重收敛。后来，在兼收并蓄的学习中，我发现，教学时可以雅俗结合，以雅为主，偶尔“俗”一些，也挺有趣味，甚至大雅大俗也未尝不可。这都是在认真学习、评析、思考后，我才有了比较全面的认识和把握。

每个教师都有自己的特点、特色，教育教学百花齐放，为我们提供了兼收并蓄的可能。关键是教师要有积极学习的心态和善于借鉴的慧眼。

十一、在实践中体现理念的生命力与价值

理念比较抽象，表述起来比较空泛，有很多教师只在口头上重视，在自己的实践中并没有很好地落实。我对理念的认识与落实，也经历了一个较长的实践过程。

1. 理念人人都有，但因人而异

一位有十几年教龄的教师在与我交谈时说，她没有教学教育理念。其实，她有理念，只是没有认真整理或还不成熟。

一个有较好学养的教师，他必定初步具有师生平等的理念；一个有教养的教师，他不仅不会粗暴地对待学生，还会用心关爱学生，做学生的良师益友。

目前，教师的理念有两种状况：一种是不自觉形成的，是受自己的老师、长辈、同行的传承或影响，隐约具备的；另一种是通过自觉学习，追求理念的科学性而获得的。这是两种不同性质的理念。前者，属于不重视理念的教师，他们认为只要认真教书就行，不必考虑那些虚无缥缈的理念。因为不重视理念，所以他们的理念即使是正确的，也隐约模糊。后者追求理念的科学性，但是由于种种原因，总是处于一种由相对正确向绝对正确理念的发展中，还需要持续努力。

2. 教师理念的科学化，必须经过长期、扎实的追求

有的教师走上讲坛仅三五年，就认为自己已经掌握了科学的理念。其实，理念的科学化有两个含义：一是正确，二是全面。因为教育教学的内容丰富，要求理念呈现全面系统，而理念的全面系统不是短期内可以实现的。追求理念正确，就要克服自己原有理念中不正确的内容，更要摒弃错误的理念，这不是件容易的事，也需要长期的努力。

传承的理念有很多是正确的，当今的理念也未必全部科学，要把正确的理念区分出来，需要有分辨能力，需要运用智慧。选择、取代、改善、丰富这些理念也决不是短期内可以实现的，需要长期的探索。

追求理念的全面，要求我们认真检查教育教学的各个方面，力求先有正确的理念，这实际上是追求理念的系统化。

有的教师提起理念，常常几句话就结束了，只涉及课堂教学或者品德教育方面。其实，我们认真反思现有的德育理念，就会发现其中包含非常丰富的内容：学校、家庭、社会三个方面，既包括德育内容，也包括实施步骤，都要求教师进行多角度、多层面的深入探索。教师在已有理念正确化的追求中，要逐渐从理念的全面系统角度追求理念的正确性，这也需要教师在教育教学实践中长期努力。

3. 理念应在教育教学实践中落实

理念，不能只停留在口头上、论文中，一定要落实在自己的教育教学实践中。这里的落实表现在两个方面：第一，运用某一理念，指导自己的教育教学实践；第二，要形成具体的运作方法，更好地运用理念。

对于理念，我一直在思考、在整理。2012年我读了资中筠的《学校教育的基本任务是培养合格的公民》一文，文中对公民、教师、知识分子的精辟论述，对我大有启发。我感悟到，我们的理念也应该力求全面。于是，我分

门别类整理自己已有的理念，并争取全方位、系列化地阐述正确的理念。比如，我在写这本书的过程中，反思自己作为任课教师、班主任，在组织课堂教学、班会课的过程中，以及在与教师、学生、家长的交往中的许多成功经验或失败教训，反思其背后的理念。有关教师方面的理念我如此运作：作为地理教师，首先，要明确学科教师的理念，这涉及我的课堂教学理念，然后，要抽象出学科教师的共性理念，形成教师的基本理念。

——对应教育教学的各个方面，要求理念的落实要讲究全面对应。只有这样，才可以使理念落实到具体工作中，实现理念的全方位落实。

另外，要时时处处注重理念的落实，落实中要讲究时间、空间的全面性。

4. 理念是方法的灵魂，理念正确，方法才能正确

教师在听课时，往往十分重视教育教学方法，会认真记录方法的运用、步骤、环节的设计安排等，甚至会在自己的实践中模仿再现这种方法，但常常忽视了对方法背后的理念的探究。如此习得的方法常常存有一些问题：可能只套用了有限的方面，不具备广泛运用的价值；展开运作，可能受自己原有理念支配而走样，失去了方法原有的生命力。所以，在学习某种方法时，首先应探究方法背后的理念，只有吃透了理念中所具有的科学性，才会真正掌握这种方法，并广泛地运用在自己的实践中。

十二、始终保持职业的兴奋感

职业的兴奋感，是一种良好的职业心态。这是一个很有趣的话题，对此，我有以下感悟。

1. 充满自信，容易产生急切展示的兴奋感

对于自己精心准备的课有充分的自信，所以往往会产生急切展示给学生的兴奋感。这种兴奋感，容易在课堂上保持与学生共享的激情，可以带动学生、感染学生、激励学生，使学生在积极的思维、快乐的合作中完成一堂课。教师要兴奋而不浮躁，有信心而不骄狂，保持这种兴奋感，并且调整好兴奋度，才能在课堂上挥洒自如。

2. 愿意尝试、敢于实践的课，容易激发兴奋感

市教研室要举行新课程全市示范课，激起我积极尝试的兴奋感，也增加了我的责任意识。我积极组织学生进行反复实验，不仅举行了一节成功的示

范课，而且自己也有了巨大的收获。

3. 对于重要事项的敬畏之心，也容易激发起兴奋感

敬畏之心激发起来的兴奋感有明显的特点，那就是能够让兴奋有度，决不会因兴奋而张狂，出现纰漏。这种兴奋感让我始终聚精会神，关注各个环节、各个细节，始终处在一种谨慎、扎实、反复推敲的状态，不断研究、改进、完善，避免漏洞，减少错误。

4. 谦虚的心态，容易产生急于学习的兴奋感

我在国内学校参观时，很容易被他们的创新所感染；在异国学校学习时，很容易被他们的作为吸引；听报告时，很容易被专家、学者以及教改前沿的教师们的论述所折服。此中的兴奋，缘于自己觉得自己还有许多不足，还有许多需要自己学习的地方，而这样的好机会可以弥补自己的不足，满足自己的学习需要。所以，各种活动我都积极参与、精心记录、认真评析，最后收获颇丰。

5. 积极思考，容易产生一种研究的兴奋感

在实践中我始终坚持反思，思考不再成为一种负担，而是成了一种习惯。对某一问题百思不得其解，往往吸引我去反复探究；对某一问题已有解决方案不满意，我总会追求更好、更新的认识角度或解决方法。在不断思考中，常常有灵感闪现，这种现象发生在工作中，我会随手记下这个心得，出现在走路、吃饭、休息时，我会“随手”录入手机中。

与朋友聊天，听到对自己有启发的话，我会立刻打开手机，把心得录入备忘录中；逛书店，从书中读到让我深有感触的观点，我也立即录入手机中。2012 年我在华东师范大学研修时，为准备结业答辩，经常在晚上休息后继续思考一些问题。每当出现奇思妙想，我都会顺手录入手机中，第二天起床后迅速将这些心得进行整理。

长期反思，形成了习惯，才会随时启动瞬间反思；长期反思，提高了反思的能力，才可能随时发现值得研究思考的问题。在长期的反思中积累、归纳、提升，瞬间反思的灵敏度就会增加，应变能力也会提升。

6. 某些工作进入陶醉状态时，容易产生兴奋感

在编写这本书的过程中，我每天翻阅、整理自己多年的教育教学成果，过去的种种成果，先是让我产生了亲切感，继而在反复审视、修改中，看到

成果越改越好，常常自我陶醉、自我欣赏。当然，这种兴奋感让我更加投入和勤奋，满怀信心地推动着成果日益完善。

综上所述，职业兴奋感是具有前提条件的，学养、素质、心态等都可以维持职业兴奋感。反思、心得、成果、学习这四个方面，在我看来，更容易让我保持职业的兴奋感。

参考文献

1. 钟启泉，崔允漷，张华．为了中华民族的复兴　为了每位学生的发展［M］．上海：华东师范大学出版社，2001.8.

2. 钟启泉，崔允漷，吴刚平．普通高中新课程方案导读［M］．上海：华东师范大学出版社，2003.10.

3. 陈玉琨．一流学校的建设——陈玉琨教育讲演录［M］．上海：华东师范大学出版社，2008.8.

4. 叶澜．执着坚持之强　创造发展之功［J］．基础教育，2012，(4)．

5. 于漪．岁月如歌［M］．上海：上海教育出版社，2007.8.

6. 崔洪生．学校学习6环节方法指导［M］．北京：社会科学文献出版社，2010.10.

7. 李希贵．学生第一［M］．北京：教育科学出版社，2011.6.

8. 李镇西．我的教育心［M］．北京：教育科学出版社，2011.6.

9. 尹建莉．好妈妈胜过好老师［M］．北京：作家出版社，2009.1.

10. 池莉．来吧孩子［M］．北京：作家出版社，2008.6.

11. 龙应台．孩子你慢慢来［M］．上海：生活·读书·新知三联书店，2009.12.

12. 夏中义．大学人文读本［M］．广西：广西师范大学出版社，2008.7.

13. 周有光．拾贝集［M］．北京：世界图书出版公司，2011.3.

14. 杨绛．我们仨［M］．上海：生活·读书·新知三联书店，2003.7.

15. 巴金．随想录［M］．北京：作家出版社，2009.1.

16. 资中筠．资中筠自选集［M］．广西：广西师范大学出版社，2011.11.

17. 梁文道．常识［M］．广西：广西师范大学出版社，2009.1.

18. 熊培云．重新发现社会［M］．北京：新星出版社，2011.5.

19. 刘瑜．民主的细节［M］．上海：上海三联书店，2009.6.

20. [苏] 苏霍姆林斯基著．和青年校长的谈话 [M]．赵玮等译．北京：教育科学出版社，2009.3.

21. [日] 佐藤学著．静悄悄的革命 [M]．李季湄译．长春：长春出版社，2003.1.

22. [美] 加里·D. 鲍里奇著．有效教学方法（第四版）[M]．易东平译．江苏：江苏教育出版社，2002.12.

23. [美] 戴尔·H. 申克著．学习理论：教育的视角（第三版）[M]．韦小满等译．江苏：江苏教育出版社，2009.11.

24. [美] 雷夫·艾斯奎斯著．56 号教室的奇迹 [M]．卞娜娜译．北京：中国城市出版社，2009.8.

25. [古罗马] 马克·奥勒留著．沉思录 [M]．李娟，杨志译．上海：上海三联书店，2008.5.

26. [美] 彼得·德鲁克著．21 世纪的管理挑战 [M]．朱雁斌译．北京：机械工业出版社，2009.9.

27. [日] 大前研一著．专业主义 [M]．裴立杰译．北京：中信出版社，2010.10.

28. [美] 丹尼尔·戈尔曼著．情商 [M]．杨春晓译．北京：中信出版社，2010.11.

29. [日] 佐藤学著．学校的挑战　创建学习共同体 [M]．钟启泉译．上海：华东师范大学出版社，2010.8.

后　　记

本书，是我专业成长的一项重要成果。成书过程，历经酝酿和编辑两个阶段。

一、酝酿阶段

2009年8月，我成为第二期齐鲁名师建设工程人选。这项工程要求在五年培养期内完成一本教育专著。对此，我很兴奋，并开始酝酿，做有关准备。

首先是编辑提纲。编写过程较为顺利，但之后重读时，又感到有些空洞，过于臃肿。后来，由于日常工作繁忙，编写工作就搁置了起来。直到2012年秋季，我受山东省教育厅基础教育课程研究中心邀请，参与“鲁派名师教育思想论丛（暂定名）”的编写，这项工作才真正进入编辑阶段。

二、编辑阶段

2012年9月，我根据通知要求，开始着手这本书的撰写，至今已有10个月。这期间，我体悟极多，收益颇丰。

1. 编辑的前期阶段

这一阶段，面对纷杂的各种成果，我不断思考，尽力尝试用新的方法来推动这项工作规范科学、高效合理地进行。

第一种尝试，只关注学科教学的专业发展。课堂教学是教师的日常工作，所以这方面的成果较多，做起来比较顺手。我以课堂教学为主要内容，把得奖的课例、讲过的市级以上的公开课、示范课以及相关的教学论文进行认真筛选，整理成学科教学的集子。首先，从中精选出传统的课堂教学案，以及改良、改革的种种实验，尤其是市、省、全国各种比赛中获奖的课例；然后，再分别附上相应发表或获奖的教学论文；最后，又在每个课例后附上相关的论述，分析课例特点，力争讲清基本规律。在撰写过程中我发现，这样的安排，课例丰富了，但是相关的论述却显得不足，难以在每种或每类课例后都附有得当的论述。这反映出我的日常反思有部分类项欠缺。于是，我精心补足了有关的论述。这项工作极有价值，再一次启动了我对已有成果的反思评析。

这种尝试的优点是容易形成学科教学的深入研究，缺点是这本教育专著只适宜于地理学科教师，且多限于年青教师的阅读，而地理学科的教师人数又相对较少，与出书的初衷（适应面大）不一致。另外，在整理过程中我发现，还有大量的非学科教学成果都属于教师发展的重要内容，因受学科的限制却不能或不便于收入书中，被弃用十分可惜。于是我开始思考第二种尝试。

第二种尝试，关注教育教学的全面发展。为了扩大这本书的适读范围，我决定拓展内容，增加一些教学中激发学生学习动力的教育成果，比如，教师与家长的合作、教师与学生的情感交流等案例。这样，书的内容丰富了，规模未变却提升了质量。

第三种尝试，研究全书的主要板块和主线。在本书的编辑推进过程中，随着选入的材料的渐渐丰富，我发现全书似乎缺少一条贯穿始终的主线，略显零散。于是，我尝试以反思作主线，从四个方面来系统反映个人反思的实践与方法。最终，全书呈现四个板块，并由一条主线贯穿。

第四种尝试，注重个人成长的规律。与第三种尝试交错进行。教师最关注的是个人发展的方法，于是我尝试着揭示它，寻找教师成长的规律。一方面，我在书中集中强调了教师个人发展的几种方法；另一方面，我把个人成长经历作为案例收入书中。前者，从横向上展示了我的一些主要经验；后者，从纵向上呈阶段地揭示了我的成长过程及方法。同时，我又单列出《我的感悟》，全面、理性地梳理了自己的成长经验。

2. 编辑的后期阶段

这一阶段，文稿初成，对已经初具形态的稿件，我开始了反复地审视阅读，认真推敲。

第一，借助推敲，提升书稿内容的丰富性、协调性。对已有的内容进行仔细推敲，找出尚缺的地方，然后认真思考“已有”和“尚缺”内容间的相关性。比如，书中选出的二十几则成果缺相关的介绍性文字。于是，我一一撰写了成果的背景、优化的过程，以案例的形式编在每一附录成果之前。

第二，通过推敲，争取表述准确。由于我的阅历、学养所限，推敲书稿过程中，我不时会发现一些表述不准确、不合理的地方。比如，我从成长中抽象出的感悟、从实践中形成的判断等存在种种欠缺。对此我采取了两种方法：一是尽量修改，达到自认为准确的程度；二是对自己修改后仍不满意的，干脆删掉。时至今日，我反复阅读书稿时，还是唯恐有欠准确之处误导读者。

第三，反复推敲，提升语言水平。27 年的教师生涯，练就了自己“说”的本领，但是，落诸笔端时，却又深感自己语言功底之浅薄，距离简明扼要、生动鲜明等标准还差得很远。语言水平的提升，要靠精细打磨、仔细推敲，所以我坚持反复审读，不断地审慎推敲。比如，口语式表述《我的感悟》中“八、评价分类与实施”的四种评价类型，一开始我采用了专业书籍中的表述，后来在一次听课后的发言中，我采用了极其口语化的表述，感觉很好，于是就反思整理形成以“自己”为关键词的四种类型，把评价的重点集中于执教教师自身，结果使表述既口语化，又简明扼要。

本书成稿过程中，我一直承蒙特级教师崔洪生老师的启迪，尤其当我的思考、写作难以推进时，崔老师都给予我许多积极的指导。在文稿修改过程中，崔老师深厚的文字功底也深深地影响了我，增强了我反复修改文稿的意识，提升了我修改文稿的技术水平，使文稿的质量得以提升。在这里我要向崔洪生老师表示衷心的感谢。

我还要感谢山东省教育厅基础教育课程研究中心对我的信任，使我有机会完成自己的著作，得以实现多年的夙愿。

成书过程是漫长的，前后历时 10 个多月。在编写过程中我深感编辑、推敲之不易：从框架初成到交稿，曾 7 易其稿。书中难免仍有许多不当之处，期盼读者批评指正。

2013 年 7 月 17 日

江苏凤凰教育出版社
《行知工程》系列丛书目录

系列	序号	书名	主编	定价
行思讲坛系列	1	《师爱无疆——润泽学生心灵的教育故事》	侯忠彦	30.00
	2	《怎样反思更有效——促进教师专业发展的反思策略》	诸贝贝	30.00
	3	《成为高度自觉的教育者——写给后课标时代的数学教师》	许卫兵	30.00
	4	《哲思数学课》	刘全祥	30.00
	5	《把学生教聪明》	严育洪	30.00
	6	《教师最应该规避的教育误区》	杨坤道	30.00
	7	《用语文的方式教语文——潘文彬教学主张与实践智慧》	潘文彬	30.00
	8	《跨越式实现高效课堂——信息技术与课程整合高效教学方案评析》	陈玲 刘禹	30.00
	9	《怎样让阅读教学更有效——提升教学能力的十种读诵模式》	汪秀梅	28.00
	10	《让生命在润泽中起舞——当代小学生最需要的主题班会》	吴联星 罗琳 冯卫东	30.00
	11	《让生命欢快拔节——当代中学生最需要的主题班会》	冯卫东 吴联星	30.00
	12	《课堂因生成而精彩——高效教学的生成智慧》	张文质	30.00
	13	《回到每一个人的生命化教育——张文质二甲中学教育行动录》	张文质	30.00
	14	《智慧数学课——黄爱华教学思维的实践策略》	黄爱华	30.00
创新教学探索系列	15	《备学式教学——在体验中建构数学思维》	单广红 范雪梅	30.00
	16	《向着自主进发——自主教育的创新实施智慧》	朱亚红	30.00
	17	《写中学——让学习更有效的学科写作教学》	钟传祎	30.00
	18	《小学科学实验总动员——大科学课堂有效提升学生创新力》	江美华	30.00
	19	《小学语文单元整体课程实施与评价》	李怀源	30.00
	20	《小学英语单元整体课程实施与评价》	李怀源	30.00
	21	《小学数学单元整体课程实施与评价》	李怀源	30.00
高效能教学系列	22	《让作文落地生根——提高写作实效的教学策略》	黄桂林	30.00
	23	《高效能作文教学5项修炼》	陈步华	30.00
	24	《高效能校长的10个好习惯》	张勤	30.00
	25	《高效能教师的10个好习惯》	谢英	30.00
	26	《高效能语文教学5项修炼》	王其华	30.00
教育探索者系列	27	《让每个学生都幸福——最能润泽生命的学校文化建设》	谢建伟 张新喜	30.00

系列	序号	书　　名	主编	定价
教师必读系列	28	《教师不可不知的教学心理效应》	叶勇军	30.00
	29	《班主任不可不知的管理效应》	奚一琴	30.00
	30	《教师不可不知的教育心理效应》	孙　媛	30.00
	31	《校长不可不知的管理效应》	谢申刚　张金豹	30.00
	32	《成为好教师的7项修炼》	王福强　李维华	30.00
	33	《如何让学生会学习》	龙　冰	30.00
	34	《如何让学生爱学习》	周震宇　许小燕	30.00
幼师成长系列	35	《幼儿行为背后——教师如何读懂幼儿的心思》	吴亚英	30.00
	36	《最具教育力的22种幼儿教育思想》	杨　达	30.00
	37	《幼儿教师必知的安全应急措施》	杨　达	30.00
	38	《幼儿教师必备的教育技能》	李　玲	30.00
	39	《卓越园长21条幼儿园管理策略》	周　丹　江东秋	30.00
核心教学主张系列	40	《新生代语文名师核心教学主张》	许友兰	30.00
教育求索系列	41	《思政教学的人文力量》	戴晓华	30.00
	42	《师道新说——给教育者的30条箴言》	徐　卫	30.00
中国教育变革之路丛书	43	《百年树人师何为——教师队伍建设困顿与出路》	将丽珠　李玉向	30.00
	44	《入园何时不再难——学前教育困惑与抉择》	曾晓东 范　昕　周　慧	30.00
	45	《三尺书桌何处寻——流动人口子女教育困难与破解》	范先佐	30.00
	46	《苦旅何以得纾解——高考改革困境与突破》	郑若玲	30.00
	47	《择校纠结何时了——择校问题困局与治理》	曾晓东　周文海 曾娅琴	30.00
教学全手册系列	48	《小学习作教学全手册》	郭家海	30.00
	49	《中学写作教学全手册》	郭家海	30.00
	50	《情境教学操作全手册》	冯卫东	35.00
	51	《合作教学操作全手册》	李春华	35.00
	52	《探究教学操作全手册》	周新桂	35.00
	53	《自主教学操作全手册》	诸葛彪	35.00
	54	《创新教学操作全手册》	王　玮	35.00
	55	《班主任工作全手册》	刘沛华	35.00
	56	《新教师工作全手册》	周震宇	35.00
	57	《学生心里健康教育全手册》	刘海莉　刘春杰	35.00
	58	《高效教学操作全手册》	马友平	35.00
教育漫笔系列	59	《课堂，诗意地栖居》	吴书华	30.00

系列	序号	书名	主编	定价
创新教学思想系列	60	《“大问题”教学的形与神》	黄爱华　张文质	30.00
新思维系列	61	《教育中的“不一定”——打破教育的19种思维惯式》	严育洪	30.00
校长领导力系列	62	《高品质学校生长要素》	王益民	30.00
	63	《校长高校教学领导力提升策略》	徐世贵　郭文訇	30.00
校本研修系列	64	《特色校本课程开发范例解读》	刘永平　李秀伟　张雪梅	30.00
	65	《高效校本研修模型构建艺术》	刘素雁	30.00
教学提升系列	66	《有思想地教阅读——让学生学会品读文字真意》	王学东	30.00
教育艺术提升系列	67	《藏在师生体态语言里的教学智慧》	张　宇　廖生波	30.00
创新人才培养系列	68	《创新人才培养校园科普精品课程开发与指导——人大附中创新人才培养》	罗　滨	30.00
	69	《创新人才培养特色校本课程开发与创新人才培养——清华附中“国际安全下的科学技术”课程构建与实施》	王殿军　方　研　赵宏雁	30.00
	70	《创新人才培养：学校实验室建设与管理》	刘克文　杨发明　杨　平	30.00
	71	《创新人才培养：数学探究活动开发与指导》	马云朋　韩继伟	30.00
	72	《创新人才培养：化学研究活动开发与指导》	王　磊	30.00
	73	《创新人才培养：物理探究活动开发与指导》	廖伯琴	30.00
	74	《创新人才培养：地理探究活动开发与指导》	张建珍　陈　澄	30.00
	75	《创新人才培养：生物探究活动开发与指导》	张迎春	30.00
	76	《创新人才培养：理念探索与思维突破》	王晶莹	30.00
名师感悟系列	77	《让心灵伴着歌声成长——22位音乐名师的教育智慧》	陈　璞	30.00
	78	《超越自我的教师——32位名师的成长感悟》	李卫东　李秀伟	35.00
	79	《心灵的守护者——19位名班主任的教育智慧》	王晓松　曲文弘	30.00
	80	《名师感悟班主任有效工作艺术90例》	符礼科	30.00
	81	《名师感悟有效教学90例》	林高明　徐玉烟	30.00
教育思想者系列	82	《教育，一切从孩子出发》	黄　俭	30.00

系列	序号	书　　名	主编	定价
新生代通派名师系列	83	《简约数学教学》	许卫兵	30.00
	84	《语文教学的本真——情意课堂展现母语之美》	吴建英	30.00
	85	《语文课堂的理想追求——欢快达成三维目标》	董一红	30.00
	86	《阅读教学的真髓——意象构建读出文学的真美》	祝　禧	30.00
	87	《美术教育的真谛——审美人生教育让生命绚丽成长》	陈铁梅	30.00
	88	《语文教学的理想境界——无痕教学润泽生命》	李　凤	30.00
	89	《儿童作文的本义——嬉乐作文让儿童乐并成长着》	王笑梅	30.00
	90	《名师是怎样炼成的》	王建明　王笑君	35.00